农业经济管理与农业机械研究

刘玉萍　高彩霞　叶　岩　著

吉林科学技术出版社

图书在版编目（CIP）数据

农业经济管理与农业机械研究 / 刘玉萍，高彩霞，叶岩著 . -- 长春：吉林科学技术出版社，2024.3
ISBN 978-7-5744-1214-9

Ⅰ . ①农… Ⅱ . ①刘… ②高… ③叶… Ⅲ . ①农业经济管理—研究—中国②农业机械—研究 Ⅳ . ① F322 ② S22

中国国家版本馆 CIP 数据核字 (2024) 第 068646 号

农业经济管理与农业机械研究

著	刘玉萍　高彩霞　叶 岩
出 版 人	宛 霞
责任编辑	高千卉
封面设计	古 利
制 版	古 利
幅面尺寸	185mm×260mm
开 本	16
字 数	300 千字
印 张	18.25
印 数	1~1500 册
版 次	2024 年 3 月第 1 版
印 次	2024 年 10 月第 1 次印刷

出 版	吉林科学技术出版社
发 行	吉林科学技术出版社
地 址	长春市福祉大路5788号出版大厦A座
邮 编	130118
发行部电话/传真	0431-81629529 81629530 81629531
	81629532 81629533 81629534
储运部电话	0431-86059116
编辑部电话	0431-81629510
印 刷	廊坊市印艺阁数字科技有限公司

书 号	ISBN 978-7-5744-1214-9
定 价	90.00元

版权所有　翻印必究　举报电话：0431-81629508

前言
PREFACE

现阶段，我国已经进入了全面建成小康社会的关键时期。随着农村经济体制改革日益深入，农业经营模式亟须从传统模式转变为现代模式，农业经济管理体制有待优化。在新农村建设的环境下，各地政府积极出台各项惠农、支农政策和措施，不断加大农业投入力度，积极推动农业技术现代化改革，加快农业经营管理优化进程。从农业现代化建设的角度来讲，全面实施农业经济管理的本质在于从经济角度来分析判断农业需求，达到农业资源优化利用的目标，合理降低农业生产成本。农业现代化建设正在逐步深入推进，充分体现了经济管理全面贯穿于农业建设领域的必要性。因此，相关部门应当不断探索经济管理途径，旨在有效促进农业现代化建设质量提升。

农业经济管理是将经济管理与经济分析手段融入农业建设管理过程，从经济角度来判断农业建设中的成本投入及经济产出，确保达到提高农业生产利润及节约农业建设成本的目标。从根本上来讲，农业经济管理具有显著的经济分析特征，从经济角度来判断农业产出与农业管理成本投入的内在联系，为农业管理模式完善创新提供了重要的保障和支撑。近年来，农业经济管理被普遍应用于农业生产运行过程，农业管理部门运用经济分析手段来判断农业资源成本综合效益，为确保农业管理决策提供经济数据参考。从全面推动现代化农业建设的角度来讲，经济管理手段对于农业现代化建设具有不容忽视的保障、促进作用，有助于农业管理模式合理优化、调整。农业作为人类最古老的物质生产部门，经历了上万年发展历史，但只有到了近现代，随着农业商品经济的发展和社会化程度的提高，才产生了对农业实施经济管理的必要性，进而使农业经济管理发展成为一门学科。

在现代化生产模式中，农业机械还可以促使农作物质量的提升，缩短农业生产时间，促使我国农业生产质量和效率大幅提升，推动农业机械行业的可持续发展和进步。

本书由刘玉萍（河南省濮阳市清丰县财政局）；高彩霞（甘肃省平凉市崆峒区农业经营服务中心）；叶岩（黑龙江省农业机械工程科学研究院）；李净仪（黑龙江省农业机械工程科学研究院牡丹江分院）；罗光辉（贺州市八步区仁义镇农业农村服务中心）共同撰写。

本书围绕"农业经济管理与农业机械"这一主题，以农业的起源与发展为切入点，阐述了农业与农业经济管理、农业自然资源管理、农业劳动力资源管理、农业资金与科技管理、农民专业合作及其管理、家庭农场管理与现代化发展、农村承包土地流转、农业机械及其分类、农业机械经营与管理，探究了农机社会化服务发展、农业机械化发展、农机工程发展，以期为读者理解与践行农业经济管理与农业机械提供有价值的参考和借鉴。本书内容翔实、逻辑合理，兼具理论性与实践性，适用于农业经济管理理论研究者，也适用于相关的从业人员。

目 录
CONTENTS

第一章 农业与农业经济管理 ⋯⋯⋯⋯⋯⋯⋯⋯⋯⋯⋯⋯⋯⋯⋯⋯⋯⋯⋯⋯⋯⋯⋯ 1
  第一节 农业的起源与发展 ⋯⋯⋯⋯⋯⋯⋯⋯⋯⋯⋯⋯⋯⋯⋯⋯⋯⋯⋯⋯⋯⋯ 1
  第二节 农业在国民经济中的地位 ⋯⋯⋯⋯⋯⋯⋯⋯⋯⋯⋯⋯⋯⋯⋯⋯⋯⋯⋯ 7
  第三节 农业经济管理的概念、性质与内容 ⋯⋯⋯⋯⋯⋯⋯⋯⋯⋯⋯⋯⋯⋯⋯ 9

第二章 农业自然资源管理 ⋯⋯⋯⋯⋯⋯⋯⋯⋯⋯⋯⋯⋯⋯⋯⋯⋯⋯⋯⋯⋯⋯⋯⋯ 12
  第一节 农业中的自然资源 ⋯⋯⋯⋯⋯⋯⋯⋯⋯⋯⋯⋯⋯⋯⋯⋯⋯⋯⋯⋯⋯⋯ 12
  第二节 农业土地资源管理 ⋯⋯⋯⋯⋯⋯⋯⋯⋯⋯⋯⋯⋯⋯⋯⋯⋯⋯⋯⋯⋯⋯ 22
  第三节 农业水资源管理 ⋯⋯⋯⋯⋯⋯⋯⋯⋯⋯⋯⋯⋯⋯⋯⋯⋯⋯⋯⋯⋯⋯⋯ 35
  第四节 农业可持续发展 ⋯⋯⋯⋯⋯⋯⋯⋯⋯⋯⋯⋯⋯⋯⋯⋯⋯⋯⋯⋯⋯⋯⋯ 45

第三章 农业劳动力资源管理 ⋯⋯⋯⋯⋯⋯⋯⋯⋯⋯⋯⋯⋯⋯⋯⋯⋯⋯⋯⋯⋯⋯⋯ 58
  第一节 农业劳动力资源概述 ⋯⋯⋯⋯⋯⋯⋯⋯⋯⋯⋯⋯⋯⋯⋯⋯⋯⋯⋯⋯⋯ 58
  第二节 农业劳动力的供给与需求 ⋯⋯⋯⋯⋯⋯⋯⋯⋯⋯⋯⋯⋯⋯⋯⋯⋯⋯⋯ 60
  第三节 农业劳动力资源的合理利用和培训 ⋯⋯⋯⋯⋯⋯⋯⋯⋯⋯⋯⋯⋯⋯⋯ 64
  第四节 农业劳动力的流动与转移 ⋯⋯⋯⋯⋯⋯⋯⋯⋯⋯⋯⋯⋯⋯⋯⋯⋯⋯⋯ 74

第四章 农业资金与科技管理 ⋯⋯⋯⋯⋯⋯⋯⋯⋯⋯⋯⋯⋯⋯⋯⋯⋯⋯⋯⋯⋯⋯⋯ 79
  第一节 农业资金管理 ⋯⋯⋯⋯⋯⋯⋯⋯⋯⋯⋯⋯⋯⋯⋯⋯⋯⋯⋯⋯⋯⋯⋯⋯ 79
  第二节 农业科技管理 ⋯⋯⋯⋯⋯⋯⋯⋯⋯⋯⋯⋯⋯⋯⋯⋯⋯⋯⋯⋯⋯⋯⋯⋯ 90

第五章 农民专业合作及其管理 ⋯⋯⋯⋯⋯⋯⋯⋯⋯⋯⋯⋯⋯⋯⋯⋯⋯⋯⋯⋯⋯⋯ 98
  第一节 农民专业合作社概述 ⋯⋯⋯⋯⋯⋯⋯⋯⋯⋯⋯⋯⋯⋯⋯⋯⋯⋯⋯⋯⋯ 98
  第二节 农民专业合作社设立 ⋯⋯⋯⋯⋯⋯⋯⋯⋯⋯⋯⋯⋯⋯⋯⋯⋯⋯⋯⋯ 102
  第三节 农民专业合作社联合社设立 ⋯⋯⋯⋯⋯⋯⋯⋯⋯⋯⋯⋯⋯⋯⋯⋯⋯ 109
  第四节 农民专业合作社组织运营 ⋯⋯⋯⋯⋯⋯⋯⋯⋯⋯⋯⋯⋯⋯⋯⋯⋯⋯ 111
  第五节 农民专业合作社的经营管理 ⋯⋯⋯⋯⋯⋯⋯⋯⋯⋯⋯⋯⋯⋯⋯⋯⋯ 118

第六章 家庭农场管理与现代化发展 ⋯⋯⋯⋯⋯⋯⋯⋯⋯⋯⋯⋯⋯⋯⋯⋯⋯⋯⋯ 135
  第一节 家庭农场的组织建构 ⋯⋯⋯⋯⋯⋯⋯⋯⋯⋯⋯⋯⋯⋯⋯⋯⋯⋯⋯⋯ 135
  第二节 家庭农场内生性发展机制 ⋯⋯⋯⋯⋯⋯⋯⋯⋯⋯⋯⋯⋯⋯⋯⋯⋯⋯ 157
  第三节 家庭农场信息化管理 ⋯⋯⋯⋯⋯⋯⋯⋯⋯⋯⋯⋯⋯⋯⋯⋯⋯⋯⋯⋯ 166

第四节　家庭农场现代化发展 ····················· 168

第七章　农村承包土地流转 ························ 172
　　第一节　农村土地承包经营权流转的相关概念界定 ········· 172
　　第二节　农村土地承包经营权流转模式的类型 ··········· 174
　　第三节　农村土地承包经营权不同流转模式的做法 ········· 175
　　第四节　我国未来农业发展对土地流转的要求 ··········· 181
　　第五节　农村承包土地流转连片化的富民路径 ··········· 184

第八章　农业机械及其分类 ························ 191
　　第一节　农业机械在农业生产中的作用 ··············· 191
　　第二节　农业机械的分类 ····················· 195
　　第三节　农业机械的特性与农业机械创新 ············· 198

第九章　农业机械经营与管理 ······················ 206
　　第一节　农业机械经营 ······················ 206
　　第二节　农业机械管理 ······················ 209

第十章　农机社会化服务发展 ······················ 213
　　第一节　农机服务组织形成机理 ·················· 213
　　第二节　农机社会化发展理论基础 ················· 215
　　第三节　我国农机社会化服务发展趋势 ··············· 220
　　第四节　农机社会化服务发展的建议 ················ 222

第十一章　我国农业机械化发展 ····················· 225
　　第一节　我国农业技术装备需求分析 ················ 225
　　第二节　区域农机化发展重点选择 ················· 235
　　第三节　建立农机化发展投入机制 ················· 237
　　第四节　构建农机科技创新体系 ·················· 240
　　第五节　提升农机产业水平 ···················· 245

第十二章　农机工程发展探索 ······················ 254
　　第一节　农机工程在农业节能与生产中的作用 ··········· 254
　　第二节　农机工程发展在农业生产现代化中的新形势 ········ 260
　　第三节　农机工程科技产业化建设 ················· 265
　　第四节　现代农业产业化技术下农机工程发展途径 ········· 273
　　第五节　现代农业产业化视野下农机工程发展的策略 ········ 276

结束语 ·································· 281

参考文献 ································· 283

第一章 农业与农业经济管理

第一节 农业的起源与发展

在漫长的人类历史长河中，农业先后经历了不同的发展阶段。每一阶段都表现出了不同的生产力特征，并且伴随着生产力水平的不断提高，农业所涵盖的内容也不断扩大。

一、农业的概念与起源

农业是人类利用生物机能和自然力，通过自身的劳动强化和控制生命的过程以取得符合社会需要的产品的生产部门。

以生物作为劳动对象和手段是农业概念的基本内涵。关于农业概念的外延，学术界有不同的解释，有的只把农业理解为植物栽培业和动物饲养业。有的则以农业所包括的内容和范围为依据，将农业划分为狭义农业和广义农业两种解释。狭义农业是指农作物栽培业，即我们平常所说的种植业；广义农业则包括种植业、林业、养殖业、渔业，即通常所说的农、林、牧、渔业。在现代农业生产部门中，林业已经被划分为一个独立的生产部门。从林业生产的内容来看，包括造林、营林、采伐、加工等部分，其中的造林、营林是以土地为基本生产资料的植物栽培活动，具有农业的性质，而采伐和加工则表现为工业生产劳动的性质。在林业生产中，造林、育林是最基本的生产活动，是林业再生产的关键环节，也是农业生产活动中的一项重要内容，因而从广义的角度也把林业视作农业的一个组成部分。就渔业生产而言，包括采集、捕捞和养殖等内容，其中采集和捕捞具有工业生产的性质，养殖具有农业生产的性质。从渔业再生产过程来看，养殖是基础，决定着采集和捕捞的规模与程度，这在现代渔业生产中表现得尤为明显，所以将渔业也划入农业的范围。我国目前对农业一般都从广义的角度做出解释，在本书中我们采用广义农业概念。

以上是在我国范围内对农业的含义做出狭义和广义的解释。在国外，对农业的含义也有其他不同的解释，有的把农业所包括的内容理解为种植业和畜牧业。在美国，对农业含义的解释不仅包括了农业生产部门，也包括了为农业生产服务的前部门（农业生产资料的生产和供应部门）和后部门（农产品的加工和销售部门）。这是农业生产在高度专业化的基础上，日益与为其服务的农业前部门和后部门紧密地联系在一起的缘故。无论对农业所包括的范围做出怎样的解释，其基本内涵是不变的，即无论它怎样变化，它毕竟是一个以生物为劳动对象和劳动手段的物质生产部门。

在人类诞生的初期，人类既不懂得什么是农业，也没有进行任何农业生产活动，而是以渔猎和采集为生。农业究竟从何时开始，这是有文字记载以前的事情，无从准确考查。但从考古发现中可以推测，人类谋取衣食的活动始于渔猎，然后转向畜牧业，再由畜牧业发展为农业，所以将人类生活的进化顺序分为渔猎、畜牧、农业三个时代。这三个时代的先后顺序的划分是就一般情况而言，在某些地方，可能不依此顺序发展。有的地方可能未经过渔猎阶段，而从采集活动开始，直接过渡到畜牧阶段，再过渡到农业阶段；有的地方或直接从采集阶段过渡到农业阶段，或直接从渔猎阶段进入农业阶段。据分析，在人类诞生之初，渔猎活动和采集活动可能是相伴而行的，这是由于单纯依靠渔猎或采集难以满足人类的生存需要。不过这两项活动，在有的地方可能以渔猎为主，在有的地方可能以采集为主，渔猎和采集二者谁先谁后，在不同地方也会有不同的顺序。

据分析，畜牧业始于人类对野生禽兽的长期驯化。在人类处于狩猎阶段时，有时出现剩余，就把捕获的禽兽暂时饲养，等待日后宰杀食用。后来人们偶然发现，这些尚未被宰杀的野生禽兽具有产卵、产仔的功能，于是利用这一功能饲养这些野生禽兽，久而久之，那些易于被驯化的野生禽兽逐步演化成家禽家畜，人类便开始了畜牧业活动。在人类捕捞水生生物的过程中，逐渐学会了水域人工养殖，于是出现了渔业及水产业。种植业是人们从采集野生植物的活动中逐渐演化而来的。在采集活动中，人们发现野生植物果实具有落地再生的功能，于是开始植物栽培活动，进而发展为种植业。

关于我国农业的起源有许多传说。早在五六十万年以前，我国的土地上就生活着原始人类。在旧石器时代，中国祖先从事着采集和狩猎活动。种植业和畜牧业始于新石器时代。在新石器时代，生产力水平十分低下，人类的生活十分艰苦，人们用石锄、石铲、石刀和木棍等进行集体耕作和收获，但所获食物远远不能满足人们的生活需要，人们还必须进行采集、渔猎等活动来取得必需的生活资料。到了距今3000多年的殷商时期，农业生产在社会经济生活中占据十分重要的地位，历法已经出现，这说明农业技术有了相当大的发展。

人类谋取衣食的活动从渔猎到养殖，从采集到栽培是一个漫长的历史演进和转化过程。这个过程直到今天仍然继续着，如今野生植物的采集、水生动物的天然捕捞以及狩猎活动仍作为农业的补充而存在。农业从无到有，从低级到高级，显示了人类征服自然、改造自然的高度创造力和无穷的智慧。人类不但能够创造农业，而且能够不断发展农业。在未来的历史长河中，人类还将不断开创灿烂的农业文明。

二、农业的发展阶段

农业作为人类物质生产活动最古老的部门，迄今为止经历了上万年的发展，先后经历了原始农业、传统农业、现代农业三个发展阶段。这是一个生产力不断由低级向高级发展的过程，是人类征服自然和改造自然的过程。

（一）原始农业

原始农业指主要使用石器工具来从事简单农事活动的农业，一般认为始于1万多年前的新石器时代，到2000多年前的铁器农具出现为止。原始农业是由采集经济发展而来的，在新石器时代以前，人类社会生产以采集和渔猎为主，采集和渔猎是人类获得生活资料的主要方式。随着生产经验的积累和生产工具的改进，人类逐渐了解一些动植物的生活习性和发育过程，开始懂得栽培植物和驯养动物，制造和使用从事这些活动所需要的工具，原始农业随即产生。农业的出现是人类改造自然、利用自然的第一次大变革，开创了人类社会第一个生产部门——农业，使人类由采集经济向农业生产过渡，形成了最早的农业系统。

原始农业生态系统受人的作用很小。人使用原始的生产工具对自然的作用十分有限，只能利用自然，而不能改造自然，没有物质和能量的人为循环。其系统结构即物种结构、食物链关系和能量金字塔均未受到破坏，还保持它的自然风貌。生物种群之间、生物种群与非生物环境内部之间呈现出互利共生、相互抑制、平衡发展的局面。原始农业技术系统的特点是刀耕火种、广种薄收，当时人们只是从自然界选择少数可供衣食的动植物，使用石器、木棒等简陋的原始农具，采取刀耕火种的耕种方式，根本谈不上什么生产原理和生产技术，实行以简单协作为主的集体劳动，进行十分粗放的饲养和栽培。原始农业经济系统由于生产发展水平低而呈现出相当简单的结构，即由劳动力、工具、劳动对象、简单分配关系组成，各要素之间还没有形成一定的结构关系。从经济角度说，它完全是一种自然型经济，自给自足，缺少社会分工。

这一阶段的农业生产力十分落后，生产力水平极低，只是从土地上掠夺式经营，主要依靠大自然的恩赐，人们只能获取有限的生活资料来维持低水平的共同生活需要，农业是当时社会唯一的生产部门。

（二）传统农业

传统农业是在原始农业的基础上，随着铁器农具的出现和长期积累的生产经验而发展起来的，是指使用铁木农具，主要凭借直接经验从事生产活动的农业。大体上指从铁器农具出现开始，一直到用机械取代手工劳动之前这一段时期的农业，即从奴隶社会过渡到封建社会，一直到资本主义工业化以前的农业。传统农业比原始农业有了很大进步，较为先进的铁木农具代替了原始的石器，畜力成为生产的主要动力，成套的农业技术流程逐步形成。其本质特征在于生态的原始性、技术的传统性和经济的封闭性。

生态的原始性，即指农业内部生物要素的生物学特性基本保持原始的状态，也说明了农业内部物质能量流动的自然属性。首先，农业系统的生物要素和粮食作物直接从大自然中选择出来，人为成分很少；其次，这一时期农业生产过程中物质转化和能量循环，从方向和规模看，是从自然界获取而来，取自农业又返回农业，在农业系统内部周而复始地、封闭式地循环，没有增加多少新的成分和人为因素。

传统农业的技术表现出较多的传统性，以手工工具、人畜力和自然肥力为基础，人们从事农业生产所掌握的生产技巧，主要是世代继承积累下来的传统经验，依靠人的器官和直觉观察和直接操作，人在农业生产过程中仅仅起到连接和辅助作用，人们对自然界的依赖性很大，对外界环境的控制能力低，生产状况更多地决定于自然状况，而不是人的因素。传统农业经济的封闭性表现在：多数农民是自给农，农业生产要素来自农户内部，生产的主要投入要素是劳动力和土地，资金等输入极少，地多人少以输入土地为主，地少人多则以输入劳动力为主；生产过程也在农户内部完成，男耕女织，一家一户的生产；生产的产品基本上是在农户内部消费，投入能量和物质较少，产出的物质和能量很低，基本上是一种自给自足的自然经济形态的农业。传统农业的重大成就是精耕细作，用地养地结合，基本上维持了自然生态的平衡。然而，传统农业是以世代相传的生产要素为基础，生产技术（包括物质资本、技术以及人的技术知识）没有任何重大改变，农业的产量、农业劳动生产率、土地生产率均很低下。

(三) 现代农业

现代农业，又称工业式农业，亦称石油农业时期，是在现代工业和现代科学技术的基础上发展起来的农业，诞生于18世纪60年代的英国，逐步扩大到整个欧洲、北美和日本，主要是指第二次世界大战以后才形成的发达农业。现代农业是广泛应用现代科学技术、现代工业提供的生产资料和科学管理方法的社会化农业。与传统农业有很大不同，从生态的原始性变为科学性，技术的传统性变为现代性，经济的封闭性变为开放性。生态的科学性即现代农业生态系统完全脱离了原来的自然属性，在人的干预下运转，通过大量投入石油、化工物质来强化系统的稳定性，保证农业生产顺利进行。人们对农业生物本身及其环境因素的客观规律认识不断加深，所采取的农业技术措施更加符合客观规律的要求，改变和控制生物生长环境的能力显著提高，促使良好的、高效能的生态系统逐步形成。赋予农业的不仅仅是生产农产品的职能，而且越来越多地要求农业兼具改善生态环境的职能，自觉促使良性生态循环，保持农业的生态平衡。

三、农业现代化

我国现阶段正处在由传统农业向现代农业转变的阶段，由传统农业向现代农业转变的过程就是一个实现农业现代化的过程。那么农业现代化的基本含义是什么呢？

农业现代化是农业生产力发展水平的综合体现。现代化农业生产力是一个多层次结构系统。它的基本内容包括农业劳动力现代化、农业生产手段现代化、农业生产技术现代化、农业生产管理现代化、农业生产过程现代化五个方面。

（一）农业劳动力现代化

没有现代化知识的劳动力，就不可能实现农业现代化。现代农业生产，单靠劳动者的经验积累，已远不能适应要求，必须不断提高劳动者的文化科学水平，实行专业技术培训，不断提高熟练的、受过基础培训的劳动力在农业劳动大军中的比重，这是农业现代化的重要内容。

（二）农业生产手段现代化

农业生产手段现代化，即用现代工业技术装备农业，实现农业的机械化、电气化、化学化和电子化。各国农业生产手段现代化多是从机械化和化学化起步的。首先，机器摆脱了人工的手工工具所受到的器官的生理限制，克服了人畜力的弱点，极大地提供了生产力。其次，机器在运转速度和作业整齐度等方面也远超过人畜力的农具。农业机械使农业生产手段由低效率、低效能为特征的传统农业阶段进入农业工业化的新阶段，从而缩短了农业作业时间，提高了作业质量，达到增产增收的目的。同时，减轻了劳动强度，提高了农业劳动生产率，大幅度地提高了商品量(率)。因此，农业机械化是农业生产手段现代化的物质技术基础。农业电气化是更高水平的机械化，它具有效率高、费用省、可控性强等优点，是实现现代化过程中力争的更高目标。农业生产手段的化学化包括化肥、农药和除草剂的使用。农业生产手段的电子化，是指电子计算机包括新材料的应用。电子计算机应用于农业后，将使农业生产的机械化、自动化进入一个新阶段。

(三) 农业生产技术现代化

农业生产技术现代化有两个方面：一是为农业生物创造适于生长发育的环境；二是根据社会需求定向优化农业生物，提高其经济产量。在现代农业发展中，各国都十分重视生产技术革新，并已取得较大的成绩。生物学、遗传学的发展，使生物技术对农业增产的作用日益显著。育种、选种技术培育出高产、优质、抗逆和适于机械作业的新品种，使良种化成为生产技术现代化的中心环节。由于农业科学技术现代化能够减少投入，增加产出，较大幅度地提高土地生产率、劳动生产率和资金生产率，必然带来高的收益率。国外统计资料表明，农业科研的收益率比其他投资的收益率要高得多，一般高出 1~2 倍。科学技术现代化有利于促进生态平衡，现代农业科学技术的研究与应用，有利于克服石油农业和无机农业带来的环境污染以及能源巨大浪费等经济、社会和生态问题。从实际出发，充分利用新的科研成果和技术政策，调整好生物技术措施和机械技术措施的关系，针对当前生物科学相对落后的局面，给予有机农业以新的概念，使它在新技术的基础上，向着促进生物群体与环境间物质及能量良性循环的方向发展。

(四) 农业生产管理现代化

有了现代化的农业生产技术和手段，还必须有现代化的农业管理，管理是提高农业效率的重要因素。现代农业管理包括宏观和微观两个范畴。宏观管理是解决农业现代化中的战略性问题，如农业现代化的发展方向、目标体系、主要比例关系、增长速度等。微观管理是指农业企业的经营管理，是农业企业在对市场进行科学预测的基础上，对农业生产经营决策，对人、财、物各项生产要素和生产全过程进行现代化管理。现代管理是利用经济学、社会学、自然科学的成果，包括定性与定量预测、决策及实施，是一门多学科的科学。它要运用现代经济数学方法，利用计算机、电视、无线电等电子技术对生产经营项目进行分析、计算、择优和储存，因此，要相应实行管理人才的专业化。

(五) 农业生产过程现代化

农业生产过程现代化是以生产社会化为中心的专业化、集中化和一体化。农业生产专业化包括部门专业化、地区专业化、农场专业化和工艺专业化四种类型。农业生产专业化有利于充分利用资源，有利于提高农业机器的利用率和生产率，有利于新科技在农业技术与管理中的应用，从而使劳动生产率大幅度提高，达到降低成本、增加收入的目的。生产集中化是指劳动力、生产资料、土地、资金集中在一个企业或部门中。农工商一体化是现代化农业经济系统，它以农业为基础，以工业为主导，以商业为枢纽，成为产前、产中、产后各部门密切结合，供产销结合一体的经济体系。它是生产高度社会化的产物，是农业社会再生产的各环节相互依存、共同运行的体系，只有农业生产力高度发展到现代化阶段后，分工部门达到互相渗透，组成社会化的生产体系时，才会出现一体化的趋势。

上述农业现代化五个方面的内容是密切联系、相辅相成的，任何一方都不能脱离其他方面而独立进行。当然，在实现农业现代化过程中，各方面可以有所侧重。

第二节　农业在国民经济中的地位

农业是人类的第一个物质生产部门。从农业产生到如今，人类社会先后经历了三次大的社会分工。在现代国民经济结构中，农业仅仅是若干个经济部门中的一个。尽管在今天，农业已不像在工业社会以前那样占据绝对的经济地位，但在各个国家的国民经济结构中，农业仍具有特殊的重要地位，制约着其他部门和整个社会经济生活的发展。

一、农业是国民经济的基础

农业的重要地位不在于它给国民经济创造了多少价值，在国民经济中占有多大比重，而在于它是其他部门得以发展的基础，特别是在我国这样一个农业人口占全国人口50%的发展中国家，农业在整个国民经济中的基础地位就更加突出。

农业之所以是国民经济的基础，首先是由于农业是人类生存资料的物质生产部门。从人类的需要层次来看，生存的需要是第一需要，而生存的需要具体表现为人类对衣食的需要。因此，在人类各种物质生产活动中，摆在第一位的就是谋取衣食的农业生产活动，没有农业的存在和发展，就不可能有人类的存在和发展。在任何社会，农业都是人类得以生存和发展的先决条件。其次，农业的发展是国民经济其他部门得以独立和发展的必要前提。马克思精辟地指出，"超过劳动者个人所需要的农业劳动生产率，是一切社会的基础""社会为生产小麦、牲畜所需要的时间越少，它所赢得的从事其他生产，物质的或精神的生产的时间就越多"。从人类社会生产活动分工发展来看，没有农业的发展就没有社会其他部门的发展。在现代经济社会中，农业在社会物质生产中所占的份额呈现出越来越少的趋势，这不但不能说明农业基础地位的下降，反而恰恰说明了农业基础地位的坚实，因为农业有能力为其他部门的发展提供日益增多的生产、生活资料和劳动力。

无论是在过去、现在还是将来，无论是在发展中国家还是发达国家，都不能改变农业在国民经济中的基础地位。农业是国民经济的基础，这是一条客观规律。尽管在某些国家，农业经济十分脆弱，不能担负起整个国民经济的基础作用，但它也必须依赖于别国的农业，为本国的经济发展提供食品和原料。因此，不能由此否认农业是国民经济发展的基础这一规律的正确性，人们只有认识和遵循这一规律，千方百计地加强和巩固农业的基础地位，才能促进整个国民经济的发展。

二、农业对经济发展的贡献

农业在国民经济中的基础地位，具体由农业在经济发展中的贡献体现出来。对此，经济学家们有若干明确的论述，这些贡献具体表现为：

（一）提供产品的贡献

农业一方面提供了人们所需要的所有食品，使人类得以生存和发展，另一方面又提供了大量的工业原料。在我国轻工业产值中，以农产品为原料的产值占有很大比重。

（二）扩大市场的贡献

在我国这样一个农村人口占多数的国家中，由于农业的绝对规模，使其必然成为工业品的主要市场。仅从我国的轻工业产品来看，就有2/3销往农村。农民购买工业品是通过商品交换进行的，即只有农民卖出农产品，获得货币，才有可能购买更多的工业品。农业的基础地位越雄厚，可供交换的农产品就越多，购买工业品的能力就越强。因而，充分发挥农业的基础作用，可以产生工业品市场和农产品市场同时扩大的效应。

（三）对生产要素的贡献

农业越发达，社会用来生产农产品的资源所占的相对份额就越少，这意味着农业中的资源向其他部门转移，即有越来越多的资金和劳动力在从事非农产品的生产，这就是农业对社会经济发展所产生的提供生产要素的作用。在我国，乡镇工业的发展，实际上就是农业中的资金和劳动力向工业部门的转移。在我国工业化和城镇化进程中，农民又以土地征用及农民工人口红利等方式做出了巨大的贡献。

（四）积累外汇的贡献

在发展中国家，以农产品、矿产品等的初级产品作为出口产品主体，是一个重要特征，我国也不例外。据统计，在20世纪50年代，农副产品及其加工品的出口量占全国出口总额的80%以上，直到1985年仍然占到42.6%。在国民经济处于起飞阶段时，充分发挥农业的基础作用，增强其创汇能力，对于加速国民经济的技术改造，推动现代化进程是十分必要的。农业是积累国民经济建设资金的重要来源，进行国民经济建设，需要大量的资金。由于我国工业化起步较晚、起点低、基础薄弱，所以农业不但要为自身发展积累资金，而且还担负着为工业发展提供原始积累的使命。为了加快我国现代化建设，需要引进一些先进的技术设备，这就需要一定数量的资金，而外汇的重要来源是通过外贸出口农产品及其加工制品取得的。因此，农业经济是否发展，农产品是否丰富，也直接关系到国家建设所需外汇和平衡国际收支。新中国成立60多年以来的事实证明，哪一年农业丰收了，哪一年国民经济和各项事业的发展就快，国家财政的日子就好过；反之，哪一年农业遭受灾害和挫折，国民经济和各项事业的发展就缓慢，国家财政的日子就难过。因此，我国政府一直把农业和农村工作放在首位，切实解决农业中存在的问题，使农业取得了巨大的进步，农业为国民经济建设积累的资金也越来越多。

以上分析可见，农业的经济地位及其作用是不可忽视的。强调农业的基础地位及其作用，并非出自对于农业的特殊偏爱。事实上，对农业基础地位及其作用的阐述正是从国民经济系统出发，从各部门之间相互制约关系的分析中所得出的结论。

第三节　农业经济管理的概念、性质与内容

在现代农业中，不仅需要先进的农业科学技术，也需要先进的农业经济管理。农业经济管理是一门管理科学，是农业现代化发展的重要组成部分。只有具备先进的农业经济管理，才能发挥农业生产物质技术和农业生物技术措施的作用。

一、农业经济管理的概念

农业经济是国民经济中两大基本经济部门之一，是一个结构复杂的大系统，它是农业中经济关系和经济活动的总称。它包括生产力与生产关系的发展运动和生产、交换、分配、消费等方面的经济关系与经济活动。因此，农业经济管理是指对农业部门（企业）物质资料的生产、分配、交换、消费等经济活动，通过预测、决策、计划、组织、指挥、控制等管理职能，以实现管理者预定经济目标的一系列工作。

就农业经济管理的范围来说，既包括国家对整个农业部门的管理和调控，又包括各个农业企业内部的经济管理。前者是宏观经济管理，后者是微观经济管理。宏观经济管理是指一个国家或一个地区对其所辖农业部门的经济活动的管理，主要是

制定农业发展政策，设置农业生产部门组织机构，确定农业发展规划、生产布局，运用财政、信贷等手段，对农业生产进行宏观调节与控制等。微观经济管理是指农业企业、单位对农业生产、服务的管理。主要是企业、单位对其所辖的土地、劳动力、资金等进行合理安排配置，具体表现为对生产过程和生产要素的计划、组织、指挥、控制与协调，使农业企业内部的人力、物力、财力得到最充分合理的利用，使之产生最大的经济效益。

二、农业经济管理的性质

农业经济管理的过程，就是对生产中的各要素进行合理配置与协调的过程，在这个过程中，既包括人与物的关系、物与物的关系，也包括人与人的关系。因此，对农业经济过程的管理，必然表现为对生产力的组织和生产关系的调整的两重性。

管理活动中对生产力的组织表现为管理活动的自然属性，进行生产力的组织就是把人、土地和生产资料等生产要素，作为一种自然属性的使用价值对待，如土地的合理开发利用，农业生产资料的合理配备与使用，劳动力的合理组织与利用等，使这些生产要素在生产过程中最大限度地发挥其使用价值。在传统农业中，以人畜力和手工工具为生产要素，人类对自然的征服能力较低，人类的农业生产活动表现出自给自足的特征，剩余产品很少，交换活动很不发达，生产规模也很小，并不需要严格地进行成本核算，而且，要素之间结合的方式比较简单，从而使农业经济活动本身对管理的要求水平很低。随着生产力的发展，传统农业向现代农业转变，农业生产中投入的物质生产资料越来越多，作用越来越大，劳动力对投入素质，特别是文化技术素质要求越来越高，生产要素结合的客观要求及其结合程度越来越紧密。因而，对生产力进行组织管理的要求也就越来越复杂，在生产中起的作用也越来越大。任何社会、任何生产部门，只要进行社会化大生产，就需要管理，这是管理的自然属性的基本表现。

农业经济管理活动中对生产关系的调整表现为管理的社会属性，它是指处理生产过程中人与人之间的关系，即从客观实际出发，适时地调整、不断地完善生产关系，妥善地解决人们在生产、流通过程中形成的各种经济关系（诸如对生产资料的占有、使用，社会的分工协作、交换劳动、分配产品等），充分调动每个劳动者的积极性，使之关心生产，关心经营成果，提高工作效率和工作质量，确有成效地进行创造性劳动，以尽可能少的活劳动和物化劳动消耗，获取尽可能大的经济效益。只有处理好这种人与人的关系，才能调动人的积极性、主动性，发挥物的作用，发挥生产力组织的作用。

不同的国家在农业经济管理的政策、方针、制度方面，以及具体生产力的组织与对生产关系的调整方式方面都不尽相同，但都表现出生产力组织与生产关系调整的两重性。生产力组织性质的区别，主要由各国的自然技术条件和经济发展水平不同而决定；生产关系调整性质的区别，主要由各国社会形态、所有制性质的不同所决定。

三、农业经济管理的内容

农业经济管理的内容是由其涉及的范围和它的属性所决定的。就其涉及的范围而言，农业经济管理内容包括宏观管理和微观管理两个部分；就属性而言，农业经济管理内容涵盖生产力和生产关系两个方面。因此，我们可以把农业经济管理内容归纳为以下几个方面：

（1）科学阐述社会主义农业制度建立和发展的规律性，探讨并确定与生产力发展相适应的农业经济管理体制，正确处理农业与其他产业之间、国家与农业企业之间的相互关系，探索具有中国特色的农业现代化道路。

（2）依据经济发展的规律和农业生产的规律，在科学分析农业发展的自然与社会经济条件的基础上，进行科学的预测决策，制定宏观的农业发展战略和微观的农业企业经营战略。

（3）以市场为导向、以自然条件为基础，合理调整农业生产结构，搞好农业生产布局，充分合理利用自然资源，推进农业的可持续发展。

（4）统筹规划农业生产要素，研究各生产要素的筹集、使用、保管、核算，分析农业投入产出情况，对农业技术经济效果进行评价，寻求最佳经济效果。

（5）合理组织农业商品流通，充分利用市场、价格机制，发展社会主义商品经济；搞好农产品总收入的分配，正确处理生产与生活、积累与消费之间的关系，以及国家、集体和个人利益之间的关系，促进农业不断进行扩大再生产，增加农民收入。

农业经济管理内容在很大程度上取决于经济体制的类型，不同的经济体制有不同的资源配置方式，从而决定了不同的经济活动组织方式、产品分配方式以及经济核算方式。伴随着社会主义市场经济体制的建立，我国农业经济管理的内容也发生了重要的变化。农业经济管理的内容将随着我国社会主义市场经济体制的不断完善而日益完备。

第二章 农业自然资源管理

第一节 农业中的自然资源

农业自然资源是人类生存和社会生产发展的物质基础,它不仅是农业生产的生产资料,而且是劳动对象,其自然生产力直接决定着农业生产水平。

一、农业自然资源的概念

农业自然资源是指在一定生产力水平和经济条件下,能够被农业生产利用的各种自然要素的总称,主要包括土地、水、生物和气候资源。农业自然资源有两种类型:一种是直接与农业生产劳动相结合的资源,如生物、水、土地资源等;另一种是不直接与农业生产劳动相结合,但为结合创造外部环境条件的资源,如农业气候资源。

二、农业自然资源的特点

(一)农业自然资源的总体特点

1. 整体性

在农业生产中,各种农业自然资源是相互联系、相互制约、协调运行的,从而形成一个具有整体性的系统。当人们开发利用某一种农业资源时,就不可避免地要影响其他资源。例如:在一定的农业气候条件下,某区域形成了一定的土壤肥力和相应的生物群落,如果过度开采或者过度放牧会导致植被遭到破坏,造成水土流失,进而使农业自然资源系统遭到破坏。因此,农业自然资源开发利用要因地制宜、适时适量、合理利用,以保持生态系统的平衡和相对稳定。

2. 地域性

农业自然资源因其所处的地域不同,其种类、数量、质量、组合特性有很大差异,从而形成多种多样的自然资源系统。例如:草原型生态系统、森林型生态系统、大田型生态系统等。在小范围地区内,由于不同的海拔、不同的水体深度、不同的地块(水田和旱地、阳坡和阴坡、平地和坡地)以及不同的农作物等,形成了各不相同的农业资源。农业自然资源地域性决定了农业自然资源的开发必须遵循因地制宜的原则。

3. 多用性

大部分农业自然资源都具有多种用途和功能。例如土地资源、水资源、气候资源等都可以适用于多种农业生产结构，即使在同一个农业生产部门中，不同的农业自然资源也可以适用于不同的农作物品种。因此，应该依据其多用性和最大收益原则，充分发挥农业自然资源开发利用的综合效益。

4. 基础性

自然资源是农业生产的基础资源。在农业生产中，自然资源是第一性生产，没有阳光、水分、土地、热量，植物就不能生长。没有第一性生产，畜、禽、蚕、蜂等第二性生产自然也就无法进行。此外，自然资源往往覆盖面大，很难大面积、大规模地为其他人工资源所代替，因而它是基础性的。这一特点决定了农业自然资源的开发和利用要量力而行。

5. 可再生性和循环性

各种农业自然资源投入农业生产被利用后，一般都可以更新再供使用，如农业生物体世代交替，土壤可以周期性地恢复与更新等。但这种更新是有条件的，只有按照资源的自然特性合理利用和保护，才能保证其再生循环和永续利用，有些资源一旦遭到破坏，就很难再恢复和更新，比如土壤肥力和生物物种等资源。

因此，农业自然资源的开发和利用，必须遵循自然规律，注意用养结合。

6. 数量的有限性和利用潜力的无限性

在一定时间和空间里，农业自然资源的数量是相对稳定的，如土地面积、水资源量、农业生物量等，从而表现为农业自然资源数量的有限性。但随着科学技术的进步，如土壤改良、水利建设、良种培育等技术的应用，对自然资源利用的广度和深度会不断扩大和延伸。

(二) 我国自然资源的特点

1. 光、热条件优越，但干湿状况的地区差异大

中国南北相距5500多公里，跨越近50个纬度，大部分地区位于北纬20°~50°的中纬度地带。全年太阳辐射总量一般西部大于东部，高原大于平原。以西藏为最高，西北地区和黄河流域的太阳辐射条件优于世界上不少平均温度相似的地方，长江流域优于日本和西欧。农作物生长期间的热量条件，除分别占国土面积1.2%和26.7%的寒温带以及青藏高原多属高寒气候外，其余72.1%的地区处于温带（占国土25.9%）、暖温带（占18.5%）、亚热带（占26.1%），以至热带

和赤道带（占1.6%），全年0℃以上积温均在2500℃以上。其中以海南为最高，达8500℃~9000℃，无霜期100天至全年无霜。因而就热量条件而言，夏季都可种植多种喜温作物，大部分地区可复种，甚至一年种二熟或三熟。

全国各地的干湿状况大体可以400毫米等雨量线为界，即从大兴安岭起，经通辽、张北、榆林、兰州、玉树至拉萨附近，沿东北斜向西南一线，分为东南和西北两大部分。东南部为湿润、半湿润区，西北部为半干旱和干旱区，约各占国土的一半。东南部受太平洋季风环流影响，雨水较充沛，年降雨量随纬度高低和距海远近变化于400~2400毫米，干燥度一般低于1.5。且雨、热基本同期，80%以上的雨水集中在作物活跃生长期内，这是90%以上的农区和林区都分布在东半部的重要原因。

夏半年南北之间的温度差异较小。北方夏季气温比世界同纬度地方高，可使一年生喜温作物的北界大大向北推移。冬季气温则比世界同纬度地方低，又使冬小麦等越冬作物的北界南移。季风气候的不利方面主要是它的不稳定性，即夏季风各年的进退时间、影响范围和强度都不相同，因而降水年内分布不匀，年际变化也大，洪涝、干旱、低温、霜冻、台风等农业气象灾害的频率较高。

西北部半干旱、干旱区的年降水量一般在400毫米以下，有些地方仅数十毫米甚至数毫米，干燥度在1.5以上，有的地方甚至达20以上。因而限制了农业和林业的发展，只在较高的山岭有少量森林资源。但这些地区有辽阔的草原，形成了中国的牧区。

2.土地资源的绝对量大，按人平均占有的相对量少

根据统计资料，全国土地总面积约为960多万平方公里，约占世界土地总面积的7.3%，仅次于俄罗斯和加拿大而居世界第3位；耕地面积按沿用习惯亩统计数字为14.9亿亩（注：较实际面积可能偏低），约为世界耕地总面积的7%，次于俄罗斯、美国、印度而居第4位；林地面积17.3亿亩，占世界森林总面积的3%，次于俄罗斯、巴西、加拿大、美国而居第5位；草原面积47.9亿亩，其中可利用的面积约33.7亿亩，仅次于澳大利亚、俄罗斯而居第3位，另有草山草坡约7.2亿亩；淡水水面2.5亿亩，其中可供养殖面积约7500万亩；海涂面积约2997万亩，水深200米以内的大陆架约23亿亩，为发展淡水及海洋渔业提供了较好的资源条件。

中国按人平均占有的各类土地资源数量显著低于世界平均水平。山地多、平地少，海拔3000米以上的高山和高原占国土的25%。此外还有约19%难于利用的土地和3.5%的城市、工矿、交通用地。人均耕地面积仅约1.5亩，为世界平均数4.5亩的1/3，是人均占有耕地最少的国家之一。人均林地面积约1.8亩，森林覆盖率为12.7%，而世界平均分别为13.6亩和31.3%。人均草地面积5亩多，也只及世界平均数10.4亩的一半。

3. 河川径流总量大，但水土配合不协调

在中国年平均降水总量约6万亿立方米（折合平均降水深628毫米）中，约有56%的水量为植物蒸腾、土壤和地表水体蒸发所消耗，44%形成径流。全国河川多年平均径流总量为27115亿立方米，在世界上仅次于巴西、苏联、加拿大、美国和印度尼西亚而居第6位。但如折合为年平均径流深，则仅为284毫米，较许多国家低。人均占有年径流量仅为2558立方米，只相当于世界平均数10800立方米的1/4，美国的1/5，苏联和印度尼西亚的1/7，加拿大的1/50。

按耕地每亩平均占有径流量也只有1819立方米，只相当于世界平均数2400立方米的2/3略多。此外，地下水资源中参加短期水量循环（一年或几年）的浅层水概算每年平均综合补给量（天然资源）约为7718亿立方米。扣除地下水和地表水之间的重复计算部分，全国水资源平均年总量约为27362亿立方米，比河川径流量约增加3%。

水资源的地区分布很不均匀。长江流域及长江以南耕地只占全国总耕地的37.8%，拥有的径流量却占全国的82.5%；黄淮海三大流域径流量只占全国的6.6%，而耕地却占全国的38.4%。长江流域每亩耕地平均占有水量达2800万立方米左右，黄河流域为260万立方米，海河流域仅为160万立方米。水量在时程分配上也极不平衡，年际间变幅很大。如海河流域1963年径流量达533亿立方米，1972年仅99亿立方米，相差5.4倍。全国有相当多的地区，易受洪、涝、旱、渍等自然灾害的侵扰。

4. 生物种属繁多，群落类型丰富多样

造成这种多样性的原因是中国不同地区的自然条件十分复杂，另外也与引起北半球温带许多第三纪动植物种系灭绝的第四纪冰川的影响较小有关。就全国范围看，北半球所有的自然植被类型，从热带雨林和季雨林到寒温带针叶林几乎都可以见到，植物区系的丰富程度仅次于马来西亚和巴西，居世界第3位。动、植物资源也很丰富，有"活化石"之称的大熊猫、水杉和银杉等，更是世界稀有的珍贵动植物种类。如此多样的生物资源不但是农业多种经营的重要物质基础，而且为农、林、牧、渔业的进一步发展，提供了十分丰富的基因库。在一定的经济技术条件下，一切自然资源，包括农业自然资源对人类生存需要的负荷能力是有限的。随着人口的不断增长，人口数量与自然资源不足的矛盾已成为世界性问题。因此，在严格控制人口增长的同时，农业自然资源的保护和合理利用，越来越受重视。

首先，根据不同国家、地区的具体条件和资源的不同特点，制定符合国民经济全局利益和各种资源宏观经济效益的资源开发利用战略，是合理利用和保护农业自然资源的首要前提。不同的国家，由于人均占有可耕地面积和土地后备资源多少的不同，可以有不同的农业集约化程度和集约经营方式；由于自然资源的性质和组合特点的不同，可以有不同的农业生产结构和农业生产布局。

其次，为了有利于资源的不断更新和永续利用，需要在采取各项开发、利用措施的同时，充分考虑到对资源系统所造成的长远和整体影响，包括农业自然资源各构成因素之间、农业自然资源与社会经济、技术条件之间以及局部地区与全国以至世界范围的资源利用之间的相互制约关系。只顾眼前利益的掠夺性经营，诸如种植业中的盲目开荒、林业中的过度采伐、草原牧业中的超载放牧、渔业中的过度捕捞等，对于农业生产力以及生态环境所带来的严重恶果已被历史事实所证明。为此需要通过各种经济、技术手段和法律手段，包括制定和实施保护农业自然资源的法规，如土地法、森林法、草原法、渔业法和水资源法等来解决这方面的问题。对于有大量动植物种质资源集中蕴藏的地区，则要建立自然保护区加以保护。

最后，目前世界上一方面存在着人口不断增长与资源不足的矛盾，另一方面又有相当多的一部分自然资源由于各种原因而未被开发利用或处于开发利用上的落后状态。因此，人类在继续利用已被开发利用的资源的同时，需要依靠现代科学技术，采取各种综合措施，不断增强改造自然的能力，以便挖掘迄今未很好开发、利用的自然资源的生产潜力。据测算，现在栽培植物的光能利用率全世界平均不到0.1%，而最高产的地块接近5%，在实验室中可达10%～12%。此外，遗传工程、生物固氮等现代生物学研究的进展，电子技术、核技术等在农业上的广泛应用等，也已为农业自然资源的进一步开发利用带来新的前景。

三、农业自然资源的种类

农业自然资源依据不同的标准可以划分为不同的类别。

(一) 按照农业自然资源的存在形态划分

1. 土地资源

地球表面的陆地部分，由气候、土壤、地貌、岩石、植被、水文等要素组成，包括平原、丘陵、山地、戈壁沙漠、冰雪高山等。

2. 水资源

包括降水、地表水、地下水，淡水和咸水资源。

3. 气候资源

包括阳光、温度、水分、空气等要素。

4. 生物资源

包括动物、植物、微生物等要素。按存在形态划分又可分为森林资源、牧草资源、渔业资源、物种资源。

(二) 按照农业自然资源的属性划分

1. 可再生资源

是指能够通过自然力或在人类的参与下保持或增加蕴藏量的自然资源。按再生条件又可分为两类：①恒定资源。再生不受人类行为影响的资源，如太阳能、风能、雨量、潮汐能等资源。②非恒定资源。资源可以自己再生，但要受人类行为的影响，其再生或恢复存在临界点，如森林、牧草、野生动植物、鱼类、微生物以及土壤肥力等。

2. 非可再生资源

是指不能运用自然力增加蕴藏量的自然资源，如石油、煤、天然气等能量资源。

(三) 按照农业自然资源的用途划分

1. 生产性资源

是指用于生产过程，在生产中发挥作用的自然资源，如土壤、水等。

2. 服务性资源

是指用于服务性产业的自然资源。

(四) 按照农业自然资源的利用状况划分

1. 潜在资源

是指尚未开发利用的自然资源。

2. 现实资源

是指已经开发利用并且正在发挥效用的自然资源。

四、农业自然资源的构成

农业自然资源的构成主要可概括为以下四个方面。

(一) 气候资源

气候资源即太阳辐射、热量、降水等气候因子的数量及其特定组合，太阳辐射是农业自然再生产的能源，植物体的干物质有 90%~95% 是利用太阳能通过光合作用合成。水既是合成有机物的原料，也是一切生命活动所必需的条件；陆地上的水主要来自自然降水。温度也是动植物生长发育的重要条件，在水分、肥料和光照都满足的情况下，在一定适温范围内，许多植物的生长速率与环境温度成正比。因此，气候资源在相当大的程度上决定农业生产的布局、结构以及产量的高低和品质的优劣。

农业气候资源通常是采用具有一定农业意义的气象（气候）要素值来表示。例如，热量条件以生长期长短、总热量多少以及热量的季节分布和强度等表示；其中生长期和总热量分别指植物生长起止温度之间所经历的天数和日平均气温的积累值（积温）；热量强度指最热月和最冷月的平均气温、平均极端最低气温或气温日较差等。热量条件能否满足作物生长需要，还与其季节性变化能否与作物生育动态相适应有关。降水同农作物生育和产量形成有密切关系的值是降水量、降水日数、降水变率、相对湿度等。综合因素表示，如用干燥度，即最大可能蒸发量对同期降水量的比值来表示干湿程度等。用以表示光照条件的，有太阳辐射强度、光合有效辐射、日照时数、日照百分率等。各个气候因素之间相互联系、相互制约，如雨日多，光照便少，温度也偏低。因此，在评价气候资源时，还必须考虑它的组合特征。

（二）水资源

水资源即可供工农业生产和人类生活开发利用的含较低可溶性盐类而不含有毒物质的水分来源，通常指逐年可以得到更新的那部分淡水量。这是一种动态资源，包括地表水、土壤水和地下水，而以大气降水为基本补给来源。地表水指河川、湖泊、塘库、沟渠中积聚或流动的水，一般以常年的径流量或径流深度表示；土壤水指耕层土壤土粒的吸湿水和土壤毛管水；地下水指以各种形式存在于地壳岩石或土壤空隙（孔隙、裂隙、溶洞）中可供开发利用的水。地下水资源又可分为天然资源和开采资源，前者是指一个水文地质单元中在天然条件下地下水接受补给而形成的资源，常用多年平均补给量来表示；后者则指允许开采的地下水资源数量。自然降水和地表水、土壤水、地下水之间不断运动交替，互相转化，形成自然界的水循环。河川地表径流及土壤水由自然降水不断补给；地表水通过蒸发或植物蒸腾以及流入海洋后的蒸发，又成为自然降水的来源。浅层地下水也和自然降水有直接联系，并和地表水存在着相互补给关系。河川、湖泊、塘库、沟渠等以渗漏方式不断补给地下水；在人类活动中，一部分地下水又被提取成为地表水。河川中的枯季径流，有时也靠浅层地下水补给。深层地下水和矿藏相似，与地表水的循环更替期很长，有的达千年以上，一经开采往往很难补给，常致水位下降，形成地下漏斗。因此，不能作为常用资源。水资源对农业生产具有两重性：它既是农业生产的重要条件，又是洪、涝、盐、渍等农业灾害的根源。

（三）土地资源

土地资源一般指能供养生物的陆地表层，包括内陆水域，但不包括海域。土地除非农业用地外，还有一部分是难于利用或基本不能利用的沙质荒漠、戈壁、沙漠化土地、永久积雪和冰川、寒漠、石骨裸露山地、沼泽等。随着科学技术和经济的发展，有些难于利用的土地正在变得可以逐步用于农业生产。

农业用地按其用途和利用状况，可以大概分为：①耕地，指耕种农作物的土地，包括水田、水浇地、旱地和菜地等。②园地，指连片种植、集约经营的多年生作物用地，如果园、桑园、茶园、橡胶园等。③林地，指生长林木的土地，包括森林或竹林地、灌木林地、疏林地和疏林草地等。④草地，指生长草类可供放牧或刈割饲养牲畜的土地，不包括草田轮作的耕地。中国通常称北部和西部10个省（自治区）大面积连片的草地为草原，称南部和中部各省（自治区）主要分布在山丘地区较为零星的草地为草山、草坡。已经加以利用的草地（也称草场），按其不同的经营利用方式，分别有天然草地、改良草地、人工草地等。⑤内陆水域，指可供水产养殖、捕捞的河流、湖泊、水库、坑塘等淡水水面以及苇地等。⑥沿海滩涂，又称海涂或滩涂，是海边潮涨潮落的地方，位于大潮高低潮位之间，海岸地貌学上称为潮间带，是沿海可供水产养殖、围海造田、喜盐植物生长等的特殊自然资源。

在草地和林地中，适宜于开垦种植农作物或牧草的天然草地、疏林地和其他荒地称为宜农荒地；适宜于营造森林的疏林草地和荒山荒地则称为宜林荒山荒地，均属农业的后备土地资源。

（四）生物资源

即可作为农业生产经营对象的野生动物、植物和微生物的种类及群落类型。但从广义上讲，人工培养的植物、动物和农业微生物品种、类型，也可包括在生物资源的范畴之内。

生物资源除用作育种原始材料的种质资源外，主要包括：①森林资源，指天然或人工营造的林木种类及蓄积量。②草地资源，指草地植被的群落类型及其生产力。③水产资源，指水域中蕴藏的各种经济动植物的种类及数量。④野生生物资源，指具有经济价值可供捕、捞或采、挖的兽类、鸟类、药用植物、食用菌类等。⑤珍稀生物资源，指具有科学、文化价值的珍稀动植物。⑥天敌资源，指有利于防治农业有害生物的益虫、益鸟、蛙、益兽和有益微生物等。

五、农业自然资源的开发利用

自然资源是人类赖以生存和发展的基础，合理开发利用自然资源是生产发展的前提。目前，单纯以消耗资源和追求经济数量增长的传统发展模式仍占很大比例，且正在严重地威胁着自然资源的可持续利用。农业是国民经济的基础，充分合理地开发利用农业中的自然资源对于我国经济和社会的可持续发展有着重要的意义。能否对自然资源进行合理开发和利用，一般取决于人们的认识水平、经济体制和生产力水平。

(一) 农业自然资源开发利用的含义

农业自然资源开发利用是指对农业自然资源进行合理开发、利用、保护、治理和管理，以达到最大的综合利用效果。充分合理地开发与利用农业自然资源、保护生态环境，是改善人类生活、生产条件的需要，是进一步建设高水平生态农业的先决条件，是保护耕地、提高土地利用率、解决人地矛盾的重要手段。同时，农业自然资源又是形成农产品和农业生产力的基本组成部分，是发展农业生产、创造社会财富的要素和源泉。因此，农业要实现现代化，必须对农业自然资源进行合理的开发和利用。

(二) 农业自然资源开发利用中存在的主要问题

由于我国人口规模大，对自然资源形成较大的压力，加之经济快速发展中存在着片面追求经济效益、忽视生态效益的发展观念，在自然资源开发利用过程中产生了各种各样的问题。

1. 经营粗放，资源利用率低

农业生产中普遍存在着重用轻养、粗放经营的现象，资源浪费严重，资源的利用率和回收率低。如农业用水浪费严重，农田灌溉水的有效利用率为0.25%~0.40%。粮食产后环节中损失和浪费达0.15，大大超过了联合国粮农组织提出的0.05的标准。

2. 掠夺性开采，生态环境恶化

由于在经济建设中长期片面追求经济效益、忽视自然规律，掠夺开发自然资源已造成生态环境破坏的严重后果。主要表现是：水土流失、水资源污染、生物资源耗损、自然灾害频繁。全国水土流失面积达356万平方千米，占国土总面积的37%。由于过载放牧，引发草原退化，全国大部分草原载畜量仅为发达国家的10%左右。在自然资源严重破坏、生态环境日益恶化的同时，自然灾害发生频率明显增加，各地频繁发生泥石流、滑坡、沙尘暴等自然灾害。

3. 农业环境污染严重，资源质量降低

工业"三废"(废水、废气、废渣)的排放和农用化学物质的大量使用，对土地和水体造成了严重的污染，目前约有50%以上的地表水体不符合渔业水质标准，20%~30%的地表水不符合农田灌溉标准，受污染的农田面积已达2000万公顷。农田大气污染、二氧化硫污染、酸雨污染相当严重，氟化物污染已较普遍，受大气污染农田约有666.7万公顷。农业环境污染降低了资源质量，使农业生产遭受损失，由于环境污染而导致的农作物减产每年大约为100亿千克。

4. 管理手段缺失，资源价值难以体现

长期以来，我国缺乏规范性的自然资源市场体系，导致自然资源价格与应有的价值之间出现严重偏离。人们习惯于无成本或低成本开发、利用资源。例如，在我国相当多的农村，每立方米灌溉用水仅收几厘钱到几分钱，远远低于应有成本，造成大水漫灌现象长期存在。

5. 资源环境意识淡薄，资源利用缺乏长效机制

薄弱的资源环境意识是我国许多资源环境问题产生的重要原因。要切实保护自然资源，实现可持续发展的目标，增强全民族的资源环境意识已成为当务之急。

(三) 农业自然资源开发利用的原则

农业自然资源的开发利用要结合农业自然资源的特点，因地制宜地进行开发利用。要遵循生态规律和经济规律，并结合具体的开发利用条件进行。具体来看，应遵循以下原则：

1. 经济、社会和生态效益相结合的原则

农业自然资源被开发利用的过程，是经济系统、社会系统和生态系统相结合的过程，因此，要求在农业自然资源的开发利用过程中兼顾经济、社会和生态效益。在发展经济的同时，保护好生态环境，把当前利益与长远利益、局部利益与整体利益结合起来，做到用、养、保、治结合，不断提高绿色覆盖率，防止水土流失，保护地力，使地力常新，资源得以恢复，生态保持平衡。

2. 开发、利用与保护相结合的原则

合理开发与利用农业自然资源是为了发展生产力，保护农业自然资源是为了更好地利用和可持续利用资源。在自然界中生物与环境之间的物质和能量的转换都必须遵循客观规律，各种自然资源的开发利用都有一个量的问题，超过一定的量就会破坏资源利用与增值及补给之间的平衡关系，进而会破坏生态平衡，造成环境恶化。如森林的乱砍滥伐、草原超载放牧、水面过度捕捞等，都会使资源量锐减，出现资源短缺或枯竭，导致生态失衡，引起自然灾害增加，系统产出量下降。因此，开发利用农业自然资源必须注意用养结合。

3. 因地制宜的原则

农业自然资源的分布具有明显的地域性特征，这就要求在农业资源开发利用的过程中，不能以偏概全，搞"一刀切"。要发挥资源优势，因地制宜。根据自然资源的特点进行合理布局，扬长补短，把资源优势转化为生产优势。如秦岭、淮河以北地区的温度、水分、土壤等条件均不能满足茶树生长的要求。再如，在北回归线以

南，由于昼夜温差小，光照不足，导致苹果糖分积累少，品质差。

4. 合理投入和适度、节约利用的原则

资源的合理投入和适度、节约利用是生态系统平衡及进化性的要求。整个农业自然资源是一个大的生态系统，各资源间及其本身都有一定的结构，合理的资源构成及其比例关系是确定资源投入量和决定系统输出量的关键。因此，要优化资源、节约资源。

5. 多目标开发、综合利用的原则

这是农业自然资源本身的特性所决定的，也是现代化生产中开发利用农业自然资源的必然途径。现代化生产对农业自然资源进行多目标开发、综合利用在技术上具有可行性。对农业自然资源开发利用，要全面、合理规划，并从国民经济总体利益出发，可依法有计划、有组织地进行多目标开发与综合利用，以期获得最大的经济效益、生态效益和社会效益。

6. 资源优化配置的原则

资源优化配置包括资源区域化配置和时间优化配置。资源区域化配置是由资源的属性和资源的特点决定的。它的层次包括：区域内部企业之间的各种生产活动所需资源优化配置，区域内部各产业之间的资源优化配置，区域之间经济发展取向与优化配置和区域参加国际经济活动的资源优化配置。资源时间优化配置是根据资源的动态特征，求出资源在不同时段的最优分布，实现资源动态优化。

第二节 农业土地资源管理

土地是人类生存和生产活动中不可缺少的物质条件，是人类的立足之地、活动场所，是一切生产和存在的源泉，在人类社会发展中起着非常重要的基础性、战略性作用。在农业生产中，土地是不可缺少且难以替代的基本生产资料，是最基本的自然资源。因此，发展农业生产，必须加强土地资源管理，从而使土地资源得到合理的利用。

一、农业土地资源的概念与特点

（一）土地的概念与特点

1. 土地的概念

土地是由地球陆地一定高度和深度范围内的土壤、岩石、矿藏、水文、大气和植被等要素构成的自然综合体。它不是一个简单的平面概念，而是一个垂直、立体和空间的概念。同时是经过人类长期开发、改造、利用，并受人类活动种种后果影响的经济综合体。

2. 土地的自然特点

土地是自然历史形成的，存在以下四个自然特性。

(1) 位置固定性。土地的空间位置是固定的，一旦形成就固定在既存的空间，不能移动。而土地的自然条件又是千差万别的，这就决定了人们只能就地利用土地。土地的这一特性要求在农业生产中，既要根据需要和可能对土地加以合理改造，又要适应土地的自然条件，因地制宜地利用土地。由于土地位置不能移动，因而对土地进行改造要认真考虑、全面规划。这一特点是形成农业生产区域化的客观基础和进行农业生产布局必须考虑的重要因素。

(2) 面积有限性。地球是自然历史形成的，因此从总体上说，土地面积具有不可再生性。人类可以改良土地，改变土地形态，提高土地质量(由贫瘠变为肥沃)，但一般说来，土地面积不能无限扩大。因此，列宁说："土地有限是一种普遍的现象。"土地面积有限，迫使人们必须节约、集约地利用土地资源。

(3) 自然差异性。由于土地自身的条件(地质、地貌、土壤、植被、水文等)以及相应的气候条件(光照、温度、雨量等)的差异，造成了土地的较大自然差异性。土地的自然差异性是土地级差生产力的基础。这一特性要求人们因地制宜地利用各类土地资源，确定土地利用的合理结构与布局，以取得土地利用的最佳综合效益。

(4) 功能永久性。土地之外的其他生产资料都会在使用中磨损，最后报废。然而，土地作为一种生产要素，只要处理得当，就会不断改良。在合理使用和保护的条件下，农用土地的肥力可以不断提高。土地的这一特性，为人类合理利用和保护土地提出了客观的要求，同时为其提供了可能性。土地的这一特点，要求在农业生产中要实行集约经营，不断提高农业集约化水平，并注意用养结合。

(二) 农业土地资源的概念与特点

1. 农业土地资源的概念

农业土地资源是指农、林、牧、渔各业在生产上已经利用和尚未利用的农业土地的数量和质量的总称。它的概念包含以下两方面内容：一方面，它是在不同时间和一定范围内可为人类提供农业生产利用的物质；另一方面，它的概念和范畴不是一成不变的，随着社会生产力和科学技术水平的发展，土地资源的利用范围也将发生变化。按国家市场监督管理总局和国家标准化委员会2007年公布的《土地利用现状分类标准》，农业土地资源主要包括耕地、园地、林地、牧草地、沼泽、水面和滩涂等。

2. 我国农业土地资源的特点

（1）绝对数量较大，人均占有量小。我国国土总面积约960万平方千米，占世界土地总面积的6.4%，居世界第三位。其中：耕地面积占世界耕地总面积的9%，林地面积占世界林地总面积的3.2%，草地面积占世界草地总面积的9.5%，这几项指标均在世界前8位。但是，由于我国人口众多，导致人均土地资源十分贫乏，人均占有土地面积约为0.8公顷，不到世界人均水平的1/3。其中：人均占有耕地仅为世界平均水平的1/4，人均占有林地不到世界平均水平的1/9，人均占有草地仅为世界平均水平的1/2。

（2）西高东低，山地多，平地少。从分布区域上看：①以大兴安岭—黄河河套—宁夏同心—甘肃天水—云南腾冲一线为界，明显地表现出东低西高，高低悬殊，形成阶梯状斜面的特征；②该线以东地区湿润，是我国耕地、林地、草山草坡、滩涂、淡水湖泊、外流河道的集中分布地区，也是农业发达的地区；③该线以西地区干旱、高寒，集中了全国大部分戈壁、沙漠、冰川、裸露石山、咸水湖泊、内陆河及绝大部分草原，是我国的畜牧业生产区，但这里集中着1.8亿公顷难利用土地，约占全国总土地面积的17.4%。从地形地貌上看，地形错综复杂，地貌类型多。海拔小于500米、海拔在500～4000米、海拔大于4000米的土地面积分别占土地总面积的27.1%、51.7%、20.2%（未包括1%的水域）。

（3）土地资源地区分布不平衡。我国平原、丘陵主要分布于东部，山地、高原主要分布于西部。大兴安岭经太行山、巫山至湘桂西部山地一线以东地区的土地大部分是海拔不到500米的平原，面积约占全国土地的1/3，但分布着2/3以上的农业人口和耕地。此线以西的大部分土地是海拔1000米以上的山地、高原和盆地，其面积约占全国土地的2/3，是我国的主要牧区和林区，大部分是干旱和半干旱地。这种情况决定了我国东南部地区土地人口和承载力大于西北部和北部地区的状况。

（4）耕地的后备土地资源潜力小。我国大约有0.33亿公顷的宜农后备土地资源，其中，质量较好的后备耕地资源主要分布在西北干旱地区，然后是内蒙古东部草原地区和东北地区。此外，还有可供开垦的沿海滩涂资源约为0.01亿公顷。这些后备耕地，质量大多较差，开发利用难度大。

我国农业土地资源的以上特点，既为因地制宜地发展农林牧渔生产提供了有利条件，又为我国农业生产带来了许多不利影响。因此，科学合理地开发利用农业土地资源是今后需要长期研究和解决的重要课题。

二、农业土地资源的合理利用

(一) 扩大与节约农业用地,提高土地利用率

将一切可以利用的土地资源(包括可以开垦而尚未开垦的土地)充分利用起来,纳入农业生产,做到地尽其用,尽可能扩大耕地面积和播种面积。

(二) 统一规划,合理布局

要对土地资源进行深入调查,查清土地资源的确切数量、质量和分布情况,在此基础之上制定土地利用规划,全面考虑土地资源管理、保护、开发、整治和综合利用。既要考虑当前用途,又要考虑潜在用途,以便采取切实可行的合理利用土地资源的措施。

(三) 加强土地资源管理

为了使土地资源得到合理开发利用,必须建立基本农田保护制度,通过法律措施,加强对现有耕地的保护。严格控制耕地占用,特别是企业建设、住房建设用地,应尽量使用非耕地或低质量耕地,以保证耕地数量的稳定和质量的提高。加强土地管理与整治工作,要建立和完善土地管理机构,搞好土地资源的调整和规划,为合理利用和保护土地资源提供依据。

(四) 适量开垦荒地,扩大耕地面积

首先要根据需要与可能,逐步把一切可以用作耕地的荒地资源都利用起来。其次尚有大量宜垦荒地主要分布在西部和北部边疆地区,开垦这些荒地将有利于开发边疆,繁荣少数民族地区经济。此外,适当投资开发中低产田,也是扩大耕地的潜力所在。垦荒是改造大自然、利用大自然的斗争,但这些都必须建立在遵循客观规律的基础之上。

(五) 改革耕作制度,适当扩大复种面积

我国劳动力资源丰富,大多数地区有较充足的光热资源,特别是南方广大地区水量充足,只要投入充足的肥料和改革技术,就可以提高复种指数。改革耕作制度涉及的范围很广,包括旱地改水田,实行间套作,一熟改多熟等。耕作制度的改革,要因地制宜,做到用中养,养中用,以用促养,以养保用,促进土壤肥力的不断提高。

(六)因地制宜利用土地

要根据土地资源状况调整用地结构，充分发挥各类土地资源的生产能力，实现宜农则农、宜林则林、宜牧则牧、宜渔则渔，从而建立新的生态平衡系统。我国自然条件十分复杂，各地区差异性大，只有因地制宜地利用土地资源，才能发挥优势，趋利避害。对于山区林地，25°以下的坡耕地要实行坡改梯工程，以减轻水土流失及其危害。对于洪灾危害频繁的湖区耕地，应有计划地退耕还湖，保护生态环境，以保证土地资源的持续利用。

(七)加强土地综合利用和立体开发

加强土地资源的综合利用和立体开发，是农业生态系统持续稳定发展的基本前提。为此，应合理利用各种农业生态工程技术，建立充分利用空间和资源的立体生产系统，综合运用生态学原理和经济学原理来管理农业生态系统。

(八)持续提升土地质量

土地质量是影响农业土地资源可持续利用的重要因素之一，因此人们要高度重视并不断提高土地质量，并注重采取以下几项措施：第一，施用有机肥，有效维持土壤有机质平衡。通过在农业土地开发利用过程中合理采用有机肥，为土壤微生物提供充足营养，并优化改良土壤理化性质，促使土壤有机质含量始终维持在一个相对适宜的水平。在有机肥的作用加持下，能够大幅提升农作物的种植质量，从而提高土地资源的利用率。第二，做好水土管理工作，严控有害物质。为了有效防止水土流失现象的发生，相关人员要做好水土管理工作，加强对土地周围植被的保护工作，切实落实好合理的耕作制度，并注重因地制宜的农、林、牧综合发展，而不是片面强调粮食产量规模。除此之外，还需要注重切断土地的污染源，基于现代生物技术、农艺等减轻对土地环境的污染，避免我国农业土地资源受到破坏，从而影响农业土地资源的可持续利用。

(九)科学协调农业土地资源使用结构

在农业土地资源的可持续利用实践中，要高度重视对农业土地资源使用结构的科学协调工作。相关部门应当结合我国各区域自然资源环境情况与经济发展条件，并严格按照法律法规制度要求，科学有效地实施区域退耕还林工程，优化调整与农业生产相互协调发展的农业土地资源利用结构。农业土地资源使用结构主要涵盖了一级农用地及其内部用地，其中一级农用地指的是农业耕地、园地、一级牧草地等，内部用地指的是园地中的果园、茶园及桑园等，针对不同地区的自然环境条件、经济条件，地方政府应当秉承因地制宜的土地开发利用原则，确保当地农业土地资源使用结构搭建的合理性，能够实现土地利用生态效益、社会经济的有机统一发展。

（十）优化调整农业生产结构

在社会发展新形势下，相关职能部门应当始终坚持耕地总量动态平衡制度不动摇，厘清农业耕地保护新思路，切实落实好农业土地资源保护管理措施，结合实际发展情况，优化调整我国农业生产结构，秉承因地制宜、效率优先发展原则，避免破坏地表结构。各地政府要安排专业人员深入市场进行调研分析工作，根据当地资源开发利用情况、自然环境等，规划设计好农业土地资源的开发利用结构，促进当地优势特色农产品的生产区域化和经营产业化。各地政府还应当积极响应国家相关政策号召，切实落实好土地整理制度，加强开发利用土地资源的管理工作，科学考虑各种农业土地资源开发利用方式的适宜性，以种植业为主，同时兼顾林牧业、渔业等多种经营开发，完善当地农业生产结构，促使能够最大限度地发挥出各地区农业土地资源的开发利用价值。

（十一）科学推广应用农业新技术

农业土地资源的可持续利用需要依赖于农业新技术的不断创新研发及应用，通过科学有效培育作物新品质、规范采用现代农业生产机械设备，能够最大化提高我国农业土地资源的实际产出水平，从而创造出更理想的经济效益[①]。首先，地方政府应当及时颁布相关扶持政策，激励企业、高校加大对农业新技术的投入研发，培养出更多优秀的农业科技研发人才，以此不断壮大稳定我国农业科技人才队伍，切实为农业土地资源的可持续利用奠定坚实基础。其次，相关部门应当综合运用不同渠道，加强对最新农业科学生产技术的推广应用，全面提升全国各地区农民的科技生产能力与素质。比如，在农村当地建立示范推广园区，安排专业技术人员指导当地农民规范应用科学技术开展农业生产活动，提高农民的科技生产意识与能力。最后，还可以利用现代主流媒体平台，加强对农民群体的科技推广教育工作，在当地工作人员的指导下，关注网络平台上的最新科技生产经验与知识，在学习过程中形成农业土地资源的可持续利用观念，注重做好农业耕地的保护管理工作。

---

① 祝海强. 农业土地资源可持续利用水平的评估分析 [J]. 环球人文地理，2015(10)：122.

(十二) 强化农田保护管理工作

伴随着我国经济建设的不断发展,城镇化建设脚步的不断加快,人们对于农业土地资源的占用现象时有发生。鉴于此,各地政府必须严格执行好基本农田保护制度,加强对农业用地的保护管理工作。政府部门应当组建专门的执法机构,科学完善执法工作体系,并提高执法工作人员的业务能力和素质,促使他们能够履行好自身的岗位职责,加强对农田合理开发利用行为的监督管理工作,促进农田的可持续利用,达到农作物的稳产高产目标。相关部门在执行基本农田保护制度时,要对占用农田质量进行科学界定,对于优等农田直接不予审批。在审批之前要展开对补充耕地可能性的科学评价工作,确保基本农田数量开发利用的稳定性。

综上所述,为了保障我国土地资源开发利用的可持续发展,相关部门要充分考虑到人口数量、经济环境、自然环境及科技等因素,结合我国实际发展情况与农业用地需求,合理规划农业土地资源的可持续利用方案,有效制定实施完善的管理规章制度,注重对农业生产技术的推广普及,实现土地资源的高效利用与持续利用。

三、农业集约经营

(一) 集约经营概述

集约经营和粗放经营是农业经营的两种方式,也是农业生产中利用土地的两种方法。粗放经营是在技术水平较低的条件下,对一定面积的土地投入较少的生产资料和劳动,进行浅耕粗作、广种薄收的农业经营方式。一般说来,粗放经营是生产力水平低下和社会经济制度落后的表现。集约经营是指通过采用先进的农业技术措施和技术装备,对一定面积的土地投入较多的生产资料或劳动,并改善经营方法,以提高单位面积产量的农业经营方式。

农业集约经营可分为劳动集约、资金集约两种类型。集中投入较多活劳动的称为劳动集约,它表示在一定面积土地的投资总额中活劳动所占的比重较大;集中投入较多生产资料的称为资金集约,它表示在一定土地面积的投资总额中物化劳动所占的比重较大。资金集约是现代农业的集约经营方式,劳动集约是经济比较落后的国家经营农业的方式。随着社会生产力的发展,以劳动集约为主的农业将逐步转变为以资金集约为主的农业,这是农业经营发展的必然趋势。

(二) 农业集约经营的实践类型

中国是一个气候带跨度大,自然资源群落、生态环境、地貌复杂多样和不同地区发展很不平衡的国家，农业集约经营自然就有多种类型。从投入要素组合中的主导要素来看，可以有劳动密集集约型、劳动—技术密集集约型和资本—技术密集集约型。而从物质载体形态来看，农业集约经营则有如下四种发展类型：

1. 露地型

多茬轮作，一年多次收获。见诸蔬菜、瓜果、花卉等劳动密集型经济作物的种植。

2. 保护地型

温床、大棚、温室都属这一类。其特点是周年生产，是一种劳动、技术、资金密集型集约化生产方式。见诸高价值的蔬菜、瓜果、花卉栽培。

3. 园区型

如热带亚热带作物种植园、特种作物种植园、生态园区、农业高科技园区，是综合性、引导性、示范性很强的集约经营方式。

4. 高科技工厂型

这种现代化种植厂和养殖场，不是一般意义上的温室生产，而是综合运用多种科技成果的产物。一个农作物（如蔬菜）种植厂，既要应用生物技术培育的种子，又要应用计算机技术对光照、温度、湿度、施肥、用药等进行控制，还要利用新材料、新光源等高科技成果。这种种植厂甚至可以模拟太阳从东到西的运行过程，使农作物像在大自然中一样进行光合作用。整个过程的长短可以根据作物的需要和人的意愿进行控制。这样可以不分季节、夜以继日、连续不断地进行生产，使作物生长发育速度加快，生产周期缩短，产出量大大增加。

工厂化养殖在农业产业化经营中已相当普遍。一个现代化肉鸡养殖场（合作社），使用一套标准化养鸡设备，一年可存栏10万只肉鸡，对供料、给水、温度、通风、光照等设备和运行，都由计算机自动控制。

（三）农业集约经营的技术路线和组织结构

1. 要研究应用适合集约经营的农业技术

随着农业现代化的进程，资本—技术密集型增长越来越成为农业集约经营的主导方式，因此研究和推广高效的集约化技术特别重要。根据世界气候变暖的趋势，我国农作物二熟制、三熟制地带可能向北扩展。为更好地利用土地和光温等资源，要研究提高复种指数、不同熟制地区、不同集约化类型下高产超高产的潜力、途径和技术，包括选育推广高产优质早熟品种，精准农业技术，以大幅度提高土地生产力。要研究推广集约化养殖技术，包括不同生态条件下建设不同畜禽品种规模化养殖场（厂），提高畜禽养殖生产效率的技术，屠宰加工、贮藏、运输、包装、保鲜、保质技术和全程质量安全控制技术，开发新的饲料资源、提高饲料利用效率和安全添加剂增效技术，开发应用安全调味品和增进食物品位技术，以及特种营养疗效食品深加工技术。同时，要研究应用省投资、省能源、节水和资源综合利用增值技术。

2. 实行高就业、低成本技术路线

集约化农业是高商品率的生产，即生产为了出售，在其他同等条件下，低成本是竞争制胜的一大要素。当今发展农业集约经营，不仅必须以市场需求为导向，而且必须考虑成本条件，只有实行高就业、低成本路线，才能在符合国情的同时提高竞争力。实现高就业，集约经营要朝纵向延伸，发展农产品精深加工业和相关的服务业，吸纳尽量多的农民转移就业。实现低成本，办法多样：

（1）农村基础设施建设及其他公共物品供给靠政府投资，不向农户和企业摊派。

（2）农业科学研究和农业推广应当作为公益性事业，主要由政府来组织和提供公共投资，让农民免费或低偿采用农业科技成果、接受技术培训和技术服务。在这方面不加区别地推行市场化、商品化，必然会提升农业成本，影响农业科技成果的推广应用。

（3）要控制农业投入品如化肥、农药、良种、农机具的售价，规定最高限价，或者直接给购买这类投入品的农民以补贴。

（4）对农民调整产业结构和进行技术替代实行扶持政策，给予风险补助等。在我国，实行高成本的技术路线显然不利于农业集约经营的发展和农业现代化的进程。

3. 要革新农民和农业的组织结构

农业体制改革后，农户重新成为中国农业的基本组织单位，农业企业为数不多，基本上是传统农业的组织结构，很不适应当今市场经济要求，影响农业集约经营的发展。从近十几年农业产业化经营实践来看，农民、农业组织结构革新的方向应当是：

（1）发展农民专业合作社，从事各种专业化商品生产的农户都要自愿联合到合作社中来，成为合作社法人。

（2）发展各类特别是工厂型集约经营带头企业，成为带动农业集约化和现代化的先锋，其中最强者将发展成长为跨国公司，在国际化大公司之中占一席之地。

（3）各行业的专业合作社与本行业农业企业实现联合，组成行业协会，负责协调本行业商品的标准、价格、交易规则、竞争策略和解决相关争议与纠纷，维护本行业和本国贸易利益。国家要从政策和立法上支持农民、农业组织化进程，积极促进新的农业组织结构快速健康成长。必须明白，技术进步对于发展农业集约经营固然非常重要，但任何科学技术都是在一定的制度环境下运用的，而且只有在恰当的组织结构下方能充分发挥其技术效率和提高经济效益。

(四) 提高农业集约化水平的途径

我国农业集约经营既要充分利用农业劳动力资源丰富的优势，发展劳动集约，也要看到随着现代农业的发展和农业富余劳动力的转移，农业先进技术与设备的使用，资金集约将越来越成为主要趋势。根据我国实际情况，提高农业集约化水平主要有以下几种途径：

1. 加大资金投入力度，提高农业技术装备水平和经营管理水平

要加强农业集约化水平，就必须不断加大资金投入力度，提高农业技术装备水平和经营管理水平，这也是能否实现农业现代化的关键。

2. 扩大复种面积，提高复种指数

扩大复种面积是对土地增加投入并能获得好的经济效益的一种重要措施。在我国气候条件下，大部分地区的耕地可以做到二年三熟、一年二熟，或者更多。因此，扩大复种面积就成为我国发展农业集约经营的一种重要的途径。应当因地制宜并创造各种条件，扩大各地区的复种面积。

3. 优化产业结构，提高集约化程度较高的农业产业部门的比重

改变以种植业为主的农业产业结构，农、林、牧与渔业密切结合，并且能不断提高经济作物种植业、畜牧业、农产品加工业等在产业结构中的比重。这些越来越成为对土地增加投入和提高土地利用的经济效益的重要方法。

4. 加强农业基本建设，改善农业生产条件

农业基本建设是指较长时间固定在农用土地上的投资。它是农业生产者的基础工作，包括平整土地、修筑梯田、兴修农田水利设施、改良土壤等。它是实现农业现代化的基础工作，也是实现农业高产、优质、高效的一项基本措施。

5. 加大对农民教育培训力度，全面提高农民素质

实行农业集约经营，必须有较高素质的劳动者。要通过多种形式、多种渠道对农民进行教育培训，培养其市场意识，并逐步提高农业劳动力的利用率和利用效率。

6. 加强农业社会化服务，创造有利生产经营的条件

伴随着农业集约化水平的提高，农业生产经营活动对相关的社会化服务的需求增加，这就要求有相应的社会化服务体系为农业生产经营各个环节（产前、产中和产后）提供必要的和有力的物质、社会条件，以保证农业生产经营活动顺利进行。

(五) 评价农业集约化水平及其经济效果指标

评价农业集约化水平的最主要指标，是单位土地面积上所投入的基本生产资料的价值。从集约化发展的历史过程来看，农业集约化经营主要依靠在单位土地面积

上追加物化劳动来实现的,活劳动的相对数和绝对数都将不断减少。在活劳动投入较大的情况下,可采用单位土地面积的活劳动量来反映集约化水平。但为了全面反映农业集约化的水平,必须运用单位土地面积上所投入的生产成本这个指标。而衡量集约化经济效果的指标是指实现农业集约化所取得的劳动成果与其投入的劳动消耗的比较。

评价农业集约化经营水平的经济指标主要有:单位耕地面积上的生产资料综合价值指标;单位耕地面积上的单向生产资料数量或价值指标,如单位耕地面积的肥料施用量、单位耕地面积拥有的农业机械的数量等;单位耕地面积上的生产成本。

评价农业集约经营经济效果的指标主要有:单位耕地面积上的农产品数量,单位耕地面积上的农产品价值,单位农产品的生产成本,单位耕地面积上的纯收入。

在具体对农业集约经营情况进行评价时,这两类指标要综合起来使用,才能比较全面地反映农业集约经营的经济效益及其原因。

四、农业土地级差收入

(一) 土地级差收入的概念

土地的级差收入是指在农业生产中,对不同等级土地投入同一数量的活劳动和物化劳动,而产生不同的生产率,使土地条件、经营条件较好的农业生产单位获得的一种额外收入。这种收入上的差别,就是土地的级差收入,也就是农业上的超额利润。研究土地级差收入形成的原因、性质、分配及其发展趋势,对于充分合理利用土地资源、推进开发农业、实现集约化经营和土地规模经营、加快发展农业生产具有重要的意义。

(二) 土地级差收入形成的条件

在社会主义农业中,土地级差收入的存在,主要由以下两个条件所决定:一是因土地肥沃程度和地理位置的不同,以及集约经营水平和效果的差异所引起生产率的差别。这是土地级差收入形成和产生的自然条件或自然基础。二是由于优等土地有限和土地经营垄断的存在。这是土地级差收入产生的社会经济条件,是形成土地级差收入的直接原因。

(三) 土地级差收入的形态

土地级差收入包括两种形态:第一,由土地的自然生产力差别产生的级差收入。称为土地级差收入第一形态,即通常所说的土地级差收入 i。土地的自然级差是土地的自然属性，它反映土地自然生产力的差别。由于不同的土地具有不同的地理位置、不同的生态环境和不同的物质构成，它们的自然质量也不同，因而形成了土地生产力的差别。第二，由土地的经营差别产生的土地级差收入，称为土地级差收入的第二形态，即通常所说的土地级差收入ⅱ。土地的经营级差是人们在进行土地经营利用过程中，由于投资规模和经营技术的不同而产生的一种收入差别。土地的经营级差标志着在土地利用过程中劳动生产率上的差别，主要是人为的作用。土地的自然级差和土地的经营级差都是产生土地级差收入的源泉。

土地级差收入第一形态与第二形态是密切联系的，在形成上具有同一性，即它们都是农业劳动生产率的差别所造成的结果。土地级差收入第一形态是第二形态的基础。土地级差收入第二形态因集约化程度的提高和社会经济发展条件的变化，可以转化为第一形态。

五、土地资源管理的策略

(一) 加大监管力度

要促进我国的社会经济发展，实现土地资源的合理配置，就必须加强对土地资源的科学规划、管理和监督，才能有效地解决城市化过程中的用地问题，保证有关工作的顺利进行。另外，在土地资源的规划和经营中，地方政府要根据实际情况，制定具体的工作内容，建立相关部门，以保证管理责任的落实，加强对土地资源的监督。另外，在对国土资源进行审计时，相关部门要对其进行联合审查，以保证工作的科学、公正。在此基础上，要加强土地资源的集约管理，在对土地资源的合理使用进行审查时，要加强对土地资源的审核工作。

(二) 健全法律法规

任何一项工作都必须严格遵守相关的法律、法规，才能保证其有序地进行，并取得一定的成效。完善相关的土地资源管理法律制度，对提高国土资源的管理具有一定的指导意义。当前，我国在土地资源管理中存在的问题大多是通过立法来解决的，而实践证明，通过立法能够有效地解决这些问题。此外，还应该明确各有关部门的职责，从源头上防止违法现象的产生[①]。

[①] 崔立楠.新形势下事业单位人力资源管理的现状分析及提升策略[J].中国市场，2020 (34)：107-108.

(三) 合理利用土壤治理技术

目前的土壤治理技术有很多种，比如挖掘、填埋、客土法，这些都是必须要掌握的，除此之外，就是要不断地创新，不断地完善。要根据施工现场的实际情况，将所有的工作都安排得井井有条，及时地发现问题，进行相应的调整，以保证土壤治理工作的顺利进行。现如今，土地问题日益严峻，必须抓住生态修复的关键点，对各种问题进行妥善的处理，并合理安排接下来的工作，才能提高整体的发展水平，使每一项工作都能合理地进行，从而真正地解决问题、确保工程质量，使城市的土地生态修复工作更上一层楼。

(四) 管理制度与时俱进

在新的历史条件下，随着城市化的发展，传统的土地资源管理方式已经不能满足城市的现代化要求。为此，要不断地调整企业的经营体制。要实现土地资源的更新，必须对土地资源的各个方面进行统一的管理，其中包括经济发展、城乡建设、环境保护等方面的内容，这就要求在现有的土地资源管理体制上不断进行改革和完善。

(五) 加大对耕地质量和环境的保护力度

在国土资源的开发利用中，必须对耕地进行科学的规划，对永久基本农田实行严格的保护，对非农业建设的耕地进行严格的控制。要强化对耕地的保护，应采取有效的措施，使土地利用关系得到合理的调节，并对其进行规范的管理，大幅提高耕地的利用率。要对现有耕地进行科学、合理的规划，严格保护耕地红线，不断提高土地利用效率，以进一步提升我国农业的现代化，增加耕地产出。

(六) 加强管理队伍建设

在新的环境下，强化管理队伍，是提升国土资源管理水平的一种行之有效的战略，可以从民众和管理者两个层面来解决这一问题。

首先，人民群众是管理工作的主体，要提高人民群众的意识，改变他们的观念。为了有效地利用土地资源，必须通过制定一套有效的管理机制，引导广大群众学习有关土地管理的知识，改变他们的思想观念，积极配合政府进行的土地资源管理工作。

其次，管理人员是保证国土资源管理工作顺利进行的关键，要强化管理队伍的建设。加强对重点建设用地的保护，加强对国土资源的监管，对未开发的土地进行清理，以避免积压，保证土地的合理利用。

最后，要加大土地储备量，保证土地资源能够满足经济发展的需要。目前，我国大多数基层土地管理者都是非专业的土地管理工作人员，缺乏对土地资源管理的专业理论，管理水平也不高，加之许多土地资源管理者缺乏对土地的管理计划和知识，这就导致在土地资源管理方面的落后，从而对土地管理工作的顺利进行产生影响。所以，要有针对性地提升管理者的专业水平，可以从两个专业性方面的训练来提升管理者的专业水平，分别是技能培训和职业道德培训。除此之外，在平时的工作中，还应注重对专业人才的引入，建立健全的考核体系和责任体系，对有关管理者的行为进行规范，从而提升国土资源的总体效益。

(七) 构建国土资源云处理平台

一是在构建国土资源云处理平台时，通过对基础层、平台层和应用层的平台进行设计，对国土资源信息进行合理的分割，同时确保对设计信息进行调整和管理，提高国土资源数据的管理效率。

二是在搭建云计算平台时，要注重建立一个完善的安全管理系统。基于国土资源信息自身的特点，对其进行安全管理，能更好地适应工业安全发展的需要。所以，在大数据的背景下，要将网络技术、传感技术等相结合，创建一个安全的网络环境，以规避信息管理的风险，提升土地资源云数据的处理效率。

三是在运用国土资源大数据技术时，要建立健全数据保护体系，由行政机关贯彻执行相关的文件、规范，制订相关的资源整合计划，从而提升土地资源的管理效能，满足产业可持续发展的要求。

随着社会和经济水平的提高，我们国家的各领域都处在一个发展和转型的关键阶段，各种资源的需求日益增加，对土地的利用也日益增多。因此，在今后的土地资源开发中，必须加强对土地所有者的监督，并运用资产化的方式，促进社会的可持续发展。

第三节　农业水资源管理

水资源是维持地球生物生存的基本物质基础，也是促进社会经济发展的重要战略资源，水资源可持续开发关系全球的发展。在当今世界上，由于经济发展和人口的急剧增加，水资源匮乏与需求的矛盾日益尖锐，水资源问题已成为各国政府关注和迫切需要解决的热点问题。

一、水资源与农业发展

(一) 水资源的概述

水资源是指可供利用或有可能被利用，具有足够数量和可用质量，可适合某地对水的需求并能长期供应的水源。其中，河流水因其易于开发利用，又能在短期内得到更新交替，所以一般说来，河流径流总量是一个地区水资源多寡的重要标志。

水资源既是自然资源又是经济资源，数量有限性是所有经济资源共同的特性。除此之外，水资源还具有其自身的特点，如循环再生性和有限性，时空分布的不均匀性，利用的广泛性和不可替代性，利与害的两重性等。

(二) 水在农业发展中的作用

水是农业的命脉，水资源在农业发展中具有十分重要的作用。水的有无、多少直接关系到动植物的生长发育，关系到农业生产能否正常进行和农民收益的高低。首先，农业生产的对象是有生命的动植物，没有水，动植物就不能生存，农业生产就无法进行；其次，水是参与农业生产中物质能量转化的重要因素，同时对地貌、植被、土壤等自然地理环境的形成具有决定性的影响，以致影响和制约着农业生产布局和农业生产结构，对作物产量起着决定性的作用；最后，水与农业生产主体的日常生活密切相关，直接决定了其生产积极性和动力。因此，认真研究水资源问题，对水资源进行有效的管理和合理的开发利用，对农业至关重要。

二、我国农业水资源的分布

我国水资源面临的形势严峻，水资源已成为社会经济发展的短缺资源。我国水资源分布表现出以下特点：

(一) 水资源总量较丰富，但人均和地均占有量少

我国水资源总量丰富，淡水资源总量为28000亿 m^3，占全球水资源的6%，仅次于巴西、俄罗斯和加拿大，居世界第四位。但人均水资源占有量仅相当于世界人均水资源占有量的1/4，位列世界第121位，是联合国认定的水资源紧缺国家。我国平均每公顷耕地的河流径流占有量约28320 m^3，为世界平均值的80%。所以，我国水资源量与需求不适应的矛盾十分突出，以占世界6%的淡水资源养活着世界上近21%的人口。

(二) 水资源地区分布不均

水资源的地区分布与人口和耕地的分布很不均衡。南方耕地面积只占全国的43%，但水资源却占总量的81%，人均水资源占有量约为全国平均值的1.6倍，耕地平均水资源占有量约为全国平均值的2.3倍。北方黄河、淮河、海河、辽河四大流域一带的耕地多、人口密，淡水资源量只有全国的19%，人均占有水量只有全国均值的18%左右，耕地平均占有水量仅为全国均值的15%。我国干旱和半干旱地区，由于降水稀少，蒸发旺盛，蒸发量大大超过了降水量。

(三) 降水量季节性变化大，可利用量少

我国降水特点之一是全年60%的降水量集中在夏、秋季节的3~4个月内，而且蓄水能力差，使一年中河川的径流量变化十分显著，有所谓的丰水期、平水期和枯水期之分。一年中河流的最大流量与最小流量相差十几倍，而且年际变化北方大于南方。这种降水量的季节性变化，不仅使水的供需矛盾加剧，而且造成枯水期河流纳污能力降低，加重水系污染，是水质恶化的重要原因。

三、农业水资源的节约利用

(一) 农业水资源节约利用的意义

1. 推进农业效益发展

在农业生产过程中，不仅水资源消耗较多，而且还会造成水资源污染，不利于农作物健康生长，间接降低农户经济收入。基于此，注重农业水资源的节约利用，推进农业高质量发展，促进农业效益逐步提升，并充实农户知识，实现科学种植，可以按时投入适量的化肥和农药。

2. 预防水资源损耗

农业生产阶段，多数农户只考虑实际经济收入，比较重视农作物的产量，缺少节水意识，使得生产时期水资源浪费现象较为明显，并对周边环境产生影响。相关部门通过大规模推广农业水资源节水技术，加大资金投入，完善农业灌溉设施和现代化设备，可以大幅度减少农业生产中水资源的使用量，正确预防水资源损耗，达到可持续发展的目的。

(二)农业水资源节约利用的路径

1. 推广农艺措施节水

现如今,节约农业生产中水资源消耗量,需要积极推广农艺措施节水,大幅减少水源消耗,是最有效的一种节水方法。实际工作过程中,相关部门应从以下几个方面展开推广,具体而言:其一,选择耐旱性能良好的农作物品种。相对于其他类型的农作物,耐旱品种生长阶段对水的需求量小,能降低种植成本。对此当地农业部门应结合当地地形地势,积极研发并选择高产耐旱的品种,大规模推广,以得到农户的认可。其二,覆盖地膜。通过大面积覆盖地膜,可以合理调节土地温度,避免大量水资源蒸发,增加土壤的湿度。实际工作过程中,根据农作物种植区域的情况,针对性地制订地膜覆盖计划,并融合其他现代化技术,提升种植栽培效果。其三,划锄保墒。采取划锄保墒方法,可以减少土壤内水资源流失,并能达到保墒的目的,得到高质量的农作物。农业部门加大对划锄保墒的宣传力度,正确引导农户进行耕种。其四,重视科技推广。投入适当资金宣传新型农业技术,建设示范区域,向农户系统化讲解种植要点,创造更大的节水效益和经济效益。

2. 科学开发现有水资源

为了取得良好的农业水资源节约利用现状,应根据当地实际情况,充分利用现有资源,科学开发现有水资源,为种植物提供充足的水源,还能为农户带来较高的经济效益。基于此,加强地表水的开发和利用,由于我国地表水储存量较少,难以满足各个行业的发展需求,需要采取科学手段开发地表水,解决水资源供给不均衡问题。并且整个流程较为简单,不需要投入较多的资金和人力,即可提升地表水的利用率,满足农业生产的需求。而对于地表水充足的一些区域,相关部门应发挥地理环境的优势,修建引河灌溉工程,达到加快农业生产的目的,并能加快当地水产养殖业的发展。另外,对于水资源匮乏或严重匮乏的地区,各级部门应建立监督管理机制,大力宣传节水措施和保护水资源的知识,严厉惩罚污染水源的周边居民和企业,保障农业生产灌溉水的质量。还要根据本地自然环境和天气气候,深入分析本地种植物耗水量较低的品种,科学确定种植比例,以此提升农作物的成活率。

此外,开发地下水资源。我国国土面积较大,各个地区地势情况差异明显,需要有关部门提前制订完善的开发方案,有助于开发工作有序推进,为农业领域发展做出贡献。其中主要开发渠道包含管渠和机井,遵守相关注意事项,具体而言:其一,遵守循序渐进的原则,避免短时间内大规模开发,不考虑对周边环境的影响,而发生不均匀沉降现象。其二,相关部门应健全水源保护体系,明确机井的收费要求,以防止发生不科学现象,提高地下水资源的利用率。其三,委派专业技术人员勘测地下水实际情况，掌握开发技术的使用要点。

3. 灵活引进节水灌溉技术

在农业生产过程中，灌溉环节对水资源消耗量较大，属于农业水资源节水利用的重点，需要根据实际需求，灵活引进节水灌溉技术，包含：滴灌技术，运用范围广泛，主要利用稳流器、导管等设施高效率运输水资源，满足农作物生长需求，直接将水源浇灌至根部；喷灌技术，包括滚移式、固定管道式等，借助自然落差或水泵加压产生的压力，快速输送水源，再将喷头安置在各个区域，实现均匀喷洒水源。相对于其他灌溉技术，喷灌技术节能降耗性能明显，对地形地势的要求较低，不会受到地理条件的约束；雨水集蓄利用技术，具有环保性的特点，采用合适的工具回收雨水资源，比较符合社会发展特点。但此种技术运用范围受到限制，需要提前掌握当地自然气候，并且雨水集蓄技术成本高，操作环节呈现复杂化特点，多数被运用于干旱和半干旱地区；步行式灌溉技术，能够更快被农户所接受，主要由于成本低、适用性强，适用于灌溉小型农作物。

4. 改进农业灌溉设施

目前，我国多个地区农业灌溉相关设施不够完善，输水管道处于老化状态，常常发生水资源浪费现象，不仅增加灌溉时间，而且还会提升灌溉成本。基于此，为了减少农业灌溉阶段水资源的使用率，需要对农业灌溉设施展开系统性改进，运用现代化的设备和技术，促进农业健康稳定发展。实际灌溉过程中，农业部门应发挥自身主要职责，制定多元化的惠民政策，委派专业人员对灌溉设施进行修理和维护，并不定期更新灌溉设备的零部件。由于受到资金的限制，导致各个地区所运用的灌溉设施超过十年，因其缺少可行性较高的维护方法，处于严重老化状态，极易发生运行事故，其中管道漏水属于比较严重的问题，严重影响水资源的利用率。

针对这一现象，需要制定完善的灌溉设施养护体系，购买先进设备，并且要在日常使用阶段重视防漏处理和防晒处理，降低管道漏水现象的发生概率。另外，部分农户为了减少资金的投入，而选择自行修建灌溉设施，对此相关部门应提供不同类型的维护材料，降低设备老化或腐蚀等问题带来的影响。同时，引进新型管道输水技术，预防渗漏现象的出现，研究调查显示，运用灌溉输水技术展开作业时，节水系数可达到0.9，运用前景良好。因此，农业部门应积极向农户推广管道输水设施，及时淘汰明渠灌溉系统，进一步强化灌溉效果。

5. 调节农业结构和作业布局

掌握种植区域农业水资源分布情况，以及具体开发现状，应参考当地经济发展水平，遵循适水种植、因地制宜的原则，完善农业产业结构，科学优化农作物的整体布局，使其在节水的基础上，达到增产的效果。譬如，在华北地区种植冬小麦过程中，正常发育阶段处于干旱时期，灌溉任务繁重，对此需要选择最佳的种植地点，重点考虑土壤的含水量。同时，增加可利用水源的面积。农业部门做好统筹规划工作，制定多元化的管理方法，达到一水多用的目的，循环利用现有水资源，可借助现代化技术和设备，转换不符合质量要求的水源。另外，不同灌区管理方法、配套设施大相径庭，但普遍存在输水损失等现象，需提高农业用水管理水平，科学改造灌区。不仅如此，采取耕作节水、种肥节水、化学制剂节水方法，其中耕作节水主要通过蓄水的方式，降低土地表面蒸发量，而化学制剂节水利用化学反应，控制土壤内部的含水量，增加光合作用，但此种方法使用次数不宜频繁。

6. 健全农业节水管理体系

开展农业节水利用工作时，相关部门应根据要求，选择最恰当的节水管理方案，重点推广新型节水措施和灌溉技术，并对相关法律法规进一步完善。开展节水工程，需要利用技术勘测地下水和地表水，防止开采阶段出现渗漏情况，提高地表水资源的利用率，同时发挥中小型水库的作用，也可以运用雨水进行农作物灌溉，降低灌溉阶段资金的投入。另外，合理设计灌溉技术，利用先进检测技术监督灌溉环节，保障灌溉技术的运用效果。通过大量研究实践证明，农作物产量和需水量关系不大，当种植同一产品时，用水量相差较为明显，主要由于生长阶段耗水量不同。针对这一特点，应对灌溉制度合理优化，科学调整土壤结构，严格把控农作物的供水量，避免出现随意灌溉现象。此外，相关部门应参考国家法律法规，结合农业发展现状，利用法律手段节水。当前各个地区水资源管理水平仍然处于落后状态，因此需采用自主经营模式，并大面积宣传节水，增强农户的合理用水意识，一旦发现违反规定用水现象，相关部门可以采取收费模式，合理约束农户的灌溉行为。

总而言之，在时代快速发展的背景下，经济发展的同时环境被严重破坏，水资源质量明显下滑，不利于经济稳定发展，制约农业发展脚步。基于此，需要掌握农业水资源现状，系统化了解各个区域水源分布情况，采取多元化的农业节水措施，健全农业节水管理体系，调节农业结构和作业布局，改进农业灌溉设施，灵活引进节水灌溉技术，为农作物创造适宜的生长空间，并能保护周边环境，从而为农户带来更高的经济效益。

四、农业水资源利用与生态环境保护协同发展

（一）农业水资源利用对生态环境保护的影响

水资源是农业发展的重要基础。目前，定西市水资源匮乏，首先，降水是地表水资源的主要补给来源，但临兆县至渭河干流以北的地区年降水量较低，水资源空

间分布不均。其次，地下水超采问题严重，在定西市内，内官、香泉盆地为地下水超采的重点区域。由于地下水超采问题严重，地下水稳持续下降，土地沙化、荒漠化等问题频发。再次，地下水超采也导致当地环境受到严重影响，生态系统逐渐失去平衡，粮食安全、生态安全等难以得到保障，不利于当地农业和经济社会的可持续发展。最后，在农业生产过程中，使用机械以推土机、挖掘机等大型设备为主，这些机械在运行过程中会产生尾气，尾气中的部分物质与空气中的二氧化碳、氧气等会发生化学反应产生有毒、有害物质。

现代农业发展离不开基础性淡水资源。要想促进现代农业发展，应完善农业水利基础设施建设，重视农业水资源利用，重点关注农业水资源调度与合理利用，改善当前农业水资源利用现状、提升其利用率，引入生态环境保护技术，强化农业淡水资源管理，促进二者均衡发展。

(二) 农业水资源利用与生态环境保护协同发展策略

1. 坚持共同发展基本原则，优化农村基础性水利灌溉应用设施

农业水资源开发利用首先需要坚持可持续发展理念，将社会、经济、生态发展作为前提条件，强化环境保护工作。在确保生态环境不会受破坏的前提下，对农业水资源进行合理利用。在传统的水资源管理过程中，相关部门更多地关注工程效益，对安全生产及工程建设过程中的生态保护重视程度较低。在生态环境发展与农业水资源利用矛盾越发凸显的情况下，相关人员要坚持农业水资源利用与生态环境共同发展的基本原则，在农业工程建设过程中，要注意建设过程和自然环境的协同发展关系。其次在基础水利工程建设中，要积极引进现代技术手段，创新水利项目，提高灌溉设施水平。引入先进的水资源处理技术，起到节约用水与确保水资源合理利用的作用。

2. 鼓励用水户参与农业水资源管理，提升其环境保护意识

用水户作为农业水资源利用的主体，在促进农业水资源和生态环境协调发展方面起到不可替代的作用。基于此，应引导用水户充分认识到农业水资源管理的重要性。管理单位及政府相关部门要明确农业水资源管理内容，并制订科学合理的实施计划，体现用水户在农业水资源管理中的管理价值，为保护生态环境提供有效保障。例如，在政府相关部门的带动下，成立用水户协会，明确不同人员的管理职责，确保责任落实到个人，实现用水户的自我监督与相互监督。另外，还有必要对灌区产权进行清晰界定。现阶段，中国农业用水量有限，必须在灌溉用水与其他用水量间进行协调，从而减少二者之间的矛盾。因此，可适当加大对水资源管理的宣传力度，鼓励民众参与到农业水资源管理行列中来。在信息技术快速发展背景下，政府有关

部门可通过官方微博、公众号等扩大宣传，一方面提升公众的用水意识、水资源管理意识及环保意识；另一方面通过加强宣传，让更多居民认识到水资源管理改革的重要性，提升用水户参与农业水资源管理的积极性。

3. 加强农业水资源管理，形成良性发展体系

为强化农业水资源管理，政府有关部门可借鉴发达国家的成功经验，建立健全水资源管理制度，对自然环境、市场及产业发展进行全面说明。政府有关部门应充分认识到水资源管理是一项系统工程，需逐渐优化城市与乡镇分别治理的情况，将过度开发—无序开发—合理开发作为中心线。与此同时，相关部门还要加强对水权流转的研究，通过建立水资源管理制度，对价格体系进行调控。结合不同地区水资源的利用情况及生态环境发展情况，还可以建立生态补偿体系，通过建立生态环境保护区，提高水资源管理强度。

为减少水资源匮乏对农业发展的影响，也需要完善水资源管理体制，贯彻落实可持续发展理念，促使农业水资源利用形成良好的发展体系。基于此，政府相关部门可成立农业水资源研究小组，对当地农业水资源利用现状进行分析，并形成数据报告，为后续决策奠定基础。另外，可实施河湖保护措施，结合地区发展需要划分禁止开发区、饮用水水源保护区，并对当地可能出现的水源地突发事件进行提前预测，制订应急预案。

4. 重视水利改革，推进生态保护和水资源协同发展

水利改革的重点是农业水价控制及用水权管理。其中，用水权制度改革，可以有效解决水资源无价、交易无市的问题。在此过程中，使用水者经济收益得以保证，而通过经济杠杆，人们对水资源的保护意识也会更加深刻。以定西市为例，水资源供需矛盾显著。在以往的农业水资源利用过程中，交易无市、水资源供给不足等问题常在。因此，可制定四有机制，即资源有价、使用有偿、交易有市、节约有效发展机制，在促进用水权改革的同时，优化水资源配置，合理确权。通过市场主导、政府调控的方式促进当地节约用水，从根本上转变水资源利用方向。水资源既具有自然属性，又具有商品属性，因此，需要建立农业用水价格杠杆，实施阶梯水价，或建立超定额累计加价制度，既考虑当地农民负担，又有效对水资源价值进行调控，增强用户节水意识，有助于生态保护与水资源的协调发展。

综上所述，应坚持共同发展原则及可持续发展理念，通过加强水资源管理力度、重视水利改革等措施，促进农业水资源合理利用，为生态环境保护提供保障。值得注意的是，由于不同地区农业水资源利用现状及生态环境不同，有关部门要根据本地具体情况，合理调整上述方案，最大限度地确保方案内容与当地水资源发展需求相协调。

五、农业水资源管理措施

(一) 改革农业水资源行政管理体制

改革现有农业水资源行政管理体制,在水利行政部门的宏观指导下,让灌溉区拥有基本的经营管理自主权,让灌区自行调配水力资源,对水资源的费用进行独立核算,并自负盈亏,让灌溉区成为按照企业管理模式的自我发展经济实体,对现有的水利工程产权制度进行改革,确保产权清晰,权责明确落实到位;在大型水利工程方面,产权应该属于国家,将大型水利工程单位改造成国家控股公司;小型水利工程则通过股份合作制、承包、租赁或者拍卖等方式实现产权制度的改革,将灌溉区"事业单位,企业管理"的模式进行改革,实现"事企"剥离,避免政企不分影响管理水平和效率,充分调动相关农业水资源管理者的积极性[1]。

(二) 建立用户参与管理和决策的民主管理机制

农业水资源最主要的使用对象是农户,要进行农业水资源管理机制的改革必然离不开用户,所有的管理决策最终都要通过用户来实现。因此,可以建立健全完善的用户参与管理决策的民主管理机制,给予用户一定的参与管理决策的权力,调动用户积极参与管理的主动性,同时能够更好进行农业水资源的管理,显著提高农业水资源管理效率和质量。

(三) 建立有效节水灌溉奖励机制

在市场经济体制下,不管是供水者还是用水者,都以追求最大利润为最终目标,在这样的形势下,可以建立有效的节水灌溉奖励机制,具体如下。①通过给予供水单位适当的补偿奖励来鼓励供水单位进行节水,调动供水单位的节水积极性。②国家和政府可以制定有实际操作性的节水指标,对于完成节水指标的需水用户给予适当奖励。③制定研究水权理论和可操作性的交换机制,并通过市场交换的方式达到水资源的合理、有效分配[2]。

(四) 保证工程施工质量及维修经费

加强灌区灌溉工程建筑物的建设并保证维修经费充足:①在灌溉工程建筑物的

---

[1] 王晋玲. 农业水资源管理制度研究:评《中国农业水资源安全管理》[J]. 人民黄河, 2020 (3): 171-172.
[2] 司印居, 唐瑾, 赵洪涛, 等. 节水灌溉启动现代农业发展新引擎:新疆农业高效节水建设探索与实践[J]. 河北水利, 2014(11): 22-23.

建设方面，完善灌溉工程的设计、施工、设备以及市场等相关法律法规体系，确保灌溉工程的施工质量；②财政部门可以专门划出一定的经费用于灌溉工程的维修和维护，减少灌溉工程的损毁，延缓工程的老化，延长灌溉工程的使用寿命。

（五）合理配置

我国的水资源还是比较有限的，为了可以充分利用现有的水资源，就需要对水资源进行合理的分配，只有这样才能有效地保证城镇、工业及农业水资源的合理分配，满足各方要求。要对水资源的现有量进行有效的统计。同时，根据各个方面对水资源的需求，制订有效合理的分配方案，只有这样才能保证水资源得到合理利用。

（六）行政改革

目前，我国水资源的所有权都集中在国家，这就造成了对水资源管理工作的相对封闭性。为了改善这一点，就要改变水资源的所有权，将水资源的管理引入市场经济体制，体现水利工程的价值。同时，根据不同地区的实际要求，制定具有针对性的改革措施，实行对水利工程科学化、合理化、规范化的管理，只有做到这一点，才能保证我国的农业得到快速发展。

（七）控制水价

我国很多地区农业的发展都离不开水利的灌溉，而灌溉就离不开水，但是在很多地区用水机制并不合理，这就不能完全调动人们节约用水的积极性。为了改善这一点，可以通过控制水价来实现，现在很多地区已经实现了阶梯性水价控制机制，这样不但可以诠释科学灌溉的概念，同时可以有效地节约用水。与此同时，还要对用水量进行统计，以便更好地制定用水价格。另外，为了保证有效地收取水费，需要相关部门的配合，有效调动各方的积极性控制水价，真正实现合理利用水资源。

（八）提高水利投入

很多地区的水利工程都需要农民自行筹资，自行修建，但是在修建投入使用后，使用的主体却并不唯一，这就说明在水利工程的使用制度中存在着很大的问题，为了解决这个问题，就要改变目前我国农业水利工程的投入主体机制，扩大使用主体范围。要以政府为主导，引入更多的资金，这样不但可以降低农民的经济压力，也将水利工程的运行和管理市场化，有利于提高经济效益。

农业水资源在水资源中占有很大一部分，在当前水资源缺乏、水资源需求量越来越大的阶段，要保证农业水资源的科学、合理、有效利用。为保证农业生产所需用水，同时实现节水的可持续发展，就需要对现行农业水资源管理机制进行有效改革，不断健全和完善农业水资源的管理机制，提高农业水资源的管理效率。

第四节　农业可持续发展

可持续发展是在环境问题危及人类的生存和发展，传统的发展模式严重地制约了经济发展和社会进步的背景下产生的，是人们对传统发展观念的思考与创新。农业是国民经济的基础，农业能否持续发展，直接决定着国民经济的持续发展。

一、农业可持续发展的含义

(一) 可持续发展

可持续发展的概念首先是由联合国世界环境与发展委员会于1987年提出来的，该委员会在《我们共同的未来》报告中第一次阐述了可持续发展的概念，并得到了国际社会的广泛共识。该报告将可持续发展定义为：既满足当代人的需要，又不对后代人满足其需要的能力构成危害的发展。换句话说，可持续发展是指人口、资源、环境与经济、社会永续性的协调发展。既要达到发展的目的，又要保护人类赖以生存的土地、大气、淡水、海洋、森林、矿产等自然资源和生态环境，真正建立起人类与自然之间的和谐关系，走上良性循环的发展道路，使子孙后代能够永续利用自然资源，在良好的生态环境中安居乐业。

(二) 农业可持续发展

农业可持续发展通常称为可持续农业，其中最权威的定义是联合国粮农组织（FAO）1991年在《可持续农业和农村发展的丹波斯宣言和行动纲领》里提出的，农业可持续发展是"采取某种管理和保护自然资源基础的方式，以及实行技术变革，以确保当代人及其后代对农产品的需求得到满足"。这种农业、林业、牧业和渔业部门的可持续发展能永续利用土地、水和动植物遗传资源，并且不会造成环境退化，同时这种发展在技术上适宜、在经济上可行，并能够为社会所接受。因此，可持续发展的内涵是：在合理利用和保护环境的同时，实行农村体制改革和技术改革，以生产足够的食物与纤维，来满足当代人及其后代对于农产品的需求，促进农业和农村的全面发展。

农业可持续发展的实质是把农业近期发展与长远发展、局部发展与全局发展结合起来，使生产、生活、生态相协调，使经济效益、社会效益、生态效益相统一的发展。

二、农业可持续发展的内容与途径

(一) 农业可持续发展的内容

农业可持续发展是指整个农业生产系统的持续发展，其内容涉及整个农业生产系统。主要包括农业自然资源的可持续发展，农业再生产过程的可持续发展，农村人口的可持续发展和农业生态系统的可持续发展等。

1. 农业自然资源的可持续发展

农业自然资源是农业扩大再生产与可持续发展的物质基础。我国农业自然资源本就短缺，后备资源又十分有限，农业自然资源的可持续利用要走内涵式节约、保护，提高其利用效率和产出率的道路。实践中要注意保持光、热、水、气等自然资源良性循环。注意资源的循环利用、再生利用，提高资源的利用效率。尤其注意土地的合理利用，对耕地应加强保护、用养结合、培肥地力，不断提高土地的生产率，使之为人们永续利用。

2. 农业再生产过程的可持续发展

农业再生产过程的可持续发展主要包括：农产品生产的可持续发展、农业生产资源的可持续发展和农业生产关系的可持续发展。

(1) 农产品生产的可持续发展

主要体现在增加农产品数量和提高农产品效益。农产品数量的增加要以提高耕地单位面积产量为核心。农产品效益的提高，必须使农产品达到高产、优质、生态、安全的要求，向市场提供无公害农产品、绿色农产品和有机农产品。

(2) 农业生产资源的可持续发展

主要体现在以最合理、最节约的方式开发利用和保护农村资源。实践中要注意提高农业劳动者素质，广泛应用农业信息、知识资源，提高科学技术在农业增产增收中的份额。

(3) 农业生产关系的可持续发展

主要是进行农业经济体制创新，使之适应农业生产力发展的水平。实践中要注意明晰生产资料产权，调动经营者的积极性，促进农业生产力发展。

3. 农村人口的可持续发展

农村人口的可持续发展主要体现在有计划地控制农村人口的增长速度和规模，缓解农村人口对各种资源、环境等的压力，使人口增长与社会经济发展相协调。实践中要注意，提高农民的科学文化水平和劳动技能，提高农业劳动生产率，增加农民收入，缓和农村人口与生态的矛盾，改善农村环境，提高农民的生活质量，最终消除贫困（经济贫困、文化贫困、生态贫困），实现农村的人口与资源、环境的可持续发展。

4. 农业生态系统的可持续发展

农业生态系统的可持续发展主要体现在摆正人与自然的关系，从对立、掠夺逐步走向和谐相处。实践中要注意抚育和培植资源，发展生态农业，提高森林覆盖率，减少水土流失，消除环境污染，使资源永续利用，土地越种越肥，生态环境越来越好，农业生产实现良性循环，达到经济效益、社会效益、生态效益的统一。

（二）农业可持续发展途径

中国是世界上最大的发展中国家，在农业发展问题上，既要借鉴发达国家和发展中国家可持续农业发展的经验和教训，又要立足我国农业的具体国情，走出一条有中国特色的可持续农业发展道路。

1. 立足生态农业，改善环境质量

要按照生态学原理，调整农业产业结构，建设农村"大农业"。运用食物链原理，组建"种—养—加—销"一条龙的生产链，更好地利用农副产品、废弃物及农村闲散劳动力，形成无废物、无污染、农林牧相互促进的农业生态体系；推行以合理轮作、生物防治与品种改良为基础的病虫草害综合防治体系，以及以保护水土资源为目的的农业节水节肥体系。要建设好农业可持续发展实验区，发挥生态农业县的示范作用。

2. 发展节约型农业，提高资源利用效率

要合理利用资源，最大限度地减少资源消耗，改变资源高消耗、低效益的粗放经营方式。要推广滴灌、喷灌和管道灌溉等节水措施，发展节水型农业。实行精耕细作，发展集约经营。坚持资源开发与节约并举，杜绝对自然资源的乱占、乱采、乱挖、乱伐，建立自然资源有偿使用和更新的经济补偿机制，对自然资源实行资产化管理。

3. 实施农业综合开发，增强农业后劲

要把改造中低产田、不断提高农业综合生产能力作为主要和长期任务。在抓好粮食生产的基础上，积极扶持经济效益好的多种经营项目；要进行以水利为重点的综合治理，增强农业发展后劲；同时，农业综合开发要与保护生态环境有机地结合起来，要充分利用土地、水源、阳光等自然资源条件，形成农业资源优化配置、能量互换的良性循环，使农业获得永续利用的资源和环境，保持农业的可持续发展。

4. 控制人口增长，减轻环境压力

人口的增加对各种自然资源的需求也会增加，人口的增加如果超过了生态环境的负载容量，就有可能导致生态环境的人为破坏，我国历史上发生过的围湖造田、乱砍滥伐、超载放牧等现象，都与人口增加有关。为了农业可持续发展，减轻人口对资源、环境和社会的压力，必须优化生育政策促进人口长期均衡发展控制人口增长，狠抓农村教育事业，普及科学文化知识，提高人口素质，加快新农村建设步伐。

5. 建立农业技术体系，提高农业科技贡献率

要积极建立高产、优质、高效、节水节能、保护生态与环境的可持续性农业技术体系。推广适用先进的农业科学技术，主要包括：常规高产农业技术体系，如多熟、高产、高效技术等；农业自然资源保护与高效利用技术体系，如节水、水土保持技术、耕地保护及防止污染技术；可持续性生物技术，如转基因动植物新品种资源的开发；资源多级循环利用与再生利用技术，如沼气技术、秸秆生物处理技术等。要加强农业技术推广体系的建设，保证先进的技术能及时送到农民手中。

6. 建立可持续农业政策体系，强化农业支持保护力度

农业的可持续发展离不开各级政府部门的扶植与保护。政府应该采取一系列鼓励农民积极采用可持续农业技术的政策和措施。包括：促进农业生产全面发展的政策，农业环境、资源保护与利用政策，农业技术推广政策，农业教育政策，农业科学技术政策，农产品价格、流通与交换政策，农产品消费政策。

7. 推广绿色农业种植技术，促进现代农业可持续发展

在新时代下，先进技术不断涌现，使得我国农业种植技术得到进一步提升，我国农业发展进程得到加快，为农产品质量和人民饮食安全提供有效保障，在人民的生活水平得到显著提升的同时，对物质的要求也越发严苛，绿色食品逐渐成为社会关注焦点，因此，大力推广绿色农业技术是当下现代农业发展的重中之重。

基于现代农业可持续发展的绿色农业技术推广措施如下：

（1）增强对绿色农业种植技术的宣传

绿色农业种植技术在我国农业发展中占据着极为重要的地位。结合生活实际，虽然当下社会已有绝大部分人对绿色农业有着一定的了解，但农业工作人员对绿色农业相关知识、技术的了解不够充分，对其重要性的认知不到位，不能熟练地应用相关技术、设备，有关经验积累较少，严重制约了绿色农业种植技术推广工作的顺利开展。新时代下，相关部门应进一步加强宣传力度，推进绿色农业种植技术推广工作的落实进度，进一步加强对推广工作的关注力度并做好宣传工作，让每一位农民或者农业有关人员充分认识到绿色种植技术的重要性、作用及其所具备的优势，充分合理利用农闲时间对农民或农业有关人员进行专业技术的培训，使其充分掌握

绿色农业技术相关知识并能熟练应用相关技术和设备，使开展种植过程中出现的问题从根源上得到及时解决。绿色种植技术宣传工作顺利开展，能够让农民深入了解到绿色种植技术的重要性及其未来发展趋势，认识到该技术能够使经济效益得到进一步提升。此外，相关部门应做好推广工作，让消费者清楚了解绿色农业种植技术的社会意义和经济价值，让更多的消费者充分了解绿色农作物种植全过程，进而使消费者对绿色种植技术和绿色农作物的了解更加深入、具体，最终实现提高消费的目标。

(2) 加强绿色农业种植技术的研发创新

绿色农业种植技术是现时代的产物，在我国尚处于摸索、实验阶段。与国外部分国家相比，我国绿色农业种植技术仍存在有待改进的地方，但是受地理环境、人文文化、气候等多种因素的影响，种植技术推广工作以及实际应用都存在或大或小的问题，从生活实际看，技术研发也存在需进一步改进的地方，对我国绿色农业平稳、健康发展产生极大影响[1]。因此，要想进一步贯彻落实绿色农业技术推广应用，对技术创新工作要进一步加强，为技术改良、创新工作顺利开展提供强有力的支持，重视绿色种植技术相关研发人才的培养工作。与此同时，建立完整的专业技术研发机构，政府应大力支持并制定有关优惠政策和奖励机制，为绿色农业种植技术的推广工作提供强有力保障，并为后期持续发展奠定基础。另外，基于现状，相关科研单位应进一步挖掘绿色农业种植技术研究深度，及时发现并有针对性制订解决方案，利用更为科学的手段将问题从根源上解决，让绿色农业种植技术水平得到显著提升，进而加快我国现代农业可持续发展步伐。

(3) 注重农业人员绿色种植意识的培养

农业相关人员绿色种植理念得到良好培养是绿色农业种植技术推广工作顺利开展的重要前提条件。虽然"绿色农业"一词在人们日常生活中频繁出现，但我国部分农业种植人员的绿色种植意识不强，并且种植模式较为传统，对绿色农业种植技术的重要性认识不够深入，在相关技术掌握和设备操作方面不够娴熟，导致绿色农业种植技术的真正价值没能得到充分发挥。基于此，为更好地改变这一现状，首先要做的就是进一步加深农业相关人员对绿色种植技术的掌握和认知，加强农业相关人员的绿色种植理念，让其了解到绿色农业技术不但能提升农作物的质量和营养价值，还能极大地提升经济效益。除此之外，对我国农业快速发展也起到一定的作用，让人们的物质需求得到更好满足，饮食安全也得到有效保障。只有不断加深农业相关人员对绿色种植理念的认识，才能让绿色农业种植推广工作顺利开展得到有效保

---

[1] 陈琪花. 绿色农业种植技术的优势及推广策略[J]. 新农业，2022(14): 16-17.

障。此外，和其他国家相比，我国推行绿色农业种植技术时间较晚，绿色种植理念落实不到位，对此有关部门应积极开展相关培训活动，进一步完善相关工作的落实，培养农业种植人员绿色种植理念，为我国现代农业可持续发展提供保障。

(4) 积极建立绿色农业种植示范基地

积极建立绿色农业示范基地为加快绿色农业种植技术推广工作进程提供了有效保障。相关工作人员应科学、合理使用绿色农业种植技术对农作物进行适时的栽培和种植。绿色农业种植示范基地应对社会开放，为相关农业种植人员提供丰富的种植经验，便于其学习[①]。相关参观人员和种植人员应根据绿色农业种植示范基地的完善设施建设和运营，切身体验到绿色农业种植技术的突出优势，进一步加深相关人员对绿色农业种植技术重要性的认识。

(5) 出台绿色农业的优惠政策

当下，绿色农业发展技术要求较为苛刻，在实际应用中，需要花费大量的资金进行有关设备的升级，种植技术投资成本较高。绿色农业生产过程对技术操作规程有着严格要求，这也导致实际推广工作中农民的积极性、参与度不高。政府应针对这一问题，制定合理、科学的优惠政策，并做好投资工作，对已落实应用绿色农业种植技术的农户给予适当的补助。通过合理的惠民政策，进而调动人们的积极性，同时进一步激发农户种植绿色农作物，减轻农户转型时的经济压力，帮助农户走出困境。

(6) 强化农业环境保护

贯彻落实耕地质量提升规划，进一步完成土地改良修复、农药残留治理、地膜污染防治、秸秆合理利用、禽畜粪便治理、重金属污染修复这六项工程。积极号召使用功能性有机肥、缓释肥等绿色肥料，使得土壤酸化和土壤退化问题得到有效解决；大力推广生物农药、病虫害物理防治等措施，较少化学农药的使用，使周边环境得到有效改善；建立完善的地膜加工回收二次利用制度，大力推行氧化生物双降解生态地膜的使用，严厉禁止厚度小于 0.01mm 的不可降解地膜的使用，使土壤得到有效保护。此外，还应推广高效施药机器，取代传统老式背负式手动喷雾器，在大范围作业中，极力推广农业无人机，进而更好推进绿色农业发展。

在新时代下，我国应加快绿色农业种植技术落实推广工作，充分意识到其在现代农业发展中所占据的重要地位，应进一步加强相关推广工作投入力度。在实际发展过程中，应积极引进更为科学、先进的种植技术，以此促进推广工作顺利开展并为工作质量和效率提供有效保障，进而让农作物产量和质量得到进一步提升，加快

---

① 莫瑞. 绿色农业种植技术推广要点 [J]. 世界热带农业信息, 2022(8): 77–79.

我国农业现代化发展速度。

三、我国农业的可持续发展

(一) 中国农业可持续发展的原则

根据国情和已有的实践经验，我国农业可持续发展的指导思想应当是：以改善生产条件，提高农业综合生产能力和增加农民收入为主要目标，针对干旱、水土流失、土壤贫瘠、滥垦乱开、经营粗放等突出矛盾，实行农艺与农机、生物与工程措施相结合，生态环境建设与高效农业开发相结合，加强农田水利建设，加快生态农业示范基地和草原建设等重点工程建设；大力推广先进实用技术，积极研制、开发和引进优良品种，调整优化产业结构，在退耕（田）还林、还草的同时，保持农业综合生产能力的稳定与提高；把经济、社会和生态三大效益统一起来，逐步实现生态与经济的良性循环，确保农业持续发展。

农业生态环境建设应当坚持以下原则：

1. 坚持区域规划、分类指导的原则

我国农业生态环境问题比较复杂，各地治理建设的模式、标准不可能千篇一律，在建设中既要坚持分区规划，统一标准、质量要求，又要结合不同类型区域的实际情况，搞好区域布局，因地制宜，实行分类指导。

2. 坚持综合治理、突出重点的原则

农业生态环境的建设过程，实质上就是水土流失和荒漠地的治理过程。必须坚持山、水、田、林、路综合治理，林、草、果、粮、菜全面开发建设；农艺、生物与工程措施相结合，种草与造林相结合，经济林与用材林相结合，治坡与治沟相结合，水土流失治理与产业开发相结合。不同的地区要突出重点，从全国看，要突出抓好黄河中上游、长江中上游及其源头地区、三北风沙区、草原区及南方诸流域的石山区，淮河和海河流域的土石山区的治理。在措施上，要侧重应用投资少、见效快、效果好的小微型工程技术，充分发挥耕作技术措施对水土保持的作用。

3. 注重科技、政策等支撑作用的原则

农业可持续发展和生态环境建设要在加强基本农田、水利设施、农业机械化等建设的同时，着力抓好科研、技术推广和生态环境保护法规等软件建设，充分发挥科技进步和法制对农业生态环境建设与保护的重要作用。在项目建设中，要十分重视科学技术的推广应用，并有相应的配套投资和政策。

4. 坚持建设与管理并重的原则

农业可持续发展和生态环境建设要实行建设项目法人责任制与招标投标制度，

推进农业投资体制改革，加强对农业资源的管理。加快农业增长方式的转变，实行集约经营，提高土地、水资源利用率，确保在退耕还林还草的情况下，农业生产能力持续稳定提高。

5.坚持综合利用与保护并重的原则

对新开发的农业资源，既要综合利用，又要保护，防止新的农业生态环境恶化，在这方面我们有过深刻的教训。农业综合开发要坚持工程措施与生物措施并举，确保农业资源的有效利用、永续利用。

6.坚持生态环境建设与经济社会发展相结合的原则

生态环境建设的目标总体上与广大农民的利益和要求是一致的，但是在短期内、在局部利益上有时不完全一致。因此，必须按照市场经济的原则，把生态建设与经济发展有机结合起来，大力发展高效农业，发展具有优势、特色的主导产业和产品，千方百计地增加农民收入，以充分调动农民积极性，形成生态环境建设与经济发展良性循环的运行机制。

(二) 中国农业可持续发展的目标和任务

1.总体目标

充分利用现代科学技术和中国传统农业技术精华，实现持续增长的生产率、持续提高的土壤肥力、持续协调的农村生态环境以及持续利用保护的农业自然资源，实现农业优质、高产、高效、低耗，逐步建立起以良好生态环境为基础、采用现代科学技术、现代工业装备和现代经营管理方式的农业、农村经济发展的综合体系。

具体又可分解为三个子目标：

(1) 经济可持续发展目标

农业发展与整个国民经济发展相协调。今后几十年随着人口的增加，粮食产量再上三个台阶，粮食产量近期保持5亿吨，到2030年左右达到6.5亿吨；畜牧业保持旺盛的增长势头，人均畜产品拥有量全面达到中等发达国家水平；逐步缩小城乡经济差异，在中等发达地区，基本实现城乡一体化，乡镇企业得到一个大的发展。

(2) 资源环境可持续发展目标

完善资源利用和保护法规，建立农业资源持续高效利用的管理保护体系；实现全国耕地总量动态平衡，遏制草地过牧，森林超采，渔业过度捕捞；防治农田和水源的污染，使农业生态环境不断得到改善等。

(3) 社会可持续发展目标

消除农村贫困，全面实现农村小康，发展农村小城镇，解决农业富余劳动力的就业问题，有效提高农民科技文化和健康素质，提高农村的社会主义精神文明程度。

2.农业可持续发展的主要任务

实现上述目标,农业可持续发展的主要任务是:

(1)构筑可持续农业技术系统

加强农业科技体制建设,保持基础研究、应用研究、开发推广三支梯队的合理比例。合理开发利用和保护农业自然资源,探索中国农业资源供需总体平衡途径和不同区域农业资源潜在价值估算方案。综合开发各种食物资源,发展豆类作物,大力发展畜禽和各种水产品,改善人民的膳食结构。加强种质资源收集、保存和研究、利用,选育各类农作物、畜禽、水产新品种,提高育种技术水平和育种效率,改善良种繁育体系,提高良种普及率。研究开发各种农作物综合增产配套技术,畜禽集约化饲养技术,大水面水产增殖、精养技术和远洋捕捞技术,促进农、林、牧、渔业持续快速发展。研究开发农产品贮藏保鲜技术,深层加工和综合利用技术,以减少农产品损失,提高品质,增加效益。研究确立以发展高产优质高效农业为目的,形成以农艺措施为基础,机械技术为手段,符合中国农村经济发展的农业机械化生产技术体系。研究开发高新技术,特别是能够发展形成新的生产力的生物技术。加强种质资源起源、遗传基础、光合作用机理、化学控制、免疫机理、群落生态等农业基础性研究工作,提高农业科学理论水平。

(2)构筑可持续农业经济系统

完善农业政策机制,对农业结构进行战略性调整和优化。重视发展名优特色农业。发展经济作物和饲料作物,构建"粮食作物、经济作物、饲料作物"三元种植结构。发展养殖业,延长生物链。促进农产品多次转化增值。发展农业产后部门,加快农产品产供销体系的建设,改变第三产业发展滞后的状况。

(3)构筑可持续农业生态与环境系统

严格保护现有耕地,提高耕地综合生产能力,改造中低产田,提高耕地的生产水平。改变草地非持续生产形态,治理退化草地,保护草地资源,采取有效措施制止过牧、滥垦、樵采与滥挖药材等掠夺式利用方式,加强人工草地建设等措施,释放草地生产潜力。加快造林步伐,保护天然林。统一调度水资源,多方开源,调水补源,发展节水农业,提高水资源的利用效率。治理农业污染,改善农业生态环境。

(4)构筑可持续农业社会系统

严格控制农村人口,积极发展农村第二、第三产业,使农业劳动力向非农产业转移。发展农村教育,提高农村人口素质。探索有中国特色的农村社会管理的机制和体制,实现村民自治,使农民在农村管理中的民主权利得以充分体现。积极发展农村小城镇,加强村庄建设与规划,逐步实现城乡一体化。

(三)中国农业可持续发展的地区布局和建设重点

1. 农业可持续发展的地区布局

中国地区差异大,发展不平衡,必须逐步打破地区封锁,按市场经济规律和社会化大生产的要求配置资源,实现地区优势互补,发挥资源潜在能力。应当实行地区倾斜的政策,重点扶持中西部,优先安排中西部地区农业资源开发、生态环境保护和基础设施建设项目。大力发展生态农业,逐步形成支柱产业和新兴产业,使农民尽快脱贫致富。提倡跨省、跨地区、跨行业的联合开发和异地开发,促进沿海与内地、东部与中西部之间资源、人才、科技的双向流动,建立稳定的粮食、棉花、副食品及畜牧业生产基地,发展农副产品加工业。拓宽农产品流通渠道,形成统一开放、竞争有序的流通体系,促进农业资源和农副产品区域间交换、产销平衡。

2. 农业可持续发展的建设重点

充分发挥区域资源优势。东部地带是中国农业综合开发的重点,包括东北区、黄淮海区、长江中下游区、华南区。土地面积占全国1/4,人口占全国70%,耕地面积占全国60%,粮食和畜产品产量皆占全国3/4以上。自然、经济条件均较优越,生态相对稳定,土地承载力高,是中国主要农区,区域发展战略应为:以节约资源和内涵挖潜为主,提高农业综合生产能力,加大农业资源综合利用。在黄土高原和华北山区等重点水土流失区,实行生物措施与技术措施相结合,按流域进行综合治理。

(四)中国农业可持续发展的模式

1. 中国农业可持续发展的基本模式

农业可持续发展模式选择促进了我国农业可持续发展战略的实施,必须选择切实可行和有效的模式。

(1) 生态农业模式

为了发展优质、高效、低消耗的农业,我国已于20世纪80年代初正式提出了发展生态农业模式的构想,并取得了显著成效。生态农业把人类的生产活动纳入自然环境的生态循环链内,充分利用土地、空间、日光、时间,实现由人参与的生态系统的生物共生、能量交换和物质循环,以相对较低的投入,获取多目标的高产出效益。这是一种集约型的立体农业模式,它以农业可持续发展为长远目标,一改过去传统的单纯追求粮食高产的一元目标,既重视粮食生产,又重视林、牧、副、渔的综合经济效益的多元目标,有利于农民脱贫致富,提高有限土地的利用率和自然环境的良性循环。

(2) 高技术农业模式

发展高技术农业，解决粮食问题的核心是遗传工程与技术。高技术农业是以农业可持续发展为目标，以生态农业为基础，以高新技术为手段的产业化的农业。高技术农业利用遗传技术，设计和培育适于水上、盐碱地、荒漠、高纬度、高海拔地带种植的农作物品种，扩大可耕地面积，弥补耕地的不足，扩大粮食产量。可以有选择地设计和培育既有优良性状，又有抗病虫害能力的农作物品种；利用生物工程设计组配适合于不同土壤、水分和气候条件下的农作物群体，提高各种条件下的复种指数。从而提高单位面积产量，利用生物固氮技术让农作物直接利用空气中的氮作氮肥，减少氮肥施用量。发展高技术农业必须保护生物多样性。保护生物多样性是提高技术农业的一项基础性工作。保护生物多样性，包括保护物种资源、基因资源、生态系统资源，它是高技术农业发展中的重要生物技术之一，对于农业可持续发展有着举足轻重的作用。

(3) 集约型可持续农业技术模式

集约型可持续农业技术模式，适合于人多地少、资源稀缺等基本国情的发展中国家，尤其宜于在我国推广。它所包含的内容与形式主要体现在如下几个方面：

第一，集约型可持续农业的目标。一是持续提高土地生产率、农产品自给率和商品率；二是持续提高劳动生产率和增加农民收入；三是持续改造农业基础条件，建造相对良好的生态环境和发展基础；四是持续地提高智能收入，优化劳动者队伍；五是构建发达的商品化经济结构；六是优化培植可持续农业政策体系。

第二，集约型可持续农业技术特征。主要包括：集约农作，持续高产；高产高效，提高效率；改善生态，持久发展。

第三，集约型可持续农业技术模式。①常规式可持续高产农业技术，就是以提高单产（单位土地、水域或畜禽个体）为主攻目标，在集约化投入和科学管理条件下，重点抓好高产复熟间套种技术、规模化集约式饲养技术、高产淡水养殖技术、"吨粮田"技术开发、高产超高产新品种开发等。②节水高产高效农业技术。针对我国水土资源时空分布特征，从不同区域水资源可持续利用制约因素入手，大力研究开发以省水高产为主线的生物和工程节水技术。包括：北方干旱半干旱丘陵地区集水补灌技术，北方限水灌溉地区农田节水灌溉工程技术、耐旱省水高产品种或生物资源开发、标准化节水灌溉水利工程及农田基本建设等。③节肥节药低耗高效农业技术，即尽可能减少农业系统外部投入物质，如化肥、农药、种产、劳力等的使用量，降低投入成本，减轻农产经营负担和环境压力。主要包括：新型长效释放肥料品种与应用技术开发、精密平衡施肥技术、低耗农药型抗病虫转基因品种、生物农药开发等。④耕地保护与中低产田改良技术，主要解决保护宝贵的农田土地数量，以及不断地提高其质量并满足持续高产的需要。主要包括：水土保持技术、小流域综合治理、荒地利用以及废弃土地复退技术等。⑤资源多级循环与再生利用技术，是运用生态学原理和资源经济学原则指导农业可持续发展的适用技术。包括：农林复合系统、沼气技术、秸秆还田、种养加一体化、农副产品深加工等。⑥生物工程技术。它是促进农业可持续发展的最为值得推广的技术，包括：运用转基因手段培养抗病大米、抗虫棉花、多抗或双抗型农作物品种以及动物新品种；利用该技术培育高光合效率新品种；利用该技术攻克稻瘟病、棉花枯萎病、小麦锈病等重大病害的防治机制与技术；运用该技术挖掘杂交水稻、杂交小麦和棉花以及畜禽杂种优势等方面的生物潜力，实现生物生产力在遗传上的突破。

2. 我国农业可持续发展模式的区域性探索

我国农业地域辽阔，各地条件千差万别，农业生态千奇百怪，由此产生的农业发展模式各不相同，实施农业可持续发展战略必须强调一切从实际出发，坚持解放思想、实事求是的原则，充分体现农业可持续发展的区域性，把我国分为几个农业可持续发展的生态区域，实施不同的发展模式。在此基础上，各地、县乃至乡、镇都应有自己独特优势的可持续发展模式及科技体系，保证我国农业可持续发展。我国可按不同模式区，采用不同的农业可持续发展的模式。

(1) 沿海经济发达地区农业可持续发展模式

这一地区经济较发达，综合实力强，技术先进，对农业投入较高，农业可持续发展起点较高，在农业发展速度上应是最快的，在技术上是最先进的，代表我国可持续发展的最高水平与发展方向。这一地区对外开放程度最高，外向型农业发展条件最好，创汇能力最强，应充分发挥社会资源优势，完善技术与资金集约高效农业，当务之急是加强水土资源管理和生态环境污染治理，促进农业生态和经济的良性循环；此外，这一地区各省、市均处沿海地区，开展农业的"蓝色革命"最容易，是今后农业可持续发展中高效农业的热点所在，这是在经济欠发达地区发展中所没有的。

(2) 经济中等发达地区农业可持续发展模式

这个地区在我国所占的区域较广，农业生态条件较复杂，又可分为北部草原区、东北垦区、中北部平原区、南部丘陵区等不同的可持续发展模式，各模式的差异也很大，但整个区域由于经济在中等水平，对农业投入相对较大，是我国农业可持续发展模式的代表，是连接我国农业先进地区与落后地区的关键，起到不断吸收先进地区的经验与技术，带动欠发达地区的农业可持续发展的作用。

(3) 经济欠发达地区农业可持续发展模式

欠发达地区农业发展的首要任务是加快主要农产品商品生产基地的现代化建设，大力发展立体农业，实行农林牧综合经营，提高农业集约化水平和防治生态环境恶化。贫困地区则应加强生态和环境建设，发挥当地资源优势，摆脱贫困等。西北、西南地区经济欠发达，农业投入较少，先进的农业科学技术一般不易被群众接受，科技成果转化难度也较大，可持续发展在这些地区的重点是科技文化知识的培训，转变群众中落后的观念，提高群众科技水平，并结合该地区的特色重建三高农业生态，形成人与自然的协调发展。西北地区农业可持续发展模式的重点应在防治水土流失、节水农业上，建立新的可持续发展的农业生态，在此基础上发展养殖业，提高农民生活水平。在高原区发展高原农业、林业、中草药业等应是新的发展点。在西南考虑立体农业、农林业结合、种养结合等很重要，另外，水果的生产储运加工等也是极其重要的内容。

第三章 农业劳动力资源管理

第一节 农业劳动力资源概述

农业劳动力资源是农业再生产的主体,研究劳动力资源管理,首先应从研究农业劳动力资源的概念、特点出发,探索其有效管理的优势和途径。

一、农业劳动力资源的概念和特点

(一) 农业劳动力资源的概念

劳动力资源指能够直接或间接参加生产劳动过程的劳动力数量和质量的总称。在广义农业中,劳动力资源是指能够从事农业、林业、牧业、渔业生产劳动的劳动力数量和质量的总称。我国规定,农村中男16~59岁、女16~54岁,有生产劳动能力的居民为农业劳动力。但从农村实际看,许多从事劳动的农民超过了这个年龄范围。因此,对农业劳动力资源,应针对农村实际情况,合理利用和开发。

(二) 农业劳动力资源的特点

1. 农业劳动力资源的可再生性

伴随着人类自身的再生产,劳动力资源也在新老交替中不断得到补充,使人类改造自然的活动不断延续下去。因此,从整体上看,劳动力资源是一种永续性资源。这一特点决定了劳动力资源开发的连续性,一代人改造自然的过程直接影响着下一代人甚至几代人改造自然的过程和结果,劳动力资源的素质无论在体力上还是智力上都在不断提高。这就要求我们在开发农业劳动力资源的过程中,必须有长远的统筹安排,把提高劳动力资源的整体素质和发展生产力紧密联系在一起,保证社会再生产顺利进行。

2. 农业劳动力需求的季节性

农业生产受自然条件的影响较大,有明显的季节性,致使农业劳动力需求的季节性差异十分突出。农忙时需要大量的劳动力,农闲时会出现劳动力相对过剩。而劳动力在某一时期不去利用,就会自行消失,不能存贮待用。所以劳动力资源只有同生产资料相结合,通过劳动过程才能创造财富。否则,只是社会财富的消费者。这一特点,要求农业生产实行专业化生产与多种经营相结合,组织劳动时要合理安排、有效利用。同时,充分利用劳动者生理上的"黄金时代",使其为社会创造更多的财富。

3. 农业劳动力总量的丰富性

农业劳动力总量的丰富性是我国长期以来的重要特征之一。我国是世界第一人口大国,人口多,耕地少。2022年农村人口达509787562人,占全国人口比例的36.11%。丰富的农业劳动力资源,使我国的城市化和劳动力资源的合理利用面临着巨大压力。

4. 劳动力素质的差异性

劳动力素质的差异性是由社会经济条件和劳动者的主观能动性所决定的。它表现为劳动者的健康状况、文化知识和技术熟练程度等内在差异。劳动力资源素质的高低,不仅影响农业生产活动完成的质量与效率,而且影响农业现代化的进程和农业富余劳动力转移的能力,以及农业生产结构优化的能力。提高劳动者素质,既需要发达的社会经济条件作为物质基础,也需要国家制定科学的人力资源开发政策和教育政策。

5. 劳动力资源的主体能动性

这是由人类本身的特性决定的。劳动者具有意识,并能利用这种意识去认识客观世界,改变人类改造世界的进程。劳动力资源的这种主体能动性正是人类社会进化和发展的动力。历史证明,自人类出现以来,自然环境变化幅度较小,而社会财富却增加很快,主要就是这种能动性作用的结果。因此,在开发农业劳动力资源的过程中,必须依据劳动力资源的这一特殊性,充分发挥劳动者的特长,使其主体能动性得到充分发挥。

二、农业劳动力资源的数量

农业劳动力资源的数量,是指能够参加农业生产劳动的劳动力人数。它由两个基本因素决定。第一个因素是自然因素,即达到劳动年龄的人口参加农业劳动和超过劳动年龄的人口退出农业劳动的规模。自然因素是引起劳动力资源数量变动的主要因素,由一个国家的农业人口总数及人口自然增长率所决定。第二个因素是社会因素,主要指劳动力资源从一个生产领域转向另一个生产领域的可能性及能力。社会因素常常和一个国家或地区经济发展的宏观政策相关联。如我国目前农村经济发展中,国家采取发展乡镇企业,鼓励发展集市贸易和建设农村小城镇的政策,实质上就是为农业劳动力的转移创造条件,减少农业领域中富余劳动力的数量。

尽管从总体上看我国农业劳动力资源的数量特征表现为富余,但在不同地区面临着不同的问题。对发达地区而言，由于农业生产收益相对较低，如何保证农民对农业生产劳动的积极性，保证农业劳动力资源的供给，是一个不可忽视的问题。同时，在我国加快工业化、城镇化进程中，伴随着农业劳动力大规模的流动转移，如何保证农业劳动力资源的有序供给，也是应当注意的问题。

三、农业劳动力资源的质量

农业劳动力资源的质量是指劳动者的身体素质和智力水平。前者主要指劳动者的体力强弱，后者包括劳动者的科学文化水平、劳动技术水平、生产熟练程度等因素。在以手工操作为主要生产方式的条件下，劳动者的身体素质是衡量劳动力质量的主要因素。随着生产力的发展，农业生产转向以机械操作为主，农业科技推广应用迅速发展，科技水平不断提高。因此，劳动者智力水平越来越成为衡量劳动力资源质量高低的重要指标。

我国农业劳动力数量很充裕，但其质量不高，特别是农民受教育程度低，文盲、半文盲、科盲数量较大，已经成为我国农业生产力发展的主要障碍。我国是人多地少的国家，随着农业生产力发展和科技水平的提高，农业生产对劳动力数量的要求逐渐减少，必然要求把农业中过多的劳动力逐渐转移到非农产业中来，逐步实现适度规模经营的农业现代化。完成这一转变要求劳动者必须具有较高的素质，以适应非农产业就业的要求和现代农业发展的要求。因此，提高农业劳动力素质是实现我国农业现代化的一项重要任务。

第二节 农业劳动力的供给与需求

我国农业劳动力数量大，增长快，而耕地面积又逐年减少，人地矛盾十分突出。因此，研究农业劳动力供给与需求的特点、影响因素等，对有效解决农业劳动力供求矛盾具有重大意义。

一、农业劳动力的供给

(一)农业劳动力供给的含义

农业劳动力的供给是指在一定时期内，在一定的劳动报酬水平下，可能提供的农业劳动力数量。现阶段，我国农业劳动力的供给数量包括已经从事农业生产的劳动力和可能从事农业生产的富余劳动力。

（二）农业劳动力供给的特征

1. 农业劳动力供给的无限性

农业劳动力供给的无限性是指与农业劳动力需求相比的劳动力供给的绝对过剩状态。由于我国经济发展落后，人口再生产失控，农业人口总量大，从而造成农业劳动力供给持续上升，形成劳动力无限供给的趋势，这种趋势是我国农业市场经济发展的一个基本特征。伴随着我国工业化和城镇化的发展，非农产业对农业富余劳动力的吸引力不断提高，这种劳动力供给的无限性特征显著减弱，开始出现逐渐消失的趋势。

2. 农业劳动力供给的伸缩性

农业劳动力供给的伸缩性是指农业劳动力的供给数量受农产品价格等因素影响呈现的增减变化。其主要表现是，当某种农产品价格高时，从事该产品生产的劳动力迅速增加；反之，当农产品价格低时，从事该产品生产的劳动力迅速减少，使农业劳动力供给数量增减变化幅度较大。这种伸缩性是我国农业劳动力供给的一个重要特征，它虽然自发调节了农业劳动力的分配，但也常常导致农业生产出现"过热"或"过冷"现象，造成农业劳动的浪费。

农业劳动力供给的无限性和伸缩性作为现阶段我国农业市场经济发展过程中的特殊现象，是由农业发展规律决定的。我们既要认识到农业劳动力供给的无限性带来的农业劳动力相对过剩现象，不失时机地进行劳动力转移，也要认识到农业劳动力供给的伸缩性对农业生产的自发调节作用，准确地运用价格杠杆引导农业生产向合理的产业结构转化，避免盲目性给其生产带来的损失。

（三）影响农业劳动力供给的因素

1. 人口自然增长率

人口自然增长率是影响农业劳动力数量的重要因素，它直接影响了农业劳动力的供给。我国人口自然增长率一直很高，2022年末，全国人口达141175万人，城乡处于劳动年龄的人口就业问题十分突出，这是造成我国农业劳动力供大于求、相对过剩的一个重要原因。因此，有计划地控制人口，降低人口自然增长率是解决我国农业劳动力供求矛盾的关键。

2. 劳动报酬

在一定时期内，农业劳动力供给是劳动报酬的递增函数，劳动报酬的高低直接影响着劳动力供给的数量。农村家庭承包经营落实以后，农业生产分配形式发生了变化，农民的劳动报酬主要体现为出售农产品的收入。因此，农产品销售价格成为影响农业劳动力供给的主要因素。当某种农产品销售价格高,生产者获利大,大量农业劳动力就会转入该生产领域;反之,农民又会马上退出该生产领域。这种自发的调节作用虽然带有一定的盲目性,却是我们利用价格杠杆调节劳动力分配的重要条件。我国农村农业劳动力数量较多,耕地资源少,种植业可容纳的劳动力有限,劳动力绝对富余和季节性富余数量较多,这些劳动力随时准备进入生产领域。同时,我国农业生产效益相对较低,农民迫切需要扩大生产领域,提高收入水平。因此,利用价格杠杆,以提高农民劳动报酬为导向,就能够使农业生产向合理化方向转化,促进农业劳动力的转移。

3. 农民的价值观

农民的价值观对农业劳动力供给的影响,主要表现在农民对闲暇及收入的偏好。由于我国农业生产力水平较低,农民收入水平不高,因此,大部分地区的农民把辛勤劳动、增加收入作为价值观的主要内容。这种现象是包括我国在内的发展中国家特有的现象。随着经济水平的提高,农民的价值观也必然发生变化。因此,研究农民价值观的变化,对合理利用劳动力资源有重要意义。

二、农业劳动力的需求

农业劳动力需求是指在一定时期内,在一定的劳动报酬水平下,农业生产需要的劳动力数量。

(一)农业劳动力需求的特征

1. 农业劳动力需求的季节性

农业劳动力需求受农业生产季节性影响,需求数量呈季节性变动。在农忙时节,劳动力需求数量大,常常造成劳动力的不足。而农闲季节,农业劳动力需求数量小,又常常形成季节性的农业劳动力富余。因此,研究农业劳动力需求的季节性,对于合理安排劳动力,保证农业生产顺利进行,具有重要意义。

2. 农业劳动力需求数量的递减性

农业劳动力需求数量的递减性是指随着农业生产力的发展,农业劳动力需求数量会逐渐下降。造成这种现象的主要原因有以下几点:

(1)农业可利用的自然资源数量有一定限度,可容纳农业劳动力数量有限。

(2)农业是生产人类消费必需品的部门,对于每一个消费者来讲,这些消费品的需求数量是随着人民生活水平提高而逐渐下降的。虽然在总体上人类对农产品需求数量是呈上升趋势,但是,由于农业生产力的进步,劳动生产率提高幅度总是大于人们对食物需求增加的幅度。因此,农业劳动力需求总体上呈下降趋势,这种现象是世界农业发展过程中的普遍现象。

农业劳动力需求数量的递减，是农业发展的客观规律，正确认识这一规律，要求我们必须把农业劳动力转移作为经济发展的必然过程来研究，把合理安排农业劳动力与农业劳动力转移联系在一起，才能使农业劳动力资源得到合理开发与利用。

(二) 影响农业劳动力需求的因素

1. 土地资源条件

土地资源是农业生产的主要自然资源，其数量直接影响农业生产对劳动力的容纳程度，是影响农业劳动力需求的主要因素。从农业生产发展来看，随着农业生产力的提高，土地资源对劳动力的容纳数量逐渐下降，尤其像我国这样人多地少的国家，农业上可开发的土地资源数量有限，在狭窄的耕地面积上增加劳动力的潜力较小。但同时也应该看到，我国很多地区土地经营粗放，土地生产率较低，要改变这种状况，必须加强农田基本建设，提高土壤肥力，实行精耕细作，合理增加单位面积土地的投工量，通过这种方式，提高农业生产力水平，增加对农业劳动力的需求。

2. 农业耕作制度

我国农业地域差异较大，耕作制度各异，直接影响着劳动力的需求水平。建立合理的耕作制度，适当增加复种指数，实行轮作制，合理安排园艺等劳动密集型生产，可以增加对劳动力的需求。同时，建立合理的耕作制度必然要求开展农田基本建设，增加劳动力积累，因此，这是增加劳动力需求，有效利用农业劳动力资源的途径。

3. 农业多种经营水平

充分利用农业土地资源多样性的特点，开发山地、草原、水面等自然资源，积极增加对林、牧、渔业的劳动投入量，实行多种经营，可以提高农民收入，改变过去片面强调粮食生产，忽视多种经营水平的局面，这对提高农业生产力、促进农业劳动力内部消化、合理利用农业劳动力资源有十分重要的意义。

4. 农业生产项目

农业生产项目多，就业门路广，可以增加劳动力需求数量。广义农业是一个农、林、牧、渔业全面发展，农、工、商综合经营的大农业，要求农业及农业有关的各种生产项目协调发展。从我国农业发展趋势看，农村大力发展多种经营生产，开拓新的生产项目，促进农业劳动力的转移，这正是农业发展的必然方向，也是增加劳动力需求的重要途径。

5. 农业机械化水平

农业机械化水平和农业劳动力需求之间成反比的关系，机械化程度越高，对劳动力需求数量越少。实现农业机械化的过程，也是农业劳动力需求下降的过程。由于我国农业劳动力资源丰富,不可避免地同农业机械化产生一些矛盾。但是农业机械化在农业生产中的功能不仅仅是替代劳动,也是先进农业技术的载体。因此,即使我国农业劳动力资源丰富,随着农业现代化的深入进行,农业机械化不可避免地替代劳动,造成农业劳动力需求的绝对下降。在实践中既要从农业机械化的发展规律出发,也要从人多地少的实际国情出发,把实现农业机械化过程同农业劳动力转移过程紧密地联系在一起,合理利用农业劳动力,调动农民积极性,促进农业生产发展。

此外,农业跨国经营、农业产业化、农村城市化进程及城市内部就业等方面,也直接或间接影响着对农业劳动力的需求。

第三节 农业劳动力资源的合理利用和培训

作为农业生产主体的劳动力资源,其利用得合理与否,素质高低,直接关系到农业经济的发展和农业现代化的进程。如何充分合理地利用农业劳动力资源,提高农业劳动力利用率和农业劳动生产率,通过有计划、有组织的培训,提高农业劳动者的素质,就显得尤为重要。这里从研究农业劳动的特点出发,探讨合理利用农业劳动力资源的有效途径。

一、农业劳动的特点

农业劳动是人、生物和自然条件三个因素相结合的生产过程。农业生产的特点,决定了农业劳动有如下特点:

(一)农业劳动时间的季节性

农业劳动的主要对象是有生命的动植物。由于它们有自身的生长发育规律,并受自然条件的制约,形成了生产时间和劳动时间的不一致,使农业劳动有明显的季节性。农忙时,需要大量的劳动力,进行突击劳动,以不误农时;农闲时,农业劳动力有大量富余。为此,在耕作栽培上,要合理安排作物的茬口和布局,并积极开展多种经营,既要保证农忙季节对劳动力的需要,又要使农闲季节劳动力有出路,达到充分合理利用农业劳动力的目的。

(二)农业劳动空间的分散性

由于农业生产的基本生产资料是土地,农业劳动者是在广阔的田野上进行作业,劳动分散，人、畜、机械作业空间大。为此，农业劳动组织要适应农业劳动分散性的特点，采用灵活多样的劳动协作形式，确定适宜的协作规模。

(三) 农业劳动质量的连续性

一个农业生产周期，是由许多间断的但又相互联系的劳动过程组成的。每一个作业的劳动质量，不仅影响下一个作业的劳动质量，而且影响生产的最终成果。因此，在组织劳动时，应建立健全生产责任制，使劳动者既重视劳动数量，又注意劳动质量，关心劳动的最终成果。

(四) 农业劳动效益的不稳定性

因为动植物生长周期长，一般没有中间产品，所以要到一个生产周期结束，才有劳动效果。农业生产不仅受人类生产活动的控制，而且受自然条件的影响。因此，劳动者必须顺应自然条件和生物体的特点，在农业生产中灵活机动地做出决策，采取应变措施。

(五) 农业劳动内容的多样性

农业生产有农、林、牧、渔等各业的生产，一般采用各不相同的作业方式和技术措施。即使同一生产部门，在不同生产阶段所采用的作业方式和技术措施也不相同，如种植业生产中的播种、施肥、耕翻地等，畜牧业的饲料配比、畜禽防疫等。这说明农业劳动内容繁杂，种类多样，要求农业劳动者必须掌握多种技能，能从事多种生产项目、多种作业的劳动。

(六) 农业劳动环境的艰苦性

农业劳动不同于工业劳动，由于在广阔的田间进行，直接作用在自然界中，受自然环境条件影响较大，劳动强度大，环境差，条件艰苦，具有不同于其他各业劳动的特点。

充分认识上述农业劳动的特点，对于合理使用农业劳动力资源，提高农业劳动生产率，具有重要意义。

二、农业劳动力利用率

(一) 农业劳动力利用率及评价的经济指标

劳动力利用率是指劳动力利用的程度。一般是指一定时间内 (如一年) 有劳动能力的劳动者参加生产劳动的程度。在一定的劳动力总量和一定的劳动生产率水平条件下，农业劳动力利用率越高，越能为社会创造更多的财富。提高农业劳动力利用率，就是提高劳动力实际参加生产劳动的程度。

评价农业劳动力利用程度的经济指标主要有：

(1)实际参加农业生产劳动的人数和能够参加农业生产劳动人数的比率。这个指标反映了所有应该参加劳动的人实际劳动的情况。

(2)在一定的时间内（如一个月）平均每个劳动力实际参加劳动的日数占应参加劳动日数的比率。它反映了在单位劳动时间内劳动者参加劳动的情况。

(3)工作日中的纯工作时间占工作时间的比率。它反映了工时利用程度。

可见，提高农业劳动力利用率，就是要提高劳动力的出勤率和工时利用率，也就是要充分挖掘劳动力利用的潜力。

(二)提高农业劳动力利用率的经济意义

1. 有利于创造更多的使用价值

在一定的劳动生产率和一定的劳动力资源条件下，劳动力利用率的提高，意味着在同等时间内能创造更多的使用价值。这一点在我国目前农业生产尚未完全摆脱手工劳动的条件下更具有现实的经济意义。

2. 有利于解决困难户问题

在我国当前农业生产力水平仍较低的条件下，农村中一些困难户，一般缺少强劳动力，而辅助劳动力并不缺。动员他们参加适当的生产劳动，有利于把困难户的困难解决在生产过程中，既能使他们增加收入、减轻困难，又能减少国家和集体的负担。

3. 有利于节约时间

提高劳动力利用率最基本的意义在于节约时间。不管是节约物化劳动还是节约活劳动，归根到底都是节约劳动时间。而提高劳动力利用率，有效地利用劳动时间，其实质就是节约时间。这样就能在同等的劳动时间内生产出更多的农产品，提高劳动生产率，降低成本，增加收入。

(三)影响农业劳动力利用率的因素

影响农业劳动力利用率的因素很多，概括起来有两个方面：

1. 劳动力的自然状况和觉悟程度

如人口、年龄、健康状况、积极性和主动性等。

2. 自然条件和社会经济条件

如土地结构、气候、耕作制度、农业生产结构、多种经营的门路、集约化水平、劳动组织和劳动报酬等。

有些影响因素是比较固定的，或者要经过较长的时间才起变化，有些因素则可以在短期内发生变化。为此，提高农业劳动力利用率，既要从长计议，如控制农村人口的增长，逐步改善自然条件等；又要着手当前，如合理调整生产结构、改善劳动组织方式、采用合理的技术经济政策等等。

(四) 提高农业劳动力利用率的途径

从当前我国农业经济的状况看，提高农业劳动力利用率的具体途径主要有以下几个方面：

1. 搞好信息服务，合理转移农业劳动力

正确分析和认识我国农业劳动力资源，根据其特点，促使农业劳动力合理转移，是农业劳动力开发的重要课题。农民缺乏信息和获得信息的能力，导致农民很难找到非农就业的机会，更谈不上找到适合个人发展的机会。因此，各级政府要加强劳动力市场信息网络建设及服务，建设农村劳动力供求信息平台，引导和鼓励教育培训机构加强与职介和用工部门的沟通与协作，解决城乡之间、供求之间信息不畅的问题，从而实现劳动力供需情况的信息化、动态化管理。同时，通过政府信息网络的建设和完善，尽快把紧缺岗位信息提供给农民，并加以正确引导，有效转移农村剩余劳动力。

2. 建立合理的劳动力年龄结构

合理的劳动力年龄结构是保证农业生产连续性和农业生产力持续稳定发展的前提。在我国农业劳动力转移过程中，一定要杜绝农村中年轻、有文化、有技能、有特长的人都外出务工、经商，而年龄大、低文化、无特长的人，留在农村种地或经营林牧副业的现象，使农村劳动力年龄结构保持合适比例，以保证农业生产对农业劳动力的需求。

3. 提供优惠政策，激发返乡农民工创业的积极性

按照"输出劳动力，引回生产力"的基本思路，大力优化境内投资环境，吸引和扶持外出务工人员返乡创业。地方各有关职能部门要在回乡创业手续办理上给予方便，在税费、用地、供电、供水、信贷等方面给予优惠。优先解决子女入学，努力创造宽松环境，以吸引更多的外出务工人员回乡二次创业。

4. 调整农业生产结构，合理利用农业劳动力资源

一是积极推进农业产业化经营。培育、增强农业产业化龙头企业，引导村、镇

以产品为纽带，在自主、自愿原则下发展专业协会或专业合作社等经营组织，推广"龙头企业＋专业协会（合作社）＋农户"的组织模式，带动相关产业群的发展。二是利用现代科技改造传统农业，大力发展优质高效农业。加快发展畜禽、反季节蔬菜、花卉等劳动密集型特色优势产业。三是大力发展个私民营经济，创办多种所有制形式的经济组织，增强其安排农村富余劳动力就业的能力。

5. 完善制度，建立和健全农业劳动力资源开发的长效机制

一是政府应加大力度贯彻、落实中央的各项支农惠农政策，保证农村发展的基本政策长期不变，稳定农业劳动者对农业的劳动力投入；二是切实加强对农业的投入，加强农村基础设施建设和农田水利建设，改善农业劳动者的生产和生活条件；三是建立健全农村合作医疗和农村养老制度等；四是逐步提高农业的比较效益和经营农业收益，提高农业劳动者的地位和务农的积极性，逐步转变"轻农""离农"思想，保证农业持续稳定地发展。

三、农业劳动生产率

（一）农业劳动生产率及其内涵

农业劳动生产率，是指单位时间内所生产质量合格的农产品数量。农业劳动生产率与农产品数量成正比，而与劳动时间成反比。提高劳动生产率意味着以同等劳动时间生产出更多质量合格的农产品，或生产等量农产品耗费较少的劳动时间，或以较少的劳动时间生产更多质量合格的农产品。

农业劳动生产率亦可用质量合格的单位农产品所使用的劳动时间来表示。

农产品的生产，既有活劳动的消耗，又有物化劳动的消耗。因此，农业劳动生产率也有两种表示方式。

1. 综合劳动生产率

是综合反映活劳动和生产资料利用状况的生产率。计算综合劳动生产率的目的是：一是使人们生产单位农产品时，既注意缩短活劳动时间，也重视物化劳动的节约；二是可以为制定和调整农产品价格提供较科学的依据；三是可以从不同物质形态上，即物化劳动消耗和形成产品量的对比中，反映社会财富的消长状况。

2. 活劳动生产率

是物质资料生产部门的劳动者在单位时间内的产量指标，是反映活劳动的有效性和经济效果的一个重要指标。计算活劳动生产率的目的有：一是简便易行，在生产力水平较低的条件下，反映了单位产品中的劳动耗费量；二是可以表明单位农产品中活劳动耗费量的大小，有利于人们不断改善物质技术装备，提高农艺水平和技

术熟练程度，以节省活劳动的消耗，并在单位时间内生产更多的农产品；三是可以表明农业劳动者在单位时间内生产不同使用价值的产品数量，为国家在农业和其他部门之间以及农村内部合理分配劳动力资源提供科学的依据。

用上述两种方式计算的劳动生产率的经济指标，其变动趋势虽有一致性，但也存在着背离性。如单位农产品中活劳动消耗的减少，并非在一切情况下都标志着综合劳动生产率的增长，当物化劳动消耗的增长超过了活劳动消耗的减少，就会导致综合劳动生产率的降低。

由于劳动生产率的两种表示方式不同，其含义也有差异，所以在考察农业劳动生产率时，不能只注意一种表示方式而抛弃另一种表示方式。但是由于物化劳动折算劳动时间困难，综合劳动生产率难以计算，因此在实际应用中，一般以计算活劳动生产率为主。

(二) 农业劳动生产率评价的经济指标

评价、衡量农业劳动生产率的水平，有直接指标和间接指标两大类。

1. 直接指标

一般是指用活劳动时间计算的劳动生产率（活劳动生产率）。

对于活劳动时间，一般可采用三种不同的时间作为计算单位。

(1) "人年"指标

即以平均每一个劳动力一年内所生产的质量合格的产品数量或总产值（或净产值或总收入或净收入）作为劳动生产率的指标。这个指标能综合反映农业劳动生产率和劳动力利用率。因为按"人年"计算的劳动生产率决定于两个因素，即平均每一个劳动力全年内参加生产的工作日数和平均每一个工作日生产的产品数量。这是一个具有重要国民经济意义的指标。

(2) "人工日"指标

即平均每个劳动力一天生产的质量合格的产品数量。以"人工日"为计算单位，能比较准确地反映劳动生产率水平。但农业生产有季节性，不同的季节工作日有长有短，在不同的季节使用这个指标就缺乏可比性。

(3) "人工时"指标

即平均每个劳动力一小时所生产的质量合格的产品数量。以"人工时"为计算单位，更能准确地反映劳动生产率的状况。但因农业生产周期长，不容易取得准确的资料。

在采用活劳动时间计算农业劳动生产率时，为了使计算出来的活劳动生产率比较接近完全生产率，在用价值表示时，可减去已消耗的生产资料的价值，即用净产值来表示。

利用这个指标计算农业劳动生产率时,为了剔除价格变动的影响,在按价值比较不同时期的劳动生产率时,应按不变价格计算。

2. 间接指标

为了及时考察农业生产过程中各项作业的劳动状况,还有必要采用单位时间所完成的工作量来表明劳动效率。

如一个小时内耕了多少亩地,收割了多少亩庄稼等。在运用这个指标时,要注意和劳动生产率结合起来进行分析。它同劳动生产率在一般情况下是一致的。但是,也可能发生不一致的现象,如由于技术措施不当,劳动质量不高,以及自然灾害等多种原因,常常造成二者的不一致。因此,不能片面强调劳动效率,必须在采用正确技术措施的条件下,在保证质量和不误农时的前提下,提高劳动效率。

以上各种指标及计算方法各有不同的意义和作用,实际运用时既可视其具体情况而选择,也可以根据不同的目的分别采用。一般可以先用不同的指标分别考察,然后经过综合分析,得出结论。

(三) 提高农业劳动生产率的意义

农业劳动生产率的提高,标志着包含在单位产品中劳动总量的减少。这是生产力发展的结果,又是发展生产力的源泉,是建设社会主义物质技术基础的决定性因素。其意义在于:

1. 提高农业劳动生产率,是发展农业经济的根本途径

农业经济的发展,有两个途径:其一是增加劳动量投放,其二是提高劳动生产率。增加劳动量的投放,在农业经济发展中潜力固然很大,但从长远来看,它毕竟要受到劳动者及土地等因素的限制。只有提高劳动生产率,才能降低单位产品中的劳动消耗,增加社会财富的总量。

2. 提高农业劳动生产率,有利于增加企业积累

马克思曾指出:"社会劳动生产率的发展成为积累的最强有力的杠杆。"由于农业劳动生产率的提高增加了剩余产品的价值,从部门来说,可以节省劳动耗费,降低成本,增加财富,扩大积累,为进一步扩大再生产创造条件;就整个农业经济来说,能使农业内部的财富大为增长,可以积累较多财力、物力和人力,建设新的企业,扩大和更新原有企业的设备,加速农业现代化建设的步伐。

3. 提高农业劳动生产率,有利于充分发挥农业的基础作用

农业劳动生产率的提高,意味着农业为工业和国民经济其他部门提供的农产品越来越多,工农间产品交换的内容将日益丰富。因此,只有提高农业劳动生产率,

才能充分发挥农业在国民经济中的基础作用。

4. 提高农业劳动生产率,有利于农村精神文明建设

农业劳动生产率的提高,减轻了劳动强度和缩短了劳动时间,为劳动者学习科学技术和从事文化娱乐活动提供了条件,从而能有效地提高劳动者的素质,而劳动者素质的提高,反过来又会促进农业劳动生产率的进一步提高。

(四)提高农业劳动生产率的途径

马克思指出:"劳动生产率是由多种情况决定的,其中包括:工人的平均熟练程度,科学的发展水平和它在工艺上应用的程度,生产过程的社会结合,生产资料的规模和效能,以及自然条件。"根据马克思的论述,可以归纳出影响农业劳动生产率的因素有:生产技术因素,主要是指技术革新状况,即农业现代化水平;社会因素,主要是指社会经济关系及劳动者的劳动态度、劳动组织、劳动报酬等因素;自然因素,包括地形、土壤、气候、雨量等等。这些因素决定了提高农业劳动生产率的途径有:

1. 充分合理地利用自然条件

所谓自然条件,是指地质状况、资源分布、气候条件、土壤条件等。这些均是影响农业劳动生产率的重要因素。

农业生产自始至终受自然的影响。由于自然条件不同,因而适宜发展农业生产的项目也不同。从种植业来看,同一种农作物在不同的自然条件下,投入等量劳动会有不同的生产率。因此,因地制宜地配置农业生产结构,发挥地区优势,就可以取得较多的农产品,提高劳动的自然生产率。

2. 提高农业劳动者的文化科学技术水平和技术熟练程度

马克思把劳动者的技术平均熟练程度列为劳动生产率多种因素中的首要因素,说明了大力提高农业劳动者文化科学技术水平的重要作用。

由于科学是以新的劳动工具、新的劳动对象、新的能源和新的生产技术方法进入农业物质生产领域的,因而要求劳动者具备较高的科学文化水平、丰富的生产经验和先进的劳动技能。一般来说,劳动者的技术熟练程度越高,劳动生产率也就越高。为了提高劳动者的技术熟练程度,必须大力发展文化教育、科学研究事业及推广工作。

3. 提高农业经济管理水平,合理组织农业生产劳动

按照自然规律和经济规律的要求,加强农业经济管理,提高经济管理水平,使自然资源、生产工具和劳动者在现有条件下得到最有效的组合和最节约的使用,从而达到增加产量、节约活劳动和物化劳动的目的,这对于提高农业劳动生产率具有重要作用。

4.改善农业生产条件,提高劳动者的物质技术装备水平

劳动者的技术装备状况,是衡量一个国家经济发展水平的重要标志,也是提高农业劳动生产率最重要的物质条件。劳动者的技术装备水平提高,生产效能也就越高。而要提高劳动者的技术装备水平,就要发展科学技术。只有科学技术的不断发展,才能革新生产工具,扩大劳动对象的范围和数量,从而有效地提高农业劳动生产率。

5.加强农业基础设施建设力度,提升农机装备水平

一是继续增加对农业和农村发展的财政投入,加强支农项目管理,提高支农资金使用效益。

二是准确把握国家有关农业基础设施建设的优惠政策,拓宽农业项目发展资金的筹集渠道,配套建立农业基础设施使用、管理及维护的相关机制,确保农业基础设施能够为农业现代化发展提供全面支持。

三是提升农机装备水平,积极改善农机装备结构,发展先进的大中型农业机械,走符合现代农业的机械化发展道路。

四是推进农业机械化示范园区建设,通过示范区的带动示范效应,全面推动农业机械化的发展。

6.加强农业科技创新,提高农业科技水平

一是实施农业科技振兴计划,增强农业科技自主创新能力。鼓励农业原创性成果研发,引导、支持农业专利申请。

二是完善科研人员分类管理机制,激发科技人才创新活力。加快现代农业产业技术体系建设,建立八大优势特色产业技术研发中心。

三是推进农业科技创新,加大新品种、新工艺、新材料、新技术、新装备的研发力度。

四是深化农业科技体制机制改革和科研院所改革,优化学术环境,整合山西农业大学(山西省农科院)科技资源,创新农业科技服务机制,全力推进农科教、产学研有机融合。

7.加快农业产业结构调整,提升农产品竞争力

一是以重点产业为突破口调整产业结构,按照产业全覆盖和"一县一业、一镇一特、一村一品"的产业发展思路,因地制宜发展农业,发挥地区农产品优势。

二是围绕满足居民对生活、健康养生、休闲等产品多样性的消费需求,促进现代农业产业协调发展。

三是进一步优化原料基地和农产品加工业布局,形成生产与加工、科研与产业、企业与农户相衔接、相配套的上下游产业融合格局,促进农产品就地加工转化、增

值增效。

四是大力实施特色农业提质增效工程，持续优化区域布局、产业结构和产品结构，创建特色农产品优势区和现代农业产业园，着力打造畜牧、杂粮、蔬菜、干鲜果等特色产业，全面构建现代化特色优势产业体系。

8. 推进培育新型职业农民，提升农业劳动者素质

一是明确培育主体，制订有针对性的培育方案。

要结合农业技术推广，培育农业技术骨干，同时从农业科技发展、农业发展理念、农业文化、农场管理等方面入手提升农民综合素养。

二是鼓励农业园区、农业企业建立新型职业农民实习实训基地和创业孵化基地。

三是创新培育机制。与相关高校以及与农业有关的大中专院校展开合作，实施双向培养模式，制定优惠政策，吸引更多人才支持农业发展。

9. 推进新型城镇化建设，促进农村劳动力有效转移

一是加快户籍制度改革。山西省各地应结合当地新型城镇发展状况，放宽农民进城落户条件。

二是加快培育中小城市和特色小城镇。推动小城镇发展，疏解大城市中心城区功能，带动农业现代化和农民就近城镇化。

三是促进农村一、二、三产业融合发展。搭建多层次、宽领域、广覆盖的农村三产融合发展服务平台，促进农业产业链延伸，推进农业与旅游、教育、文化、健康养老等产业深度融合，大力发展农业新型业态。

10. 正确贯彻物质利益原则

在一定的物质技术条件下，劳动者的积极性和能动性，是劳动生产率高低的决定性因素。在社会主义市场经济的初级阶段，人们奋斗和争取的一切都与他们的利益相关，因而必须用物质利益来提高劳动者的积极性、主动性和责任心。

此外，如建立健全完善的农业社会化服务体系，以解决好产前、产中、产后的系列化服务等，对提高农业劳动生产率，也具有重要作用。

四、农业劳动力的培训与质量提高

(一) 农业劳动力培训的必要性

劳动力文化科技水平的高低决定着农业生产经营活动的水平和效益。现代农业生产技术的不断提高、推广和应用，市场经济条件下商品生产经营的复杂性、多变性，以及农业甚至其他各业对科学技术和信息的依赖程度越来越大的发展趋势，都需要较高的文化知识水平；简单的传统操作方式和管理方式已跟不上时代发展的需要，

必须吸纳高新技术成果发展知识农业，增加农产品的科技含量。因此，要想快速发展农业，提高农业生产效率，就必须首先树立科教兴农的观念，将提高农业人口和农业劳动力的文化科技素质作为科教兴农的基础和根本措施，将文化科技教育投入作为生产经营投入的一个重要因素。可以说，农业劳动力的培训是百年大计。

(二) 农业劳动力培训的形式和途径

（1）结合专项科技成果，搞实用技术培训。

（2）开办农业综合技术培训班、绿色证书班、持证上岗技术培训班，对广大农民进行科技培训。

（3）在生产实践中培养科技能人，开发科技能人的创新意识，以科技能人效应带动农村经济发展。

（4）对在岗的农业科技人员进行市场经济、农业政策、高新农业技术等方面的科技讲座与短期培训，更新农业科技知识和思维方式，并且提高科技成果转化的成功率。

（5）开办农村乡镇、村级干部短训班，提高科学管理与决策水平，改变传统的生产经营方式。

第四节　农业劳动力的流动与转移

一、农业劳动力数量变动趋势

我国是人多地少的国家，农业劳动力基数大，从总体上看增长较快，但也出现过减少的现象。农业劳动力数量呈以上变动趋势的原因主要取决于城市对农村富余劳动力的吸纳能力及农村非农产业的发展。一方面，大中城市由于国有大中型企业不景气，下岗工人再就业的压力大，各地纷纷采取倾向性政策，对农村劳动力的使用实行限制政策，进一步固化原有的城乡二元经济结构。另一方面，乡镇企业近几年吸纳农村劳动力的数量有减无增。

二、农业劳动力流动

(一) 农业劳动力流动的特点

1. 以青年人特别是有文化的青年人为主体

流动的主体是文化程度较高的年轻人，在农村，向外流动的劳动力一般情况下文化程度较高，而且，以年轻人居多。

2. 男性劳动力占多数

农业劳动力流动的比例，男性明显大于女性。主要原因在于男主外、女主内的家庭自然分工，女性适合抚养子女、操持家务的劳动，在劳动力不能举家转移的条件下，一般是男性劳动力的流动。

3. 发达地区是劳动力的主要流入地

农业劳动力流动去向多为较发达的东南沿海等地区。之所以如此，一方面是因为发达地区有较多的就业机会，找到工作的可能性更大；另一方面发达地区的务工收入相对较高。农业劳动力向外流动的主要目的是增加收入，因此，劳动酬金较高的东南沿海地区是劳动力流动的主要去向。

(二) 影响农业劳动力流动的因素

1. 非农劳动收入

收入是影响农业劳动力流动就业的主导因素，农业劳动力流动就业是以收入为导向的。有调查结果表明，县外平均月收入每增加100元，农业流动劳动力选择县外就业的可能性就增加1个百分点。

2. 非农劳动技能

具有专业特长的劳动力占据优势地位。在城市劳动力市场上，具有专长的农村劳动力往往具有较强的竞争优势，既容易找到工作又有相对较高的报酬。20世纪80年代最先流入城市的农村剩余劳动力是这部分有专长的人。农村流动劳动力所具有的特长一般为电工、缝纫工、木工、泥瓦工等，他们往往可以在木材加工、室内装潢、家具生产、建筑行业、服装行业等寻找到就业门路，发挥自己的专长。

3. 农民受教育程度

受教育程度越高，接受新事物的能力和开放意识越强，更容易产生走出去的意识。受教育程度越高，越有可能接受专业技能教育，相对就业空间也越大。受教育程度高的劳动者往往可能在相对要求较高的就业岗位上工作，从而获得较高的劳动报酬，与在农村劳动形成较为明显的收入差异，进一步给受教育程度较高的劳动者以更大的转移动力。

4. 农业资源禀赋

不同地区的农民占有耕地资源具有明显差异，一般来说，农户占有耕地数量越多，向外流动转移的积极性越低。这是因为相对较丰富的资源可以解决其基本生存资料的供给，就不会轻易选择出去打工。而家庭占有的农业资源不足以解决其基本生存资料时，出去打工获取额外收入就会成为生存的选择。因此，在一定条件下，农户占有资源的丰裕程度与农民流动转移成反比关系。

三、农业富余劳动力转移

(一) 农业富余劳动力转移的含义

农业富余劳动力是指达到劳动年龄具有劳动能力的人口与农业生产实际需要的劳动力的差额。我国作为世界人口最多的国家,人多地少是基本国情,长期以来面临着农业劳动力过剩的问题。农业富余劳动力转移是指随着经济的发展,从事农业生产的劳动力从农业生产部门中分离出来,转向工业、商业、交通运输业和其他服务性行业。农业富余劳动力转移,是调整农村产业结构、发展农业生产力、促进社会进步和农村稳定的必然要求。

(二) 我国农业富余劳动力转移的模式

从农业劳动力转移的一般规律看,伴随着工业化和城镇化的发展,农业劳动力将会绝对减少,因为大量农业劳动力从农业转移到二、三产业,从农村转移到城市是已经实现现代化国家的基本经验。我国人口众多,经济基础薄弱,生产力水平低,这种特殊的国情决定我国农业劳动力转移既要遵守一般规律,也要从国情出发,走出一条与国情相适应的农业劳动力转移道路。总结改革开放以来我国农业劳动力转移的历程,农业富余劳动力转移主要有以下两种模式:

1. "离土不离乡"模式

即主张工业化超前,城市化滞后。这种模式的运行轨迹是:农业富余劳动力的吸收,主要依托乡镇企业,乡镇企业可以用低廉的成本与城市现代部门竞争,并连续地把利润用于扩大再生产,就可以使得农业富余劳动力不断被吸收。在20世纪80年代,我国富余劳动力的转移主要采取这种模式。

2. "离土又离乡"模式

即主张工业化和城市化同步发展。这种模式的运行轨迹是:农业富余劳动力的吸收,主要依靠城市现代工业部门,工业部门将利润连续用于再投资,便可在低起点上使现代工业部门不断扩大,吸收农业富余劳动力。这种模式的依据在于城市规模和经济效益成正比的规律,城市越大待业率越低,劳动力向城市集中,有利于节约用地。若让农民"离土不离乡",随着农村住房条件改善,人口增加,将占用大量土地,造成土地的进一步流失。

从历史发展进程的角度看,20世纪80年代我国主要是以"离土不离乡"就地转移的模式为主体,进入90年代以后,农民的跨区域流动形成了较大的规模。农民用自身的实践打破了这种就地转移的模式。1998年以后,伴随着我国政府加快小城镇建设政策的出台，农业劳动力开始向城市和小城镇转移。从未来的发展趋势看，我国农业劳动力转移要遵循世界各国发展的共同规律，即向城市转移。但这毕竟是一个历史的进程，并且必须以工业化、城市化的发展为条件。

(三) 农业富余劳动力转移的途径

1. 建立城乡一体、竞争有序的劳动力市场

我国农业富余劳动力的转移实质上是劳动力在农业、农村非农产业、城市正规部门和城市非正规部门间资源重新配置的过程，目前我国的劳动力市场严重阻碍了农业富余劳动力的转移。因此深化制度改革，建立统一、开放、竞争、有序的劳动力市场，使劳动力在各市场上自由流动是促进农业富余劳动力转移的关键。

(1) 深化户籍制度改革，逐步消除城乡劳动市场的分割状况。改革开放以来，虽然市场对劳动力配置方面的作用日益加大，但迄今尚未形成城乡统一的劳动力市场，城乡劳动力市场仍然存在着由制度性因素造成的分割，其中户籍制度就是难以逾越的障碍。我国户籍制度的改革可以采取循序渐进的方式，可先在小城镇实行新的户籍管理制度，在取得局部突破的基础上，再循序展开。目前，在小城镇，非农业户口已没有多少特权，改革现行户籍制度的条件已经具备。从长远看，城乡隔离的户籍管理制度最终将要取消。

(2) 完善社会保障制度，使城乡居民都享受到统一的社会保障。一方面建立劳动力市场风险防范机制，国家、企业、个人都缴纳保障基金，建立多层次、多渠道社会保障体系；另一方面完善资本市场，拓展社会保障投资融资渠道，提高资金利用率，降低投资风险。

(3) 大力发展多种形式的劳动就业中介组织，逐步形成包括就业信息、咨询、职业介绍和培训在内的社会化的就业服务体系，帮助劳动力对转移成本、收益、风险方面做出正确的判断，以减少因盲目流动而遭受的损失。

(4) 完善城乡统一的劳动力就业管理制度。各级政府部门应取消对农业富余劳动力进城务工的不合理限制和歧视性做法，充分利用自己掌握的社会资源，为农业富余劳动力的流动提供信息、政策和法律等服务，为农业富余劳动力的有序转移创造良好的外部环境。

2. 加强小城镇建设

积极稳妥地推进小城镇建设是转移农业富余劳动力的有效路径。小城镇具有更接近农村，农民进城的门槛和转移的难度、风险较低等优势，加快小城镇建设可以为具有较高就业弹性的第三产业的迅速发展创造有利条件，有助于为农业富余劳动力创造新的就业机会。加快小城镇建设步伐，要解决好以下问题。

(1) 科学规划、合理布局，建立多层次城镇化体系，集中人、财、物重点发展县城和县城中心镇，选择一些交通发达、基础较好、有一定的聚集效应和扩散效应的农村小城镇，建立小城市，实现农业富余劳动力彻底转移。

(2) 在产业方面，小城镇要立足城乡接合处的区位优势和资源优势，依托农业产业化和农村服务体系社会化，大力发展农副产品的加工、贸易、运输及开发等。

(3) 加强农村地区小城镇的交通、供水、供电、通信、文化娱乐等基础设施和公用设施建设，为农业富余劳动力转移提供平台。

3. 继续扶持与引导乡镇企业的发展，提高其就业容量

在新的环境下，必须对乡镇企业进行准确的定位，进而保证乡镇企业持续发展和就业容量不断提高。

(1) 改革乡镇企业产权制度

乡镇企业的产权制度改革必须朝着现代企业制度的方向前进。从我国目前农村的生产力发展水平出发，乡镇企业产权制度的现实选择应该是股份合作制，即农民以土地经营权、资金、技术、信息、劳力等生产要素作为股份，组建股份合作制企业。

(2) 调整乡镇企业内部结构

乡镇企业应当改变以往第二产业比重过高的局面，大力发展具有区域特色和比较优势的农产品加工业，通过产业链条延伸将农业富余劳动力从单纯的初级农产品生产领域转移到加工、流通领域。积极发展交通运输和商业饮食服务业等传统的农村第三产业和金融保险、科技服务、通信、旅游等新兴第三产业，推动农业富余劳动力向第三产业转移，以缓解农业富余劳动力跨地区流动的压力。

4. 提高农业劳动力综合素质

要加大中央及省级财政对农村基础教育的支持力度，在普及义务教育的基础上加快发展职业教育，特别是与农业生产和农村经济发展相适应的初、中、高等职业教育，加强对外出务工农民的专业化技术培训，通过开展农村劳动力的专业技能培训、文化培训和职业教育，提高富余劳动力在非农业和城市的适应能力。同时，要加强农村公共卫生和农民医疗保险制度建设，不断提升农民的生活质量和健康水平，从而为农业富余劳动力的顺利转移创造一个良好的条件。

第四章 农业资金与科技管理

第一节 农业资金管理

一、农业资金的内涵和特点

(一) 农业资金的内涵

农业资金是指农业再生产过程中不断循环和周转的价值形态,是农业再生产过程中所占用的物质财富和劳动的货币形态。

为了更好地把握农业资金的概念,可以从以下几个方面理解:

(1) 从实质上讲,农业资金是农业内部或外部对农业进行投资所产生的一种资金流量。若是农业外部投资主体对农业进行投资,表现为农业资金的流入;若是农业内部投资主体对农业进行投资,则表现为农业资金的周转。

(2) 从形式上讲,农业资金一般表现为货币形式。不论是国家财政拨款,银行贷款,还是农户自有资金,一般都表现为一定数量的货币资金。因为在市场经济条件下,农业资金能很快转换为其他农业生产要素。

(3) 从来源看,农业资金的投入主体呈现多元化。在市场经济条件中,农户是农业生产的主体,也是农业资金投入的重要主体,此外,还包括国家财政、农业金融机构、民间投资主体、国外农业投资主体等。

(4) 从涉及范围来看,农业资金不仅涉及农业的生产领域(包括广义农业,即种植业、林业、畜牧业、渔业等),还包括农产品的初步加工、农产品销售以及农业科研、设施和其他农业公共服务领域。

总之,农业资金作为农业再生产过程中价值运动的表现形式,涉及的范围很广,要想真正理解其概念,保证农业再生产顺利进行,必须从农业资金的本质上加以把握。

(二) 农业资金的运动特点

随着农业自然再生产和再生产过程的不断进行,农业中的资金不断变换着自身的形态和类型,进行着周而复始的循环周转运动。由于农业生产是自然再生产和经济再生产交织在一起的过程,受自然因素的影响较大,因此,为了使用和管理好农业中的资金,必须了解农业中资金的运动特点。农业中资金运动的特点主要表现在以下几个方面:

1. 农业资金运动具有很强的季节性

农业劳动时间和生产时间不一致,形成农业生产明显的季节性,所以,农业资金的运动也具有很强的季节性,必须按照季节储备和投放资金,并且也只有到季节才能收回资金。

2. 农业资金的周转期长,周转速度慢

由于农业生产受动植物生长发育的自然规律的限制,各个阶段都有一定的时间性,农业资金从投入回收需要较长的时间,不能像在工业生产中,可以较容易地按照人们的意愿来缩短生产周期,而且周转速度也慢。

3. 农业资金利用率低

一方面,农业生产是在广阔的土地上进行的,属于露天作业,肥料、农药、种子等物质资料投入容易造成浪费和失散;另一方面,农业是多部门生产,品种多,作业项目复杂,各自需要的作业器具专用性强,通用性受到限制,因而决定了农业生产成本一般不稳定,利用率偏低。

4. 农业资金的需求和补偿具有很大的不稳定性

农业生产不仅受市场价格变化的影响,而且还受自然条件变化的影响,容易遭受自然灾害,致使农业生产的成果不稳定。这种不稳定性在农业资金运动上表现也很明显。风调雨顺收成好时,用于农业扩大再生产的农业资金就多,反之,歉收年份,用于农业扩大再生产的农业资金就少,造成农业资金的需求和补偿具有很大的不稳定性。

5. 农业资金运动的不完全性

农产品既是农业生产的最终产品,又是重新加入农业再生产过程的生产资料,具有生产资料和生活资料的双重用途。在我国,农业处于自给、半自给经济的阶段,农业生产资料的一部分由农业企业自身提供,无需购买,同时,农产品成品的一部分留作农业企业自用,不经过流通过程转化为货币。这与工业资金的运动周转,存在着显著的差别。

6. 农业资金收益的外部性

农业生产不仅创造大量农业产品,而且附带较大的生态效益和社会效益。因此,农业资金投入的收益就产生了外部性。在完全市场条件中,外部性会使得农业资金的私人投入量明显小于社会最优水平。

7. 农业资金的政策性

在发达的经济体系中,农业是受保护和支持的产业。在市场经济条件下,政府往往通过农业资金来干预农业主体的行为,以各种农业补贴、公共投资、公共服务等形式来达到发展农业生产的目的。因此,在国家的农业计划中,农业资金往往和一定的农业政策联系在一起。

二、农业资金的筹集和使用

农业资金的筹集是指农业生产部门、企事业单位及个人,为了满足其生产经营,通过一定的渠道,运用适当的方式,有效地筹集所需资金的财务活动。资金筹集是企业财务活动的起点,筹资活动是企业生存、发展的基本前提。

(一) 农业资金的来源

目前,我国农业资金来源渠道已形成多样化的特征,农业资金基本来源于投入资金、借入资金和利用外资三个渠道。

1. 投入资金

(1) 财政投入资金

国家财政预算中用于农业的各项投资支出,主要有:为国有农业生产单位核拨基本建设资金和流动资金;为科研、教育、气象等部门及所属事业单位核拨经费;专项投资根治河道、兴建水库、水电站、营造防护林、治理沙漠、保护草场等;对于一些以生产单位自筹资金为主的生产项目,国家也给予适量的资金补助,如农田水利、水土保持、养殖基础设施、农科网建设补助等无偿投资;国家支持农业生产的各种补贴资金,如直接补贴、良种补贴、农机补贴和农业资源综合补贴等。此外,地方财政预算外资金、农业主管部门自筹资金经批准用于农业的各项支出,以及提高农副产品的收购价格、减免税费等也属国家在资金上对农业的支持。

(2) 自有资金

指农业生产经营单位依靠自身积累形成的资金,包括农村企业自有资金和农户自有资金以及合作经济组织自有资金等。农户是最主要的农业生产主体,也是农业资金最主要的投资主体。我国农村实行家庭联产承包经营体制以来,农业生产资金大都来源于农户自身的投入。农业企业可以将自留资金转化为生产经营资金。农业合作组织也在与农业紧密联系中成为农业投资的主体。

(3) 吸收各方面的直接投资

所谓直接投资即以取得红利为投资报酬的形式,而不以取得利息为投资的报酬形式的投资。这方面的资金来源主要包括通过合股经营、横向联合等方式吸收的资金。它是我国改革开放以后逐步发展起来的筹资方式，具有广阔的发展前景。我国今后应当在农村资金的筹措上，很好地利用这种形式。

2. 借入资金

借入资金指农业生产经营者向银行、信用社等金融机构取得贷款及结算中的债务、外资贷款等，这部分资金只能在一定期限内周转使用，到期必须还本、付息。这里的农业生产经营者包括农户和农业生产企业。

(1) 银行和信用社贷款

由国家银行、信用合作社等专业金融机构，吸收存款筹集农业资金，支持农业生产经营，是筹集农业资金的重要渠道。它主要包括银行信贷资金和农村信用社信贷资金。企业申请贷款，主要经过以下基本步骤：提出借款申请、银行审批、签订贷款合同、取得贷款、归还贷款。

(2) 民间借贷

民间借贷行为在我国农村很多地区普遍存在。各种互助会、私人钱庄、储贷协会、基金会、典当行等，都是民间金融组织的变体。民间借贷资金有两种情况：一种是亲友间的无息贷款；一种是民间的"高利贷"（高利贷是指贷款利率高于银行同期贷款利率的三倍以上）。

3. 利用外资

随着经济开放和资本的国际流动，利用外资成为农业资金的新来源。利用外资分为吸收国外直接投资和借用国外贷款两种方式。吸收国外直接投资主要方式有引进外资企业（外商独资）、合作生产、合资经营、劳务合作、补偿贸易等形式。借用国外贷款主要有：①国际金融组织贷款，如世界银行贷款、联合国所属机构的各种基金贷款等。②外国政府贷款，即外国政府为支援某些特定项目的建设所提供的有息（一般为中长期、中低利）、无息优惠贷款。

（二）农业资金的投放

1. 农业资金投放的概念

农业资金的投放，就是把筹集到的农业资金，根据不同经济阶段农业发展的需要和有关政策，确定正确的投资方向、时间、数量和结构，把有限的资金合理分配到一定的地区、部门和项目，并加以科学管理，以求收到最好的经济效益、社会效益和生态效益。

2. 农业资金投放的原则

农业资金的投放，必须以提高经济效益为中心，把发展速度与经济效益统一起来。从长远看，要重视对农业基础设施、工程建设、农业教育、科研和技术推广等方面的投资，逐步加强农业的物质技术基础，改善农业生态环境条件，保证农业生产持续稳定发展。从近期看，要保证当前生产的顺利进行，提供质高量多的农产品，并使农民生活不断得到改善。具体来讲，主要遵循以下几个原则：

(1) 统筹安排原则

统筹安排原则包括资金来源的统一筹措和资金流向的统一安排。

(2) 突出重点原则

重点投放包括因效益不同而选择的重点地区和重点项目，要兼顾社会平衡发展。对某些粮食产区、畜牧业区、生态恢复地区和老少边穷等地，要重点考虑，优先发展。

(3) 讲求实效原则

资金投放一定要进行可行性研究，择优投放，择优建设，资金投放一定要以经济效益为中心，同时，要尽可能实现经济效益、社会效益、生态效益的统一。

三、农业资金的循环和周转

(一) 农业资金的循环和周转的概念

在农业生产经营活动中，从货币资金开始，经过若干阶段，又回到货币资金形态的运动过程，叫作资金循环。资金周而复始地循环，叫作资金的周转。货币资金的循环一般分为两个部分：一是使用货币资金购买原材料进行生产，生产成品和支付劳动报酬，生产成品销售后变为货币资金；二是使用货币资金购买固定资产，通过折旧，使其价值转入产品，经产品销售变为货币资金，从货币资金开始又回到货币资金所需的时间，就是生产经营周期即营业周期。

(二) 农业流动资金循环与周转

1. 流动资金的概念

流动资金是指垫支在生产过程和流通过程中使用的周转金。它不断地从一种形态转化为另一种形态，其价值一次性转移到产品成本中去。但在实践中，为了简化核算手续，把一些价值低，使用时间短的材料，也列入流动资金管理，如低值易耗品。

2. 流动资金的特点

(1) 流动性

流动资金在生产经营过程中，依次经过供应、生产、销售三个过程的固定次序，不断地经一种形态转化为另一种形态，从一个阶段过渡到另一个阶段，依次循环往复，完成一次循环的时间不超过一年或一个营业周期。

(2) 并存性

在生产过程中，流动资金总是同时以各种不同形态，并列地存在于周转运动的每一个阶段上，即在时间上是继起的，在空间上是并存的。

(3) 波动性

流动资金在各个时期的占用都不是固定不变的，随着产、供、销条件的变化和经营的好坏而波动起伏，时多时少，时高时低。

3. 农业流动资金的组成

农业流动资金由处于生产领域中的储备资金、生产资金和处于流通领域中的成品资金、货币资金、结算资金等部分组成。以农业企业流动资金为例，其组成主要包括：

(1) 储备资金

储备资金指各种储备物资所占用的资金，它包括原材料、种子、饲料、农药、肥料、燃料及修理材料等。

(2) 生产资金

生产资金指在生产过程中占用的资金。

(3) 成品资金

成品资金指待销产品所占用的资金。

(4) 货币资金

货币资金指银行存款和库存现金及其他货币资金。

(5) 结算资金

结算资金指企业在供应、销售和内部结算过程中所发生的应收、预付款项等。

4. 农业流动资金的循环与周转

农业生产不断进行的过程，也就是流动资金不断循环和周转的过程。流动资金从货币形态开始，依次经过供应、生产、销售三个阶段，表现为三种不同的存在形态，最后又回到货币形态，这就是流动资金的整个循环过程。这里必须指出，用来满足农业自身再生产需要的那部分农产品，不经过销售，直接转为储备物资或直接投入再生产过程，因而就形成了流动资金的局部小循环过程。这反映了农业生产特点对流动资金周转的影响。

5. 加速流动资金周转的途径

(1) 改善物资储备供应，加强计划性。防止盲目采购，制定合理的消耗储备定额，健全保管责任制，及时处理积压物资，减少储备资金的占用量。

(2) 建立合理的生产结构，实行农、工、商综合经营。专业化生产有利于节约和使用各种原材料，从而有利于加速资金周转。但农业生产周期长，有强烈的季节性，并且专业化生产又有收支集中的缺点。这就要求尽可能缩短生产周期，开展多种经营，因地制宜地把不同生产周期的生产项目结合起来，使资金在全年均衡分布，使资金周转加速。

（3）及时组织产品销售，加速结算回收货款。要加强贷款计划性，合理使用信贷资金，减少成品资金和结算资金的占用量。

（三）农业固定资金循环与周转

1. 固定资金概念及特点

固定资金是指垫支在劳动资料方面的资金。它是农业生产经营活动所需的建筑物、机械设备、运输工具、役畜、多年生果树、林木等实物形态固定资产的货币表现。列入固定资产核算的劳动资料，必须同时具备两个条件：一是使用年限在一年以上；二是单位价值在规定年限以上。不同时具备这两个条件的劳动资料，不列入固定资金核算管理。

固定资产的特点是由固定资产的特性决定的。固定资产可多次参加生产经营过程而不改变其实物形态，它的价值随着在使用中的磨损逐步转移到产品成本中去，并通过折旧的方式，从产品销售收入中得到补偿收回。所以，固定资金周转速度比较慢，需要经历固定资产整个使用时期才能周转一次，在此期间，固定资产一部分价值存在于实物形态上；另一部分价值则分离出去变为货币，以货币形式存在。

2. 固定资产计价

固定资产按货币计量单位进行计算的方法有三种。①原始价值：指建造、购置或以其他方式取得某项固定资产所支付的货币总额。②折余价值：指固定资产的原始价值减去已折旧后的净额，又称净值。③重置价值：指按当前的市场价格和生产条件，重新购置同样的全新固定资产所需的全部支出，又称现行成本或重置成本。

3. 固定资产的折旧

固定资产的折旧是指固定资产在使用过程中因损耗而转移到产品上去的那部分价值。固定资产的损耗分为有形损耗和无形损耗两种形式。有形损耗指固定资产由于使用和自然力的作用而逐渐丧失其物理性能的损耗。无形损耗指固定资产由于科学技术进步和劳动生产率提高所引起的固定资产价值的损耗。

为了保证收入与费用的正确配比以及固定资产更新所需的资金，企业必须在固定资产的有效作用期内计提固定资产折旧。企业房屋和建筑物、在用的机器设备和仪器仪表及运输工具、季节性使用和修理停用的设备、融资租入以及经营租赁方式租出的固定资产应计提折旧。未使用的、不需用的固定资产，以经营租赁方式租入的固定资产，已提足折旧继续使用的固定资产，提前报废的固定资产，以前年度已经估价单独入账的土地。固定资产折旧，从固定资产投入使用月份的次月起按月计提；停止使用的固定资产，从停用月份的次月起停止计提。

4. 固定资产折旧的计算方法

(1) 平均年限法

平均年限法又称直线法，就是按固定资产预计使用年限平均计算折旧的方法。农业企业一般采用这种方法，尤其适用于农田水利设施、房屋建筑等。其优点是简便易行。其计算公式为：

$$年折旧率 = \frac{固定资产年折旧率}{固定资产原值}$$

$$固定资年折旧率 = \frac{固定资产原值 - 预计净残值}{总使用年限}$$

在实际工作中，固定资产的折旧额，往往是按固定资产的折旧率来计算的，其计算公式为：

$$月折旧率 = 年折旧率 / 12$$

(2) 工作量法

工作量法是以固定资产折旧总额除以预计使用期内可以完成的总行驶里程（或总工作时间），求得每行驶里程（或每工作时间）折旧额的方法。这种方法适用于收割机、拖拉机、汽车等农用设备计算折旧。其计算公式为：

$$每行驶里程（或每工作时间）折旧率 = \frac{固定资产原值 - 预计净残值}{预计总行驶里程（或总工作时间）}$$

或

$$每行驶里程（或每工作时间）折旧率 = \frac{原始价值 \times (1 - 预计净残值)}{预计总行驶里程（或总工作时间）}$$

年折旧额 = 全年总行驶里程（或总工作时间）× 每行驶里程（或每工作时间）折旧额

(3) 双倍余额递减法

采用双倍余额递减法，是根据期初固定资产折余价值乘以双倍余额递减法折旧率，确定年折旧额的方法。一般适用于农业企业中设备技术更新期较短的先进设备计提折旧。其计算公式为：

$$双倍余额递减法折旧率 = 平均年限法计算的折旧率 \times 2$$

或

$$折旧率 = \frac{2}{折旧年限} \times 100\%$$

年折旧额＝年初固定资产折余价值 × 双倍余额递减法折旧率

(4) 年数总和法

采用年数总和法，是根据固定资产折旧总额乘以递减分数（折旧率），确定年度折旧额的方法。其计算公式为：

$$固定资产年折旧率 = \frac{折旧年限 - 已使用年数}{折旧年限 \times (折旧年限 + 1)/2} \times 100\%$$

固定资产月折旧率 ＝ 年折旧率 /12

固定资产月折旧额 ＝ 固定资产折旧总额 × 月折旧率

固定资产月折旧额 ＝（固定资产原始价值 － 预计净残值）

后两种方法属于加速折旧的方法。

5. 固定资产的循环

固定资产循环是指从固定资产投入使用，经过计提折旧形成折旧基金，到固定资产报废、清理、重新购回新固定资产的业务活动过程。农业生产单位用货币资金购买固定资产，即固定资产物化形态。固定资产的价值在使用中逐步减少，以折旧的方式转移到产成品中。出售产品时收回货币资金。有时出售固定资产也可使之变为货币资金。

6. 加快固定资金周转的途径

一是增置合理的固定资产。防止增置不必要或与企业生产规模不适应的固定资产，否则，大量的资金长期垫支在某些固定资产上，造成浪费。对不使用的固定资产要及时处理，不使其积压。二是提高固定资产的利用率。因为在一年内固定资产投入生产的时间越多，在生产中发挥的作用就越大，其价值转移也就越快，周转的时间也就可以缩短。三是正确计算固定资产折旧。四是实行经济责任制，建立和健全固定资产的保管、维修使用和改造制度，使固定资产经常处于技术完好的状态，延长使用寿命，提高固定资产的生产能力和利用率。

四、农业资金管理效率财务评价指标

(一) 农业资金财务评价的对象及目标

财务评价目标是整个资金管理的核心和归宿。综观农业资金管理效率财务评价的全过程，主要控制目标为：

1. 资金到位控制

资金到位控制的对象是各级财政配套资金和项目单位及项目区农民群众自筹现金部分。控制的基本方法是按照分级控制的原则，上级财政对下级财政可以采取报

账提款方式进行控制。

2. 资金拨付控制

拨付资金财务评价对象主要是在各级财政系统内运转的资金，即拨付性资金。控制的依据是农业综合开发专款专用、专账核算、专人管理的"三专"管理。控制的目标主要是及时性，即每一级财政拨付的时间要求。

3. 资金效益控制

资金效益控制对象是整个农业资金流过程。控制依据是农业资金管理效率财务评价的各项规定。控制方式是财政监督、审计监督和社会监督，目标是形成一个全方位、全过程的监督体系。

(二) 农业资金财务评价指标体系设计的原则

1. 客观公正原则

农业资金的投入和产出过程较为复杂和难以理解，使得财务评价很容易受到主观因素的影响，从而为满足评价者的不同目的提供了机会。因此，在评价农业资金内部业绩时，评价者必须以超然独立的立场和胜任的能力加以判断。如能以客观的立场评价优劣，公平的态度评价得失，合理的方法度量农业资金内部业绩，方能减少农业资金财务评价工作的人为因素的影响。

2. 科学合理原则

一个有效的财务评价指标体系的设计，必须反映出农业资金独有的特征。农业资金内部财务评价体系既可沿用传统绩效评价体系中的一些指标，又要兼顾自身特点，科学地制定一些其他的指标。农业资金的研究与开发过程、创新能力、知识资产贡献等方面与农业资金的利润指标之间的关系较为模糊，且难以量化，因此，应使用科学合理的方法对这些方面进行评价。

3. 简明适用原则

传统财务评价指标在评价农业资金业绩中，显得过于片面和简单，容易错误地反映农业资金的真实业绩。但如果在构建农业资金内部财务评价指标体系中面面俱到，制定出许多高深而又精密的指标，必然会导致评价者无所适从。所以必须抓住农业资金的特点，找出其本质的东西，制定出一些关键的、可操作性指标。否则，财务评价系统便不能为组织成员所认同和接受，就有可能无视它的存在，或是不甚情愿地遵守。这样提供的信息很可能是不准确、不及时、不客观的。因此，一个良好的财务评价系统，必须尽可能地按使用者的需要设计。

4. 服务目标原则

将农业资金的总目标分解成分目标落实到各个部门，再加以分工，使得每个部门的每位人员都明确自己的工作方向和工作内容。财务评价的客体是既定的工作结果，即被评价人员实现目标的程度。所以财务评价指标应该服务于个人、部门、农业资金的目标。内部财务评价指标应能从影响农业资金目标的几个关键因素的评价中，发现阻碍农业资金目标实现的一些问题，为管理人员进行经营决策提供及时而又详细的资料。

(三) 农业资金管理效率财务评价指标体系的建立

1. 盈利能力指标

盈利能力指标是农业资金生存发展的灵魂。盈利能力就是农业资金赚取利润的能力。为此，农业资金通过投入资本和借入资本盈利能力的评价来加强内部资本的财务管理。财务资本是工业经济时代的战略性资本，而随着新经济时代的到来，知识资本比财务资本更具战略性。知识资本化后，农业资金应研究对知识资本的构成、培养、筹措、运营及效率评价的指标。为此，以知识和智力资产收益率为代表来评价其盈利能力指标。

2. 财务效益指标

财务效益指标是构成农业资金经营业绩的核心内容。经营业绩主要体现在农业资金的财务效益指标上，即农业资金的资产(资本)收益能力。所有者或投资者关心的是资本能否实现保值增值，所投资本能否带来预期的回报(心理预期)，或者是否低于银行存款利率的现实回报(理论预期)，而债权人关心的是借出资本的安全，但债权安全也要以农业资金良好的经营效益作为保障。没有正常的利润回报，农业资金将无力偿还债权人的债务。对于反映农业资金经营业绩的其他方面，如农业资金的成长性等也必须以农业资金良好的财务效益为基础。

3. 资产营运指标

资产营运指标是提高农业资金经营业绩的重要途径。资产营运指标指农业资金资产的周转情况，反映农业资金占用经济资源的利用效率。农业资金的经济资源是以资本—资产—费用—收益—资本进行循环，周而复始地运转，并在周转过程中赚取利润。作为农业资金的经营目标之一，就是要保证实际所有资产能够得到有效利用，通过加快周转速度创造更多的价值。资产利用效率可以反映出农业资金的生产指标和经营者的资产管理水平，是经营业绩评价不可或缺的内容。

4. 偿债能力指标

偿债能力指标是农业资金安全性的重要体现。农业资金偿还短期债务和长期债务的能力强弱，是农业资金经济实力和财务指标的重要体现，也是衡量农业资金是否稳健经营、财务风险大小的重要尺度。在市场经济体制下，市场竞争日益激烈，每项农业资金都存在资不抵债或无力偿还到期债务而导致破产的风险。因此，必须重视农业资金偿债能力的评价。农业资金经营业绩财务评价指标体系采用的主要是国际上较为通用的指标，如资产负债率、已获利息倍数。这些指标可以从不同角度反映农业资金的偿债能力、财务风险和安全指标。

5. 发展能力指标

发展能力指标是农业资金未来价值的源泉。无论是出资者还是债权人，都十分关注农业资金的发展能力或成长性。因为它不仅关系到农业资金的持续存在问题，也关系到出资人的未来收益和债权人长期债权的风险程度。对农业资金发展能力的评价，可以在一定程度上防止农业资金经营者的短期行为，促进农业资金稳定、健康地发展。评价指标是根据评价主体和评价目标的需要而设计，以指标形式体现的，能反映评价客体特征的因素。反映农业资金经营业绩好坏的因素有财务方面的，也有非财务方面的。据此，农业资金经营业绩可从财务指标和非财务指标两方面来评价。但形成和保持核心竞争力的创新、争取客户、提高内部生产经营水平和职员素质，最终都要落实到农业资金财务目标上来，即农业资金效益最大化。这是农业资金经营业绩评价的宗旨。很显然，财务评价指标直接与农业资金的财务目标相衔接，并且有综合反映农业资金经营业绩的功能。

第二节 农业科技管理

一、农业科技管理的内涵和特点

（一）农业科技管理的内涵

农业科技是农业科学和农业技术的总称，是揭示农业市场领域发展规律的知识体系及其生产应用成果的总称，是整个社会科学技术中的一个重要组成部分。其基本特征是生物发展规律在农业生产领域中的应用。

所谓农业科学是探索农业生产的自然规律和经济规律的应用科学，主要包括农业生物科学、农业环境科学、农业工程科学和农业经济科学。

所谓农业技术是指农业生产、经营规律中的手段与工艺，主要包括农业劳动手段、农业工艺方法以及掌握这些手段和方法的技能体系。

农业科技管理是指政府、农业科研院所和农业企业等对农业各项生产技术活动进行科技研究、实验、示范、推广、运用等过程，行使各种管理职能，使各项科研成果能最大限度地将潜在生产力转化为现实生产力。

(二) 农业科技管理的特点

(1) 农业科研要求有一定数量的试验用地场所。这是农业科研比较特殊的地方。农业生产是自然再生产和经济再生产交织在一起的过程，农业科研不仅要有资金，还要有试验用地场所。

(2) 农业科研劳动和其他各项科研劳动一样，具有继承性、探索性和创造性等特点。

(3) 农业科研管理者要为农业科研创造必要的条件。如选育良种，采用异地繁殖和使用人工气箱或气室等措施。

(4) 科研单位的中心工作是从事农业科学研究，其产品为科研成果。

二、农业科技管理的过程

农业科技管理的过程包括农业科技研制管理、农业科技推广管理和农业科技采用管理。

(一) 农业科技研制管理

农业科技研制管理即制订符合国家关于科学技术工作的方针、政策和发展规划，组织与实施农业科研项目。农业科技研制管理是对人力、物力、财力、资源进行优化整合的管理行为。

(二) 农业科技推广管理

农业科技推广管理即在一定科学理论指导下，进行试验研究、技术推广、技术措施方案实施、技术经济效果分析评价等的管理工作。

(三) 农业科技采用管理

农业科技采用管理即在示范、推广的基础上，促进科技成果的进村入户，鼓励农户采用农业科技的管理工作。

三、农业科技进步

(一) 农业科技进步的概念

农业科技进步是指人类对原有农业技术的改造、革新或研究，开发出新的农业技术以提高农产品产量，改善农产品品质，降低生产成本，提高生产率，减轻劳动强度，节约能源和改善生态环境等。既能提高投入产出比率和产品质量，又能重组诸投入要素的配置结构，降低单位产品成本，使原有的要素投入组合发挥更大的效用而增产增收。在既增加要素投入又有科技进步的情况下，从产出增量扣除新增要素投入量所带来的那一部分，剩余的新增产出就是科技进步的作用。

农业科技进步的基本内涵不仅是指农业科技自身的发展或提高，而且还包括农业科技意识、农业科技人才、农业科技投入和农业科技效益等方面的发展或提高。

(二) 农业科技进步的特点

第一，农业科技进步具有综合性。农业生产涉及多方面领域，研究开发需要多领域学科合作。

第二，农业科技进步具有渐进性。研究开发周期长，渐进式的技术进步。

第三，农业科技进步具有地域性。农业科技应用因各区域自然条件的差异而不同，农业科技成果往往只适合于特定地区使用。

第四，新技术应用效果的不确定性。农业科技应用存在自然风险和经济风险，农业新技术的预期技术效果并不一定能够实现。

(三) 农业科技进步的作用

1. 农业科技进步不断提高劳动生产率

农业科技进步为农业提供大量先进的各类农具、农业机械、运输工具、生产性建筑设施等，从而改善和提高现有农业生产技术装备水平，提高劳动生产率，生产规模效益化，成本降低，提高投入产出率。

2. 农业科技进步不断提高土地生产率

农业科技进步为农业不断提供高质量的生产资料、先进适用的耕作技术等，改善和提高各种农艺技术水平，提高土地生产率。

3. 农业科技进步优化农业和农村产业结构

农业科技进步，如新品种研制、农产品深加工、农业信息化的发展等，促进新兴产业和主导产业的发展，推进了农业和农村产业结构调整。

4. 农业科技进步使农民劳动方式和生活方式发生重大变化

农业技术进步使农民的劳动条件不断改善，劳动强度不断降低，收入水平不断提高，从而调动农民推进技术进步的积极性，促使农民努力学习与掌握科学文化知识和劳动技能。先进的农业科学技术一旦被农民掌握，必将引起农民思想行为的一系列变化，改变传统的价值观念、劳动方式和生活习惯。

(四) 推进农业科技进步的措施

1. 加快农业科技成果产业化

科技成果转化率低是全国普遍存在的现象。科技成果转化为商品时追求最大转化效益的过程就叫作科技成果产业化。科技成果只有转化为现实生产力，对社会进步才能产生尽可能大的推动作用，即追求转化的最大效益。

2. 完善农业技术推广体系

将技术可靠、有推广前景的农业科技成果进行示范推广，加速其商品化、产业化进程。具体来说，是选择正确的农业科技推广实施方案，因地制宜地选择农业实用技术，建立示范基地，组织科技推广专家进行农业科技推广。

3. 提高农民素质

科技进步是农业现代化建设的有力支撑和强大驱动，必须加快农业中关键技术的创新和推广应用，农民的素质提高有利于新的科学技术推广试验、科技成果的转化。

四、农业技术推广

(一) 农业技术推广的概念

农业技术推广是指将农业适用技术，通过实验、示范、宣传和培训等方法向农业生产转移和扩散，是把农业科学技术这个潜在的生产力转变为现实生产力的重要手段。农业技术推广是联系农业科学技术研究与农业生产实践之间的桥梁。只有大力开展农业推广，才能使农业科学技术由潜在的生产力转化为现实生产力。同时，也只有搞好农业技术推广工作才能及时反馈农业科技成果在农业生产实践中应用的信息，从而更好地推动农业科学技术的研究与开发。

农业技术推广工作的好坏，关键看是否有一个完善的农业技术推广体系。目前，中国已基本形成以政府农业技术推广机构为主体的多元化农技推广系统（包括政府支持兴办的种植业、林业、畜牧业、水产业、农业机械化及水利等六个技术推广体系以及农民专业技术协会），为农业技术推广事业的发展作出了重大贡献。但是，中国农业技术推广体系还不够完善，存在着体系不够健全、机制不够合理、经费不足、技术市场不完善、推广队伍不稳定与人员素质不高等问题，加上其他原因导致了中国农业科技成果转化率仅为30%～40%的局面，与发达国家60%～80%的科技成果转化率相比存在很大差距。因此，必须切实搞好农业技术推广体系建设。

(二) 农业技术推广的一般程序

1. 选定推广项目

推广项目的来源主要有四个方面：科研成果、引进技术、农民生产经验和推广部门的技术改造项目。科研成果是指本地区农业科研部门提供的项目。引进技术是指从其他国家和本国其他地区农业科研部门引入的科研成果。这两项技术主要是通过人才和信息获得。农民生产经验是指当地农民在生产实践过程中摸索出来的先进生产方法，这类技术土生土长很适合本地环境。推广部门的技术改造项目是推广人员在推广过程中对所推广技术做进一步改进和完善，使推广的技术成果更显著，这是推广人员的研究成果。选择推广项目要对有关的各种因素进行综合的分析比较，确定最适宜的科研成果作为推广项目。

2. 推广实验

推广实验也称中间试验或区域试验，是从科研到生产之间的关键环节。农业新技术大多是在实验室或试验站里发明或发现的，想要有效推广扩散，就必须解决由人工的试验条件到自然的大田生产环境，由小规模生产到大规模生产，由单项技术到综合实际生产所遇到的适应性和各种技术、经济问题。推广试验的作用有以下几点：

（1）验证小区试验成果，为成果鉴定提供依据。农业科研的小区试验阶段有较大的局限性。首先，小区试验面积小，试验条件和生产条件差异甚大。其次，小区试验也可能由于试点、取样、调查、研究等方面的人为误差，使试验数据不是十分准确，试验结论不是十分可靠。中间试验可使"小试"结果得到进一步验证，纠正误差。

（2）在不同区域试验，明确其适应范围和技术环节，利于因地制宜地推广利用。

（3）完善和发展"小试"结果，在中间试验阶段，由更多接近生产、熟悉生产的人参与工作，他们不仅能对中间试验项目做出客观评价，而且使试验通过他们的实践，还能提出新的建议，使试验有所改进，技术更完善。

（4）中间试验起到示范作用，加快了技术推广的速度。

3. 示范

示范是指推广工作者在田地里直接教农民如何使用推广项目的一整套操作方法。示范是推广的一个重要阶段，其主要任务是选择示范田和示范户，使新技术迅速有效地在本地扩散开来。一旦选定了示范田和示范户，推广者应与示范户农民保持密切联系，向他们传授有关的操作方法，提供有效的信息和必要的物质帮助。

4. 推广

在示范的基础上，证明该项技术在该地区的推广价值后，即可大面积推广。

5. 反馈和改进研究

试验、示范和推广过程是科技成果的检验过程，在试验、示范和推广过程中发现的问题，应该及时反馈给科研部门，以便作出解释或进行深入研究。

五、农业科技创新

(一) 农业科技创新的概念

农业科技创新研究的是农业领域内客观存在的未知世界，通过农业科学家的工作发现未知领域和新的科学方法。农业科技创新同其他产业科技创新相比，有其自身的特点：一是农业科技创新既受生物生命自然规律的支配，也受社会经济发展规律的制约；二是农业科技创新所需的时间和周期同其他产业相比较长；三是农业经济发展受自然环境影响较大、地域变异性较强，同其他产业相比，农业科技创新领域宽、类型多、数量大。

(二) 农业科技创新的内容

1. 科技体制创新

目前，我国农业科技体制主要存在以下几方面的问题：一是脱节，即农业科研、教育、生产三者严重脱节；二是分离，农业产前、产中、产后服务分离；三是重复，科研课题简单重复、低水平重复，一个课题在这个部门申请立项了，又在另一个部门申请立项，一个课题今年已经立项完成了，明年又在另一部门（或场合）申请立项资助，造成资源浪费；四是重叠，现有科研管理体系条块分割、多头管理、机构重叠。现有农业科技体制越来越不能适应社会主义市场经济的要求，必须下决心改革。

2. 科学研究创新

为了适应21世纪的要求，使我国由"农业大国"向"农业强国""经济强国"迈进，必须高度重视农业科学研究工作，大力加强农业科研工作，并大力提倡农业科学的创新性研究。为了使我国农业科研早出成果、快出成果、出大成果，同时又有利于农业科技人才的培养、使用和脱颖而出，我国农业科研应进行下列创新研究：一是要瞄准国际前沿，站在面向21世纪的高度上，搞好农业基础研究；二是围绕国家目标，针对我国的具体国情和战略目标，抓好应用研究和开发研究。

3. 成果评价和鉴定创新

进入21世纪，我国实行社会主义市场经济之后，对科研工作的管理日益加强，并建立了一套行之有效的管理体系，取得了一定的成效。但不容否定的是，在我国科技管理工作中尚存在不少问题，尤其是在成果评价和鉴定方面，仍存在突出问题，要搞好农业科技创新，必须大胆地改革现有科技成果评价和鉴定制度，建立一套全新的成果评价和鉴定体系，使科技成果能真正得到客观、公正的评价和肯定。

4.技术推广和普及创新

我国农业科技推广工作滞后，影响了农业科技成果转化率和科技在农业增长中的贡献率，制约了我国农业的发展。具体表现在：推广体系不健全、技术成熟度不高、推广经费不足、农民素质较低等方面。为了推进农业技术的更新与革命，加快以科技推广和普及为重点的农业科技进步，提高农业科技成果转化率和科技对农业增长的贡献率，必须对我国农业技术推广和普及工作进行改革、创新。

要做到"一健全"，即尽快健全各地、各级农业技术推广、服务网络体系，做到县、乡、村有推广站，省、市有推广中心，并配备必要的农业科技人员和相应的仪器、设备、设施及应有的工作条件、推广经费等。"二转变"，一是工作重心转变，将推广工作的重心由以"技术"为中心转变为以"农民"为中心，真正将农技推广工作的重心转变为"面向农民、面向农业、面向农村"；二是推广机制转变，真正实现由目前农技推广单纯伪造行政手段转变为依靠行政手段和市场机制的有机结合，并逐步强化市场机制的功能。"三结合"，即科研、示范、推广三者结合，有利于农业技术的推广。"四到位"，即将技术、资金、物资和优惠政策及时送到千家万户，送到农民手中，这是农技推广、普及工作得以"生根—开花—结果"的关键所在。

5.成果转化和应用创新

将农业科研成果尽快转化为生产力，使之大面积应用于农业生产是加速我国农业科技进步，实施科教兴国战略的重要内容。然而，目前我国在农业科技成果转化和应用方面尚存在诸多问题，如转化率低、应用面不广、转化意识不强、运行机制不健全等。现阶段，农业科技管理体制仍实行多关管理，各部门、各系统各自为政，彼此间缺乏有机联系和组织协调。

6.人才培养和使用创新

人才是事业成败的关键，现代社会的一切竞争归根到底是人才的竞争。要搞好我国农业科技创新，必须高度重视人才的培养和使用，并在人才的培训、教育、就业、晋升、奖励、使用等各个环节上、机制上、方式方法上有所突破和创新。

(三)建立有效的农业科技创新体系

1.建立高效的宏观管理体系

农业科技管理创新是技术创新的组织保障，必须建立农科教相结合的科技运行机制。一要强化农科教领导小组的协调统筹功能。二要建立专家委员会及重大科研项目管理机制。政府管理部门的主要任务是制定规划、政策、法规，进行宏观调控和组织协调。农科教结合领导小组下设专家委员会，负责对政府拨款的重大科研项目进行论证、评估等微观管理，实行公开招标、竞争立项、目标控制的办法。三要加强调动科技人员积极性的人才管理制度及配套制度建设，完善选拔、使用、培养、考核等管理制度。

2. 建立人才培养创新体系

当前农业结构的优化不仅对科技人员提出更高的要求，而且对劳动者、管理者的素质也有更高的要求。必须造就一支宏大的高质量农业科技队伍，采取有效措施，加强农业科技队伍建设。一是发挥高等农业教育系统培养人才的主力军作用，培养造就高水平的学术人才，增长他们的才干。二要培养一支精干的农业科技队伍，建立"学科制"人才培养创新体系，促进形成新的人才培养机制、人才使用和人才资源优化配置机制、人才流动机制、人才竞争机制。建立激励机制，制定符合我国国情的农业科研、教学机构人员的收入分配政策，大幅度提高优秀科研、教学人员收入水平。同时，必须采用多种形式、多种渠道培养一批科技企业家、科技管理人才、技术推广人才及新型农民，以有效推动产业结构调整步伐。

3. 建立多元化的农业科技投入体系

逐步建立以政府投入为主、多渠道并存的、多元化的农业科技投入机制。采取必要的措施与政策，加大对农业科技创新的投入。支持农业科技创新体系的建立，努力保证应用基础研究、高新技术研究、重大科学技术和联合攻关以及新技术转化推广的资金需要，必须把增加农业科技投入作为增加农业投入的重点。

农业科技创新的投入资金，也需要充分发挥市场和社会需求对农业科技进步的导向和推动作用，鼓励企业、社会向农业科研和成果开发进行投入。农业科研单位要广开思路，将自己的科研成果通过股份制或利用信贷资金等形式，兴办科技企业，促进科技成果产业化。要积极吸收外资，争取国际科技合作与援助。

4. 制定产业技术政策

从我国实际出发，迫切需要一系列具有强大政策导向作用和长远意义的产业技术政策。在产业技术政策中，体现以产品创新和产品市场创新为中心，对那些技术含量高、市场潜力大、产品附加值高的农业产业予以重点扶持，加速其产业化。建立比较系统的产业鼓励政策、优惠政策、风险分担政策、财政扶持政策、金融扶持政策、税收优惠政策、知识产权保护政策等，推动农业科技创新，从而促进农业生产结构调整。

第五章　农民专业合作及其管理

第一节　农民专业合作社概述

一、农民专业合作社的内涵

(一) 农民专业合作社的概念

根据《中华人民共和国农民专业合作社法》(简称《农民专业合作社法》)第二条规定，农民专业合作社是指在农村家庭承包经营基础上，农产品的生产经营者或者农业生产经营服务的提供者、利用者，自愿联合、民主管理的互助性经济组织。例如，蔬菜专业合作社、水果专业合作社、水产专业合作社、农机专业合作社等。

《农民专业合作社法》强调在农村家庭承包经营的基础上组建农民专业合作社，旨在确保农村土地基本政策的稳定性与连续性。自愿原则体现在农民入社自由和退社自由。

(二) 农民专业合作社的特征

我国农民专业合作社与以公司为代表的企业法人一样，是独立的市场经济主体，具有法人资格，享有生产经营自主权，受法律保护，任何单位和个人都不得侵犯其合法权益，其特征如下所述。

1. 农民专业合作社是一种经济组织

其与只为成员提供技术、信息等服务，不从事营利性经营活动的农民专业技术协会、农产品行业协会等专业合作经济组织不同，农民专业合作社是从事经营活动的实体型农民专业合作经济组织，也就是说，农民专业合作社是一种经济组织。

2. 农民专业合作社建立在农村家庭承包经营基础之上

农村土地的家庭承包经营制度，是党在农村的基本政策。农民专业合作社建立在农村家庭承包经营基础之上，保证了其成员是以农民为主体。当前，我国正处于传统农业向现代农业的转型期，多种经营主体并存的局面将长期存在，传统的农民概念也在发生变化，农民的身份概念将逐渐淡化，职业农民的概念将会逐渐被人们接受。但是，从我国的现实国情和未来发展趋势看，在相当长时期内，我国农村从事家庭承包经营生产的传统小农户仍然占大多数，法律依然应当首先支持和保护拥有家庭承包经营权、经营农业、收入主要来源于农业的农民。

3. 农民专业合作社是专业的经济组织

农民专业合作社是农产品的生产经营者或者农业生产经营服务的提供者、利用者联合组成的，其经营服务的内容具有很强的专业性，主要是为成员提供生产经营服务。例如，实践中一些农民专业合作社在管理上采取"六统一"：统一引进新品种、新技术；统一提供技术和信息服务；统一采购农药、种子等生产资料；统一组织销售；统一承接国家涉农建设项目等优惠扶持政策；统一开展法律、文化等社会事业服务。

4. 农民专业合作社是自愿联合、民主管理的经济组织

任何单位和个人都不得违背农民意愿，以指导、扶持和服务等名义强迫他们成立或者加入农民专业合作社。农民专业合作社的各成员不论是否出资、出资多少，在合作社内部的地位都是平等的，实行民主管理，在成员大会的选举和表决上，实行一人一票制，成员都享有一票基本表决权。农民专业合作社在运行过程中应当始终体现"民办、民有、民管、民受益"的精神。

5. 农民专业合作社是互助性质的经济组织

农民专业合作社是农产品的生产经营者或者农业生产经营服务的提供者、利用者以自我服务为目的而成立的，通过合作互助扩大规模、提高效益，完成单个农民办不了、办不好、办了不合算的事。这种互助性的特点，决定了它以成员为主要服务对象，决定了"以服务成员为宗旨，谋求全体成员的共同利益"的经营原则。

二、农民专业合作社的模式

目前，我国农民专业合作社主要有以下3种基本模式。

（一）农民为控制者或创办者的农民专业合作社

农民为控制者或创办者的农民专业合作社是指农民在该合作社的产权结构中占据主导地位的合作社。这些专业合作社在决策机制上，有的实行成员中每股一票，也有的实行成员中每人一票，还有的合作社在成员中每人一票的基础上，附加一定的表决权，一般会形成"农民专业合作社＋农户"的模式。

（二）相关组织为控制者或创办者的农民专业合作社

相关组织为控制者或创办者的农民专业合作社的主导者，是涉农的准政府组织、政府组织及其下属机构。这种合作社一般会依托当地资源，与当地主要产业发

展相结合，大力发展专业化生产，也便于形成"中介机构 + 农民专业合作社 + 农户"的模式。

(三) 企业为控制者或创办者的农民专业合作社

企业为控制者或创办者的农民专业合作社通常由企业控制着，通过对合作社进行直接管理，并且利用企业的资金优势组织生产经营活动，主要形成一种"企业 + 农民专业合作社 + 农户"的模式。

三、农民专业合作社的原则

(一) 成员以农民为主体

这是为了坚持农民专业合作社为农民服务的宗旨，发挥农民专业合作社在解决"三农"问题中的作用，使农民真正成为农民专业合作社的主人，有效地表达自己的意愿，并防止他人利用、操纵农民专业合作社。根据《农民专业合作社法》对成员的规定，一方面，合作社的成员并不是单一的农民，企业、事业单位或者社会团体也可以成为合作社的成员；另一方面，合作社成员主要由农民组成，而且农民不少于成员总数的80%，成员人数在20人以下的，允许一个从事与农民专业合作社业务直接有关的生产经营活动的企业、事业单位或者社会组织进入；成员人数超过20人的，其也不得超过成员总数的5%。

(二) 以服务成员为宗旨，谋求全体成员的共同利益

一方面，农民专业合作社以其成员为主要服务对象，坚持以服务成员为宗旨。农民入社后，可以享受农民专业合作社提供的产前、产中、产后服务，以更好地发展生产，农民专业合作社则将成员分散生产的农产品和需要的服务集中起来，以规模化的方式进入市场，改变了单个农民的市场弱势地位。另一方面，农民专业合作社为成员服务，还必须坚持谋求全体成员的共同利益。不论是农民个人还是企业等团体成员，加入合作社都是为了享受农民专业合作社提供的服务，合作社本质上是成员共同利益的联合体，这种共同利益是成员间进行合作、开展一致行动的基础，只有谋求共同利益才能保证全体成员的利益最大化。

(三) 入社自愿、退社自由

农民专业合作社是互助性经济组织，凡具有民事行为能力的公民，能够利用农民专业合作社提供的服务，承认并遵守农民专业合作社章程，履行章程规定入社手

续的，就可以成为农民专业合作社的成员。农民可以自愿加入一个或者多个农民专业合作社，入社不改变承包经营；农民也可以依法自由退出农民专业合作社，终止其成员资格。农民退社后，农民专业合作社应当按照章程规定的方式和期限，退还记载在该成员账户内的出资额和公积金份额，返还其成员资格终止前的可分配盈余；资格终止的成员应当按照章程规定分摊资格终止前本社的亏损及债务。

(四) 成员地位平等，实行民主管理

《农民专业合作社法》从农民专业合作社的组织机构和保证农民成员对本社的民主管理两个方面作了规定：一是农民专业合作社必须设立成员大会，作为农民专业合作社的权力机构，并依法定期和临时召开；二是农民专业合作社成员大会选举和表决，实行一人一票制，成员各享有一票的基本表决权，成员可以通过民主程序直接参与本社的生产经营活动。

(五) 盈余主要按照成员与农民专业合作社的交易量(额)比例返还

盈余分配方式是农民专业合作社与其他经济组织的主要区别，为了体现盈余主要按成员与本社的交易量(额)比例返还的基本原则，保护一般成员和出资较多成员两个方面的积极性，《农民专业合作社法》规定：可分配盈余主要按照成员与本社的交易量(额)比例返还，可分配盈余按成员与本社的交易量(额)比例返还的返还总额不得低于可分配盈余的60%；返还后的剩余部分，以成员账户中记载的出资额和公积金份额，以及本社接受国家财政直接补助和他人捐赠形成的财产平均量化到成员的份额，按比例分配给本社成员。具体分配办法按照章程规定或者经成员大会决议确定。

四、发展农民专业合作社的意义

农民专业合作社是社会主义市场经济体制下产生的一种全新的市场主体组织形式。它的产生源于实行家庭承包后，农民因生产资料购买、农产品销售、生产技术欠缺而产生的通过市场获得服务的需求。它的发展动力源于市场竞争。

成立农民专业合作社可以实现成员生产经营的规模经济。农民专业合作社通过集体销售成员的农产品，集体为成员采购农业生产资料以及集体利用农业基础设施、大中型农机具，集体收集市场信息等，降低了成员的平均生产成本，提高劳动生产率，实现了规模经济。

(一) 降低成员交易成本

农民专业合作社统一向成员提供市场信息、产品销售、投入品购买、技术服

务等，降低了成员个人在收集信息、与商户讨价还价、实施商业合同等环节的交易成本。

(二)减少成员生产经营的不确定性和风险

农民专业合作社通过为成员签订供货或销售合同、提供稳定的销售或供货渠道，降低了成员因价格波动带来的市场风险和投入的不确定性。

(三)改善成员的市场竞争地位

农民专业合作社为成员提供了市场购销中讨价还价的机会，提升了成员在购买产品和服务以及销售产品和服务中与商家的谈判权。

第二节　农民专业合作社设立

一、农民专业合作社设立的条件

依据《农民专业合作社法》的规定，设立农民专业合作社应当具备下列条件。

(一)农民专业合作社成员

农民专业合作社的主体是广大农民，发动他们入社、扩大社员数量是发展合作社的重要工作。

1. 农民专业合作社成员的要求

设立农民专业合作社，应有5名以上符合规定的成员。

《农民专业合作社法》规定，具有民事行为能力的公民，以及从事与农民专业合作社业务直接有关的生产经营活动的企业、事业单位或者社会组织，可以成为农民专业合作社的成员。但是，具有管理公共事务职能的单位不得加入农民专业合作社。

2. 农民专业合作社成员的构成

成员分为自然人和单位。自然人又分为农民和城镇居民，单位又分为企业和非企业单位。自然人以个人作为一名合作社成员，单位以整体作为一名合作社成员。《农民专业合作社法》规定，农民专业合作社的成员中，农民至少应当占成员总数的80%。成员总数20人以下的，可以有一个企业、事业单位或者社会组织成员；成员总数超过20人的，企业、事业单位和社会组织成员不得超过成员总数的5%。

3. 农民专业合作社成员的权利和义务

(1) 农民专业合作社成员享有的权利

第一，参加成员大会，并享有表决权、选举权和被选举权，按照章程规定对本社实行民主管理。

第二，利用本社提供的服务和生产经营设施。

第三，按照章程规定或者成员大会决议分享盈余。

第四，查阅本社的章程、成员名册、成员大会或者成员代表大会记录、理事会会议决议、监事会会议决议、财务会计报告、会计账簿和财务审计报告。

第五，章程规定的其他权利。

(2) 农民专业合作社成员承担的义务

第一，执行成员大会、成员代表大会和理事会的决议。

第二，按照章程规定向本社出资。

第三，按照章程规定与本社进行交易。

第四，按照章程规定承担亏损。

第五，章程规定的其他义务。

(二) 制定章程

设立农民专业合作社，应有符合《农民专业合作社法》规定的章程。

1. 制定合作社章程的意义

农民专业合作社章程是在遵循国家法律法规、政策规定的条件下，由全体成员制定的，并由全体成员共同遵守的行为准则。农民专业合作社章程的制定是设立农民专业合作社的必备条件和必经程序，也是其自治特征的重要体现，在合作社的运行中具有极其重要的作用。首先，章程规定了某个合作社的具体制度，这些制度不仅涉及每个成员的权利与义务，而且决定了一个合作社是否能够生存与实现发展这一重大问题。其次，章程有公示作用，有利于债权人、社会公众、政府等利益相关方更加了解合作社，也有利于农民专业合作社接受外界的监督和服务。最后，制定章程和按照章程兴办合作社是合作社享受国家有关优惠政策的一项重要依据。因此，制定好章程，并按照章程办事，是办好一个合作社的关键。

2. 农民专业合作社章程的内容

按照《农民专业合作社法》的规定，农民专业合作社章程应当载明下列事项。

(1) 名称和住所。

(2) 业务范围。

(3) 成员资格及入社、退社和除名。

(4) 成员的权利和义务。

(5) 组织机构及其产生办法、职权、任期、议事规则。

(6) 成员的出资方式、出资额，成员出资的转让、继承、担保。

(7) 财务管理和盈余分配、亏损处理。

(8) 章程修改程序。

(9) 解散事由和清算办法。

(10) 公告事项及发布方式。

(11) 附加表决权的设立、行使方式和行使范围。

(12) 需要载明的其他事项。

3. 制定章程的注意事项

在制定章程的时候，不仅要参照《农民专业合作社示范章程》，还要从本社的实际出发，对以下4个方面加以注意。

(1) 以遵守法律法规为原则。章程的内容必须符合相关的法律法规，如果与之矛盾则章程无效，而且会给合作社的发展、成员的利益带来负面影响。

(2) 充分发扬民主。章程的制定必须发扬民主，由全体成员共同讨论形成。章程应当是全体设立人真实意思的表示。在制定过程中，每个设立人必须充分发表自己的意见，每条每款必须取得一致。只有充分发扬民主制定出来的章程，才能对每个成员起到约束作用，才能很好地得到遵循，才能调动各方面参与合作社的管理与发展的积极性。

(3) 内容力求完善。合作社章程在制定过程中，要对相应的事项尽量规定详细，这样才可以在以后出现问题时有章可循，防止一个人说了算的现象发生。强调合作社章程的完善，并不是要求事无巨细地作出规定，而是就重大事项进行原则性规定。同时，章程的完善也有一个过程，可以在发展中逐步完善。

(4) 按法定程序制定和修改章程。为保障全体设立人在对章程认可上的真实性，应当采用书面形式，由每个设立人在章程上签名、盖章。章程在合作社的存续期内不是一成不变的，是可以逐步完善的；但是，修改章程是要经由成员大会作出修改章程的决议。

4. 合作社章程的贯彻与执行

章程作为农民专业合作社依法制定的重要规范性文件，作为农民专业合作社的组织和行为的基本准则，对理事长、理事会成员、执行监事或者监事会成员等合作社的所有成员都具有约束力，必须严格遵守并执行。

合作社的章程一般是原则性规定。在合作社的兴办过程中，还可以根据发展的实际需要，制定若干个专项管理制度。对某个方面的事项作出具体规定，进而把章程的规定进一步细化和落到实处。一般而言，合作社可以制定成员大会、成员代表大会、理事会、监事会的议事规则，管理人员、工作人员岗位责任制度，劳动人事制度，产品购销制度，产品质量安全制度，集体资产管理和使用制度。这些制度的制定，有的需要由理事会研究决定，有的还需要成员大会研究通过，并向成员公示，以便成员监督执行。

需要指出的是，章程作为农民专业合作社的内部规章，其效力仅限于本社和相关当事人。章程是法律以外的行为规范，由农民专业合作社自己来执行，无须国家强制力保证实施。当出现违反章程的行为时，只要该行为不违反法律，就由农民专业合作社自行解决。

(三) 设置组织机构

设立农民专业合作社，应有符合《农民专业合作社法》规定的组织机构。

1. 权力机构——成员大会

成员大会是由全体成员组成的，农民专业合作社成员超过150人的，可设立成员大会。

农民专业合作社召开成员大会，出席人数应当达到成员总数的2/3以上。

成员大会选举或者作出决议，应当由本社成员表决权的总数过半数通过；作出修改章程或者合并、分立、解散，以及设立、加入联合社的决议应当由本社成员表决权总数的2/3以上通过。

2. 执行机构——理事会

农民专业合作社设理事长一名，可以设理事会。理事长为本社的法定代表人。

理事会会议的表决，实行一人一票制。重大事项集体讨论，并经2/3以上理事同意方可形成决定。理事个人对某项决议有不同意见时，其意见记入会议记录并签名。理事会会议邀请执行监事或者监事长、经理和若干成员代表列席，列席者无表决权。

3. 监督机构——执行监事或监事会

农民专业合作社可以设执行监事或者监事会。理事长、理事、经理和财务会计人员不得兼任监事。

理事长、理事、执行监事或者监事会成员，通过成员大会从本社成员中选举产生，依照本法和章程的规定行使职权，对成员大会负责。监事会会议的表决，实行一人一票制。

(四) 确定名称和住所

设立农民专业合作社，应有符合法律、行政法规规定的名称和章程确定的住所。

1.农民专业合作社的名称

农民专业合作社的名称是指合作社用以相互区别的固定称呼，是合作社人格特定化的标志，也是合作社设立、登记并开展经营活动的必要条件。一般来说，农民专业合作社的名称可以由行政区划、字号、行业性质和"专业合作社"字样依次组成。例如，天津绿缘食用菌专业合作社、广东省鹤山市盛农种养专业合作社。

农民专业合作社依法享有名称权，并以自己的名义从事生产经营活动，其名称受到相关法律保护，任何单位和个人不得侵犯。农民专业合作社只准使用一个名称，在登记机关辖区内不得与登记注册的同行业农民专业合作社名称相同。

2.合作社的住所

住所是指法律上确认的合作社的主要经营场所，它是注册登记的事项之一。如果在经营过程中住所发生变更，必须再次办理变更登记。经工商部门登记的住所只有一个，住所的选址可以是专门的办公场所，也可以是某个成员的家庭住址，但必须是所在登记机关辖区范围内。

(五) 成员出资

设立农民专业合作社，应由符合章程规定的成员出资。

农民专业合作社成员可以用货币出资，也可以用实物、知识产权、土地经营权、林权等可以用货币估价并可以依法转让的非货币财产，以及章程规定的其他方式作价出资；法律、行政法规规定不得作为出资的财产除外。

成员以非货币方式出资的，由全体成员评估作价。以非货币方式作价出资的成员与以货币方式出资的成员享受同等权利，承担相同义务，成员出资经审核同意后可以转让给本社其他成员，合作社按实际出资向本社成员颁发成员证书，并载明成员的出资额。

农民专业合作社成员不得以对该社或者其他成员的债权，充抵出资；不得以缴纳的出资，抵销对该社或者其他成员的债务。

二、农民专业合作社设立的流程

农民专业合作社设立的条件成熟后，即可由全体设立人指定的代表或者委托的代理人向登记机关提交材料，进行注册登记。

(一) 提交材料

申请设立农民专业合作社，应当由全体设立人指定的代表或者委托的代理人向登记机关提交下列文件。

1. 登记申请书

填写农民专业合作社登记申请书须知。

(1) 农民专业合作社名称依次由行政区划、字号、行业性质、组织形式组成。名称中的行政区划是指农民专业合作社住所所在地的县级以上(包括市辖区)行政区划名称。名称中的字号应当由2个以上的汉字组成,可以使用农民专业合作社成员的姓名做字号,但不得使用县级以上行政区划名称作字号。名称中的行业性质应当反映农民专业合作社的业务范围或者经营特点。名称中的组织形式应当标明"专业合作社"字样。

(2) 填写住所应当标明住所所在县(市、区)、乡(镇)及村、街道的门牌号码。

(3) 农民专业合作社申请登记的业务范围中有法律、行政法规和国务院决定规定必须在登记前报经批准的项目,应当提交有关的许可证书或者批准文件复印件。

(4) 农民专业合作社设立时自愿成为该社成员的人为设立人。

(5) 提交文件、证件复印件应当使用A4纸。

(6) 应当使用钢笔、毛笔或签字笔工整地填写表格或签名。

(7) 以上需设立人或出资成员签署的,设立人或出资成员为自然人的由本人签名;自然人以外的设立人加盖公章。

2. 全体设立人签名、盖章的设立大会纪要

农民专业合作社设立大会纪要由全体设立人签名、盖章。设立人为自然人的,由其签名;设立人为企业、事业单位或者社会团体的,由单位盖公章。

3. 全体设立人签名、盖章的章程

为切实贯彻落实新修订的《农民专业合作社法》,准确体现法律修订的目的,更好地发挥农民专业合作社章程的作用,为扩大农民专业合作社制定符合法律要求和自身特点的章程提供参照和遵循,农业农村部于2018年12月发布了修订后的《农民专业合作社示范章程》。

4. 法定代表人、理事的任职文件及身份证明

法定代表人、理事的任职文件及身份证明。

5. 出资成员签名、盖章的出资清单

只要有出资成员签名、盖章即可,无须其他机构的验资证明。

填写农民专业合作社成员出资清单须知。

(1) 出资方式:农民专业合作社成员以货币作为出资的填写"货币"。以实物、知识产权等可以用货币估价并可以依法转让的非货币财产作为出资的,填写非货币财产的具体种类,如房屋、农业机械、注册商标等。

(2) 出资额是成员以货币出资的数额,或者成员以非货币财产出资由全体成员

评估作价的货币数额。

（3）出资成员是自然人的由本人签名，是单位的由其盖公章。单位盖章可以加盖在出资清单的空白处。

（4）因出资成员多，出资清单写不下的，可另备页面载明。

（5）应当使用钢笔、毛笔或签字笔工整地填写表格和签名。

6. 住所使用证明

农民专业合作社以成员自有场所作为住所的，应当提交该社有权使用的证明和场所的产权证明；租用他人场所的，应当提交租赁协议和场所的产权证明；因场所在农村没有房管部门颁发产权证明的，可提交场所所在地村委会出具的证明。

7. 法律、行政法规规定的其他文件

法律、行政法规规定的其他文件，如指定代表或委托代理人的证明、农民专业合作社名称预先核准申请表等。此外，农民专业合作社的业务范围有属于法律、行政法规或者国务院规定在登记前须经批准的项目，如农药生产经营、种畜禽生产经营等，应当提交有关批准文件。

（二）领取营业执照

登记机关应当自受理登记申请之日起20日内办理完毕，向符合登记条件的申请者颁发营业执照，登记类型为农民专业合作社。申请者可以按照相应的日期领取营业执照。

（三）刻印公章

农民专业合作社营业执照下发后，需到公安机关（或行政许可大厅公安特许窗口），依据《公安部印章管理办法》提交农民专业合作社法人营业执照复印件、法人代表身份证复印件、经办人身份证复印件等材料后刻印公章。目前专业合作社需要的公章有行政章、财务专用章、法人代表章共3枚。

（四）银行开户

公章刻印后，到任意一家商业银行（一般是农村信用社或农业银行），依据《银行账户管理办法》提交合作社法人营业执照及其复印件、法定代表人的身份证及其复印件、经办人员身份证明原件、相关授权文件办理账号和账户，以及电子结算密钥等。

（五）政府机关备案

办理完银行手续后，需要到所在地乡镇政府的农业经济办公室办理登记，登记时需要携带营业执照、合作社简介（简介注明：理事长名字、电话、合作社办公地址、邮箱）等资料；最后到市场监督部门备案，备案时需要提交法人营业执照复印件、组织机构代码证书复印件、农民专业合作社法人代表身份证复印件、税务登记证正副本复印件等资料。

第三节　农民专业合作社联合社设立

一、农民专业合作社联合社的概念

农民专业合作社联合社是指3个以上的农民专业合作社，在自愿的基础上，依照《农民专业合作社法》登记出资联合成立的经济组织。

农民专业合作社联合社可取得法人资格，领取营业执照，登记类型为农民专业合作社联合社。

二、农民专业合作社联合社的类型

(一) 生产型农民专业合作社联合社

生产型农民专业合作社联合社是立足于某一类农产品生产，通过联合更多的农民专业合作社迅速扩大规模来达到减少生产成本、提高经营效益的一种生产者联盟。

生产型农民专业合作社联合社一般具有以下特点：主要生产某地区的某一种名、特、优农产品；积极吸纳相同产品的合作社加入，以尽快达到一定的生产规模，获得规模经济；着重提高生产的标准化、机械化、现代化水平，并尝试开展初加工、直供直销等业务，向产业链上下游延伸；需要经营实力突出、声誉较好的合作社牵头和政府有关部门的支持。

(二) 营销型农民专业合作社联合社

营销型农民专业合作社联合社的主要经营领域为农产品产后流通及销售。通过联合不同种类的农民专业合作社来增加产品的多样性，实现供给稳定和销售盈利的一种生产加销售同盟的联合社。此类联合社是种植蔬菜、水果等合作社组建联合社的主要方式，也是当前联合社发展的主要类型。

营销型农民专业合作社联合社一般具有以下特点：主要从事蔬菜、水果和其他农产品，生产、粗加工和销售，靠近终端消费市场；大力发挥核心成员社的带动作用，与其他合作社开展深度、广度不同的业务协调；积极通过"农社对接"等方式稳固销售渠道，努力把成员合作社的产品以更少的环节、更优的价格销售出去；注重培育联合品牌，将成员合作社的农产品细分并进行差异化营销。

(三) 产业链型农民专业合作社联合社

产业链型农民专业合作社联合社也可称为一体化联合社，是以农业企业牵头的农民专业合作社为核心，以产业链协作为手段，以提高链条整体的市场响应能力和盈利水平为目的的纵向一体化联合。

产业链型农民专业合作社联合社具有以下特点：生产技术、管理方法、销售渠道等依托农业企业，企业牵头成立的合作社是组织核心；企业一般是农资生产商或农产品加工销售商，需要用产业链上下游延伸来稳定农资销售或原料收购；产业链整体协作紧密，企业一般会派出专人协助生产运营，并提供原料、技术、销售等服务。

(四) 综合型农民专业合作社联合社

综合型农民专业合作社联合社是以生产、生活社会化服务为纽带，以增强社区成员联系、提高区域经济活力为目标，通过资源整合而实现的一种区域性联合。与前面3种联合社类型相比，综合型联合社既具有经济功能，也具有社会功能。

综合型农民专业合作社联合社的特点是：根植于传统农村社区，成员分布的地域性很强，多以县、乡（镇）为边界；成员以本地区的各类合作社为主，并广泛吸纳农户、农业企业等的加入；服务内容和形式灵活多样，经营范围会根据自身需要、社区需求和市场情况不断拓展；成员主要从联合社获得各类服务，而很少与联合社发生交易。

三、发展农民专业合作社联合社的意义

随着我国农民专业合作社数量的不断壮大，农民专业合作社联合社的成立与发展逐渐具备了成员基础，走向联合成为农民专业合作社发展的必然趋势。发展农民专业合作社联合社的意义表现在如下方面。

（1）联合社可以扩大生产、销售规模，节约交易成本和费用，争得交易价格上的优惠，争取对外谈判的主动权，让社员获得更多的经济实惠。

（2）联合社可以解决单个合作社难以解决的问题，满足社员对服务的多样化需求，如开展信用合作，实现资金互助功能。

（3）联合社可以有效避免恶性竞争，在一些地区和一些产业的问题上，携手联合，实现二次合作。

四、农民专业合作社联合社的组建

(一) 联合社组建的条件

农民专业合作社联合社与农民专业合作社类似,应当有自己的名称、组织机构和住所,由联合社全体成员制定并承认的章程,以及符合章程规定的成员出资。

(二) 联合社依法取得法人资格

《农民专业合作社法》第五十七条指出,农民专业合作社联合社依照本法登记,取得法人资格,领取营业执照,登记类型为农民专业合作社联合社。第五十八条指出,农民专业合作社联合社以其全部财产对该社的债务承担责任;农民专业合作社联合社的成员以其出资额为限,对农民专业合作社联合社承担责任。因此,农民专业合作社联合社经登记可以取得法人资格,以自己的财产对外承担责任,成员以其出资额承担有限责任。

(三) 联合社组建的流程

组建农民专业合作社联合社一般由某一行政区域内性质相同、联系较多、有联合需要和联合协议的,3个以上的农民专业合作社发出组建倡议,组建程序与合作社的设立程序基本相同,成员以每一个合作社为单位,同样需要登记、注册和备案。

2018年12月,农业农村部发布了《农民专业合作社联合社示范章程》,为广大农民专业合作社联合社制定符合法律要求和自身特点的章程提供了参照和遵循。

第四节 农民专业合作社组织运营

一、农民专业合作社组织机构与职权

农民专业合作社要依据《农民专业合作社法》建立成员(代表)大会、理事会、监事会等组织机构。各组织机构要切实履行职责,密切协调配合。

(一) 农民专业合作社成员(代表)大会

农民专业合作社成员(代表)大会是农民专业合作社的最高权力机构。

1. 成员(代表)大会的主要职权

(1) 审议、修改本社章程和各项规章制度。农民专业合作社章程的制定是设立

农民专业合作社的必备条件和必经程序，也是其自治特征的重要体现，完善的章程不仅涉及每个成员的权利与义务，而且有利于债权人、社会公众、政府等利益相关方对合作社的了解、监督和服务，还是能否享受国家有关优惠政策的重要依据。

农民专业合作社规章制度是日常运行的重要保障，包括民主议事决策制度、民主理财制度、现金收支制度、财务管理制度、会计核算制度、廉政建设制度、培训制度、成员管理制度、盈余分配制度等。

制定和修改章程、规章制度均需要本社成员表决权总数2/3以上通过。

（2）选举和罢免理事长、理事、执行监事或者监事会成员。理事长、理事、执行监事或者监事会选举工作由筹备小组主持，筹备小组制订选举工作实施方案、提名候选人名单、确定选举日期和投票地点、准备选票和票箱、确定监票人和唱票人、主持成员（代表）大会进行选举并公布选举结果。选举实行合作社成员一人（单位）一票制，采用等额或差额无记名投票方式，候选人及人数由筹备组广泛征询成员的意见后确定，按得票数量从多到少确定当选。理事长任本合作社法人代表。

筹备小组应向成员（代表）大会成员说明理事长、理事、理事会、执行监事、监事会的职责及工作方式，人员资格以及相互之间的关系。理事长、理事、执行监事或者监事会成员可连选连任。

（3）决定成员入社、退社、继承、除名、奖励、处分等事项。

（4）决定成员出资标准及增加或者减少出资。

（5）审议本社的发展规划和年度业务经营计划。

（6）审议批准年度财务预算和决算方案。

（7）审议批准年度盈余分配方案和亏损处理方案。盈余分配和亏损处理方案关系到所有成员获得的收益和承担的责任，成员大会有权对其进行审批。成员大会认为方案符合要求的则可予以批准，反之则不予批准。不予批准的，可以责成理事长或者理事会重新拟定有关方案。

（8）审议批准年度业务报告。理事会、执行监事或者监事会提交的年度业务报告是对合作社年度生产经营情况进行的总结，对年度业务报告的审批结果体现了对理事会（理事长）、监事会（执行监事）一年工作的评价。

（9）决定重大事项。财产处置、对外投资、对外担保等生产经营活动中的重大事项是否可行、是否符合合作社和大多数成员的利益，应由成员大会来作出决定。

（10）对合并、分立、解散、清算和对外联合等作出决议。合作社的合并、分立、解散关系、合作社的存续状态，与每个成员的切身利益相关，这些决议应由本社成员表决权总数的2/3以上通过。

（11）决定人员聘用部分事宜。农民专业合作社是由全体成员共同管理的组织，成员大会有权决定合作社聘用经营管理人员和专业技术人员的数量、资格、报酬和任期。

（12）听取理事长或者理事会关于成员变动情况的报告。成员变动情况关系到合作社的规模、资产、成员获得收益和分担亏损等诸多因素，成员大会有必要及时了解成员增加或者减少的变动情况。

（13）决定其他重大事项。

2.成员（代表）大会的召开

（1）农民专业合作社成员（代表）大会每年至少召开一次，一般由理事长或者理事会负责召集，并提前15日向全体成员通报会议内容。

（2）农民专业合作社成员（代表）大会临时成员大会可不固定召开，当有下列情形之一时即可召开：一是30%以上的成员提议；二是理事长或者理事会不能履行或者在规定期限内没有正当理由不履行职责而召集临时成员大会的，由执行监事或者监事会召集并主持临时成员大会；三是章程规定的其他情形。

（3）成员（代表）大会必须有本社成员（代表）总数的2/3以上出席方可召开。成员因故不能参加成员大会的，可以书面委托其他成员（代表）代理。

（二）理事会及理事长

1.理事会

（1）理事会的构成

理事会是合作社的执行机构，按照章程的规定对合作社进行日常经营与管理。理事会对社员大会负责，一般成员较多的合作社才设置理事会，不设理事会时由理事长全面负责合作社经营管理工作。理事会一般由5~7名理事组成，设理事长1名，理事由社员（代表）大会从本社社员中选举产生，任期3年，可连选连任。

（2）理事会的职权

第一，组织召开社员（代表）大会并报告工作，执行社员（代表）大会决议。

第二，制定本社发展规划、年度业务经营计划、内部管理规章制度等，提交社员（代表）大会审议。

第三，制定年度财务预决算、盈余分配和亏损弥补等方案，提交社员（代表）大会审议。

第四，组织开展社员培训和各种协作活动。

第五，管理本社的资产和财务，保障本社的财产安全。

第六，接受、答复、处理监事提出的有关质询和建议。

第七，决定社员入社、退社、继承、除名、奖励、处分等事项。

第八，决定聘任或者解聘本社经理、财务会计人员和其他专业技术人员。

第九，履行社员（代表）大会授予的其他职权。

(3) 理事会的表决制度

理事会会议的表决，实行一人一票制，重大事项集体讨论，并经 2/3 以上理事同意方可决定，理事会所议事项要形成会议记录，出席会议的理事应当在会议记录上签名。理事个人对某项决议有不同意见时，其意见记入会议记录并签名。

2. 理事长

理事长是农民专业合作社的法定代表人，也是理事会成员，由社员（代表）大会投票选举产生。理事长主要具有下列职权。

(1) 召集并主持理事会会议，按章程主持社员（代表）大会。

(2) 签署本社社员出资证明。

(3) 签署聘任或者解聘本社经理、财务会计人员和其他专业技术人员的聘书。

(4) 组织实施社员（代表）大会和理事会决议，检查决议实施情况。

(5) 代表本社签订合同等。

(6) 履行社员（代表）大会和章程授予的其他职权。

3. 理事会与村委会的关系

在村委会领办的合作社中，一般是合作社与村委会实行"一套人马，两块牌子"的紧密方式，理事会理事由村委委员兼任，理事长由村委主任兼任，既可以弥补村委会在经济职能方面的不足，还可以在村委会的带动下致力于村公益事业。

（三）监事会及执行监事

监事会是合作社的监察机构，执行监督职能，代表全体社员监督合作社的财务和业务执行情况。监事会对社员大会负责，监事会一般由 3 人组成，设监事长 1 名，监事会成员由社员（代表）大会在本社社员中选举产生，每届任期 3 年，可连选连任。合作社理事长、副理事长、理事、经理和财务人员不得兼任监事。

执行监事是指仅由一人组成的监督机关，对合作社的账务、管理人员和业务执行情况进行监督。

《农民专业合作社法》规定执行监事或者监事会不是农民专业合作社的必设机构。如果成员大会认为需要提高监督效率，可以根据实际情况选择设执行监事或者监事会。是否设执行监事和监事会由合作社在章程中规定。一般情况下，合作社设执行监事的，不再设监事会。

监事会或者执行监事具有下列职权。

(1) 监督理事会对成员大会决议和本社章程的执行情况。

(2) 监督检查本社的生产经营业务情况，负责本社财务审核监察工作。

(3) 监督理事长或者理事会成员和经理履行职责情况。

(4) 向成员大会提出年度监察报告。

(5) 向理事长或者理事会提出工作质询和改进工作的建议。

(6) 提议召开临时成员大会。

(7) 代表本社负责记录理事与本社发生业务交易时的业务交易量（额）。

(8) 履行成员大会授予的其他职权。

监事会会议由监事长组织召开，监事长因故不能召开会议时，可以委托其他监事召开。

监事会的会议表决实行一人一票制，监事会会议必须有 2/3 以上的监事出席方能召开，重大事项的决议须经 2/3 以上的监事同意方能生效。

监事会所议事项要形成会议记录，出席会议的监事应当在会议记录上签字，监事个人对某项决议有不同意见时，其意见也要记入会议记录并签名。

设立执行监事或者监事会的农民专业合作社，由执行监事或者监事会负责对本社的财务进行内部审计，审计结果应当向成员大会报告。

(四) 合作社经理

1. 合作社经理概述

合作社经理是按照章程规定由理事长或者理事会授权，全面负责合作社具体生产经营活动的高级管理人员。合作社经理由理事会（或者理事长）聘任或者解聘，对理事会（或者理事长）负责，理事长或者理事可以兼任经理。

2. 经理的职权

(1) 主持本社的生产经营工作，组织实施理事会决议。

(2) 组织实施年度生产经营计划和投资方案。

(3) 拟定经营管理制度。

(4) 提请聘任或者解聘财务会计人员和其他经营管理人员。

(5) 聘任或者解聘除应由理事会聘任或者解聘之外的经营管理人员和其他工作人员。

(6) 理事会授予的其他职权。

3. 经理的基本素质

经理的基本素质主要包括 5 个方面。

(1) 具有熟悉运用农业发展政策的能力

农民专业合作社经理必须熟悉国家"三农"政策，特别是强农、惠农政策，只有熟知国家农民专业合作社发展政策,才能认准我国农民专业合作社的发展战略和发展方向,才能引领农民专业合作社科学发展,促进其健康发展。

(2) 具有一定的组织管理能力

经理对农民专业合作社的发展要有一定的市场洞察力和果断决策力,对农民专业合作社的日常管理具有一定的号召力和凝聚力,对农民专业合作社的发展具有科学规划的能力,对成员的教育培训具有一定的支持能力,对农民专业合作社的文化建设具有深入挖掘和宣传推广的能力。

(3) 具有扎实的沟通协调能力

经理不仅可以处理好与农民专业合作社理事会、理事长等上级领导管理层的关系,而且能够协调处理好政府、市场和成员三者之间的关系。

(4) 具有良好的开拓创新能力

经理要对农民专业合作社机制建设与发展具有灵活的创新思维,对农民专业合作社的供给需求、消费需求、品质需求等具有敏锐的市场眼光,对农民专业合作社现有资源具有高超的资源整合能力,能够带领农民专业合作社在市场经济中做大、做强。

(5) 具有优质的服务能力

经理必须具备一定的电子商务、金融服务、公益服务等能力,以促进农民专业合作社快速发展。

(五) 合作社主要岗位人员设定

为了提高规模型农民专业合作社的经营管理水平,应设置财务人员、技术人员、营销人员等。

1. 财务人员

主要负责以发生业务为依据的记账、算账和报账、现金收支等会计核算,及时提供真实可靠的、能满足各方需要的会计信息,对本社实行会计监督,拟定本单位办理会计事务的具体办法,参与拟定经济计划、业务计划,考核、分析预算和财务计划的执行情况等。

2. 技术人员

受合作社经理委托,主要负责合作社技术引进、新产品开发研究、新技术应用、技术指导与监督等,同时对社员提供种植、养殖等相关方面的技术服务,规范工艺流程,制定技术标准,抓好技术管理,实施技术监督,以及协调各部门之间的工作等。

技术服务部门主要负责技术指导、人员培训、设备维护等。

3. 营销人员

营销人员负责按理事会制订的年度生产计划，制订具体的实施方案、及时掌握市场动态、谋划营销策略、实施营销宣传、拓展销售渠道、制定本社产品收购价格和销售价格并报理事会批准；对内与合作社社员签订本社产品收购合同，对外与销售商签订本社产品销售合同；按合同约定做好合同的履行兑现；负责对经济合同纠纷的诉讼工作；负责本社产品的加工，创优本社产品品牌。

市场营销部门主要负责产品的销售、开发与资金回笼等。

二、农民专业合作社的运营模式

(一) 公司 + 合作社 + 社员

这个模式是以公司为基础，公司牵头组建合作社，社员入股参与分红，该模式为合作社提供产销一体化发展，有利于社员或农户稳定获利。

(二) 党支部 + 合作社 + 贫困户

这个模式是党支部牵头组建合作社的形式，并且发挥党支部的作用，凝聚合力为脱贫攻坚提供良好的基础。

(三) 合作社 + 大户

这个模式是合作社牵头吸纳种植、养殖大户加入合作社，并且帮扶农户或社员开展生产，从而助力合作社发展壮大。

(四) 龙头企业 + 合作社 + 农户

这个模式以龙头企业为基础，龙头企业与合作社签订合作关系，帮助农户解决生产和营收难题。

(五) 合作社 + 农户

这个模式的主导是合作社，此模式特别适合产业单一的合作社，帮助合作社技术和品种引进或推广。通过"合作社 + 农户"的模式可以提高农户参与的积极性，并且帮助合作社做大、做强。

(六) 互联网 + 合作社

这个模式是合作社借助"互联网"的优势从生产、销售两端发力，互联网帮助合作社生产端提高效率，同时合作社借助互联网销售产品。

(七) 合作社 + 农户 + 家庭农场 + 公司

这个模式就像是一个大熔炉，合作社是该模式的衔接者和操盘者，合作社为农户、家庭农场、公司服务，达到最优资源配置、实现双方的利益最大化。

(八) 土地托管

土地托管就是在不改变土地所有权的情况下，农民将耕、种、收等生产环节全部交给合作社，农民拥有土地收益，合作社按服务项目获得报酬。

农户的土地进行托管后，土地的收益全部归农民，如果农民的产品需要出售，有的合作社还会高于市场价予以回购，最大限度地保障农民的利益。同时，合作社还会与农民签订托管服务合同，明确双方权利义务，并严格按照合同约定履行服务承诺。农民自愿选择合作社的服务，并根据实际服务情况，与合作社结算费用。

(九) 物权合作社

该合作社模式借助"物权"关系助力合作社的发展，帮助合作社整合土地资源和发展资金。

(十) 合作社 + 基地 + 农户

该模式以"基地"为核心，合作社和农户都是围绕着如何做大基地的目的，从而获得利益分红的模式。

第五节　农民专业合作社的经营管理

一、农民专业合作社生产管理

(一) 标准化生产的相关概念

农业标准化就是以农业为对象的标准化活动，即运用"统一、简化、协调、选优"的原则，通过制定实施标准，把农业产前、产中和产后各个环节纳入标准生产和标准管理的轨道。农业标准化的过程，就是运用现代科技成果改造传统农业的过程，是以现代工业理念谋划和建设现代农业的过程。

农民专业合作社作为农业标准化实施载体，应按照"一个合作社 (龙头企业)、一个基地、一批品牌"的要求，完善内部执行标准体系，重点加强病虫害防治、养殖、加工、贮存、运输、灌溉、排水、道路等基础设施建设。在规范标准化示范园区方面，一是要利用政府资金支持加强农田水利设施建设、加强农产品检测室建设、加大示范园区大棚建设、硬化园区主干道路等，有效改善园区基础设施，为推进标准化生产创造良好的硬件条件；二是要规范农产品生产种植操作流程，完善农产品生产档案、检测记录，完善农产品质量追溯制度，真正从源头上根除质量安全隐患，实现农产品质量安全工作及农业标准化基地建设的重大改善。

(二) 农业标准化生产的内容

农业标准化生产的内容十分广泛，主要有以下八个方面。

1. 农业基础标准

农业基础标准是指在一定范围内作为其他标准的基础并普遍使用的标准，包括在农业生产技术中涉及的名词、术语、符号、定义、计量、包装、运输、贮存、科技档案管理及分析测试标准等。

2. 种子、种苗标准

种子、种苗标准主要包括农、林、果、蔬等种子、种苗，种畜、种禽、鱼苗等品种种性和质量分级标准、生产技术操作规程、包装、运输、贮存、标志及检验方法等。

3. 产品标准

产品标准是指产品必须达到的某些或全部要求，主要包括农、林、牧、渔等产品品种、规格、质量分级、试验方法、包装、运输、贮存、农机具标准、农资标准以及农业分析测试仪器标准等。

4. 方法标准

方法标准是指以试验、检查、分析、抽样、统计、计算、测定、作业等各种方法为对象而制定的标准，包括选育、栽培、饲养等技术操作规程、规范、试验设计、病虫害测报、农药使用、动植物检疫等方法或条例。

5. 环境保护标准

环境保护标准是指为保护环境和有利于生态平衡，对大气、水质、土壤、噪声等环境质量、污染源检测方法以及其他有关事项制定的标准，包括水质、水土保持、农药安全使用、绿化等方面的标准。

6. 卫生标准

卫生标准是指对食品饲料及其他方面的卫生要求而制定的农产品卫生标准，主要包括农产品中的农药残留及其他重金属等有害物质残留允许量的标准。

7. 农业工程和工程构件标准

农业工程和工程构件标准是指围绕农业基本建设中各类工程的勘察、规划、设计、施工、安装、验收,以及农业工程构件等方面需要协调统一的事项所制定的标准,包括塑料大棚、种子库、沼气池、牧场、畜禽圈舍、鱼塘、人工气候室等。

8. 管理标准

管理标准是指对农业标准领域中需要协调统一的管理事项所制定的标准,如标准分级管理办法、农产品质量监督检验办法及各种审定办法等。

(三) 农业标准化实施

农业标准的实施程序是一个复杂、系统的工程。由于合作社社员的自身素质和认识程度参差不齐,在执行标准过程中难免会出现各种问题,所以就需要引起合作社的足够重视,找出切实可行的方法,引导农民认真执行合作社所制定的各项农业标准,积极推进农业标准化工作的顺利展开。农业标准化实施程序如下。

1. 思想准备

要使合作社全体社员及各方面参与方了解实施标准化的重要意义和作用,自觉运用标准、执行标准和维护标准。

2. 组织准备

为加强对实施标准工作的领导,根据工作量大小,应组成由董事会牵头、农技人员组成的工作组,或设置专门机构负责标准的贯彻和实施。

3. 技术准备

包括制作宣传、培训材料,培训社员和各方面的参与方;制定相关岗位工作规程(作业指导书);对关键技术进行攻关;必要时开展标准实施的试点工作。

4. 物资条件准备

包括所需的设备、仪器、工具、农业生产资料等。

5. 进行试点

农业技术标准在全面贯彻实施前,合作社可根据需要,选择有代表性的社员进行标准实施试点。在试点时可采取"双轨制",即贯彻标准与未贯彻标准相互比较,取得数据,积累经验,为全面贯彻标准创造条件。

6. 全面实施

合作社在标准实施过程中要特别强调在生产各环节均应做到有标可依、有标必依,严格执行标准,在实施中进一步强化社员和各方面参与方执行标准的观念。

7. 检查、总结与改进

检查与总结是合作社实施标准的重要控制环节,通过检查进一步证实标准的可行性和适用性，发现问题，总结经验，及时改进。检查中应不仅对标准使用与执行情况及执行效果进行评估，还应对管理体系进行检查和评估，并对评估的结论进行总结，提出改进计划，落实改进措施。

二、农民专业合作社营销管理

(一) 创建品牌

1. 品牌化是衡量农业现代化水平的核心标志

(1) 品牌对农产品消费者的意义重大

对消费者来讲，耳熟能详的品牌名称是一种信誉的凝结。品牌一旦在老百姓心目中确立起来，就可以成为象征质量和安全的符号，老百姓就会放心购买和持续消费。所以，消费者对农产品的认知度、忠诚度、满意度、美誉度，是衡量农业现代化水平的决定性因素。品牌的声誉将逐渐成为农产品消费的主要趋向，特别是在多元化消费的时代，品牌的声誉将引导农产品的消费。产品如果得不到消费者的认同，将对现代农业建设成果产生一票否决的影响。

(2) 品牌对农业发展方式转变的意义重大

品牌化的过程就是实现区域化布局、专业化生产、规模化种养、标准化控制、产业化经营的过程。品牌化有利于促进农业由资源型或者资源消耗型向资源节约型转变，由数量型、粗放型向质量型、效益型转变。在农业结构调整的重要时期，推进品牌化有重要意义。

(3) 品牌对农民增收的意义重大

品牌是无形资产，其价值就在于能够建立稳定的消费群体，形成稳定的市场份额。滞销难卖的农产品很多都没有品牌。我国要充分发挥农耕文化的原生资源优势，加强对农业产业核心资源的提供，实现价值的聚合效应，增加农民收入。

(4) 品牌对提高农产品国际竞争力的意义重大

我国是农业大国，不少农产品产量和消费量均居世界第一。但是缺少一批具有国际竞争力的农产品品牌。我国不少优势农产品只能占据低端市场，无法带来更高溢价。因此，要挖掘我国农产品丰富的人文价值，整合国家力量来实现顶层设计与品牌的有效组合，创造中国品牌，提高农产品的国际竞争力。

2. 农民专业合作社品牌建设的问题

(1) 品牌意识不强

随着市场经济的快速发展以及近年来中央相关政策的大力扶持，特别是农业部将2017年作为农业品牌推进年，让很多农民专业合作社看到了品牌农业是未来农业产业升级的必然趋势，纷纷着手打造自己的品牌。但是，大部分农民专业合作社受自身人员素质不高、专业人才缺乏的制约，对品牌知识缺少积累，仅仅停留在"完成注册便是有了品牌"的阶段，没有将品牌视作一项巨大的无形资产，更没有将品牌的打造与农民专业合作社的发展战略相结合。

(2) 管理能力不强

当前，农民专业合作社成员组成基本以农户为单位，在生产中虽有一定的合作，但更多的是以家庭为单位的分散生产，使得农民专业合作社品牌管理问题十分突出。首先，产品很难做到同牌同质。虽然农产品因自身特性，不可能像工业品一样品质完全相同，但过大的品质差异凸显了管理薄弱，其在生产端的表现是管理不够精细与科学，在消费端表现为单件商品间品质差异明显，难以形成良好的品牌印象。其次，品牌使用随意性很大。成员在使用品牌时，存在品牌图形标志、品牌名称等混乱的现象，在市场上难以形成统一的品牌印象。最后，不少成员没有严格履行向合作社交付产品的义务，将品质较好的产品单独包装出售，或者出售给出价较高的其他收购者，既影响了农民专业合作社品牌产品的整体数量与质量，又对合作社品牌拓展造成了冲击。

(3) 传播效果不佳

随着信息技术的快速发展，合作社品牌往往被淹没在信息的海洋中，普遍面临"酒香也怕巷子深"的困境。不少合作社较多地强调"合作"功能而弱化"经济"功能，对品牌的传播既缺少足够的动力，也缺乏相应的能力。在传播渠道方面，虽然合作社可借助微信、抖音等平台进行传播，但仍然缺少足够多的能够有效触及消费者的传播渠道。在传播内容方面，合作社品牌传播内容较为单调，很多都是相关领导的参观活动，即使有对成员、产品的介绍，内容质量也普遍不高，专门针对品牌内涵、品牌文化等的内容更是少之又少。在传播形式方面，文字描述以及现场照片基本涵盖了全部的传播形式，缺少能与潜在消费者或客户群体互动的手段。

3. 合作社品牌建设提升要点

(1) 品牌建设科学规范

品牌打造是一项系统工程，需要由多个方面共同完成。在战略层面，品牌的成长与成熟意味着合作社的发展与壮大。因此，合作社应尽早制定品牌发展战略，并将其与整个合作社的发展战略相结合。在操作层面，应注意两个方面的规范：一是产品生产过程中的规范。良好的品质无疑是农产品品牌最核心的要素。合作社要为成员生产提供更多的规范与管理帮助，包括精细的田间管理操作规程、时间节点把控、农资统一管理等。制定合理的分级标准，设定规范的筛选流程，保证流通端商品同牌同品同质。二是在品牌使用中的规范。品牌作为重要的无形资产，其商标图形和名称具有受到法律保护的排他性，合作社应该制定严格的使用授权制度，未授权者不得使用，成员也不可擅自将产品包装、标签等物品交给未授权人使用。品牌商标与名称一旦确定，应严格按照注册内容使用，不能随意变更形状、名称，严格维护品牌形象。

(2) 品牌定位精准明晰

区别于其他商品是品牌最初形成的基本功能之一。如今，消费者需求呈现追求品质、个性等多样化和多层次的特点。合作社既要看到市场需求，同时审视自身定位，对品牌精准定位。一是合作社自身发展定位精准。对自身所处发展阶段有精确的定位，根据自身实力开展适当的品牌打造活动。合作社产品的产量、质量都是品牌建设的重要基础，没有可靠的产量保障，品牌影响力很难维持；没有过硬的质量保证，很难形成重复购买，品牌的美誉度与忠诚度无从谈起。二是产品目标群体定位精准。农产品因其自身特性，一方面个体间很难实现品质完全统一，另一方面农产品之间同质化严重。因此，合作社应根据自己产品的特性，精确定位目标消费群体，将有限的资源更有效地投入品牌打造中。

(3) 品牌设计好看、好用

我国农产品一直以来都以"土"为贵，如土特产、土鸡蛋、土猪肉等。这种思想导致了一直以来包括产品包装在内的农产品视觉系统缺少真正的设计，没有跟上时代的步伐。在品牌设计中，合作社应侧重从两个层面进行提升：一是实用美，在现代商业美学中，商品包装的易用性、安全性与功能性都是美的组成部分，当前，很多合作社产品包装都是简单地"包"上、"装"起来，让产品不再零散便完成了，忽略了消费者在使用中的体验，合作社在产品包装的设计中要注重功能性与实用性，在提供产品保护的同时方便携带、方便使用；二是观赏美，一件赏心悦目的商品总是能够给消费者带来除商品功能以外的心理满足与价值感受，这就要求在品牌设计中注意专业的艺术设计与视觉传达，这方面有很多成功的案例，值得合作社学习与借鉴。

(4) 品牌传播顺势借力

在品牌建设中，合作社自身资源与实力有限，要善于借助外部力量。近几年的中央一号文件都有涉及农业品牌化的内容，社会各界也非常关注农业品牌建设。合作社应抓住机会、顺势而为，积极对接各类资源，讲好自己的故事，让自己品牌的精神、文化与内涵被更多人所了解。此外，随着农业品牌化的大力推进，各地政府品牌意识不断增强，纷纷利用自有地标产品进行农产品区域公用品牌的升级打造，从品牌战略规划、形象设计、落地执行到传播，都给予了大力投入与支持，使合作社可以积极地参与到区域品牌的建设当中，与区域品牌形成品牌联动。一方面，可以借助政府公信力，让区域品牌为自有品牌背书；另一方面，可以通过区域品牌拓展自有品牌的传播渠道，扩大品牌传播的覆盖范围。

(二) 营销渠道

农民合作社生产出的农产品怎么才能卖得出去？卖个好价钱呢？这是营销的核心价值，很重要的一点就是找到适合自己的营销渠道。目前，农民专业合作社大多采取地头销售、中间人、农超对接、直营店和网络直销等形式。

1. 地头销售、中间人模式

很多规模较小的农民合作社都采用这种形式。

这种方式的好处是农产品直接进入批发销售环节，销售流通成本较低，比较省心；不足之处是由于产品直接卖给批发商，所以销售价格一般都很低而且波动大，容易受控制，合作社相对处于被动地位，失去了销售环节的利润，而又承担风险。这就是老百姓常说的"种菜的不如倒菜的"。

2. 企业带动模式

企业带动模式即以合作社为组织载体，通过订单、合同、保护价收购等形式，使生产初级农产品的农户，与农产品加工销售企业建立的一种稳定的产供销关系，进而形成的一种产销连接、相互依存、共同发展的利益机制。这是农民合作社常见且风险较小的产品销售方式。其优点是降低了交易成本，减少了市场风险，农民获得了稳定的生产收入。

3. 农超对接

这是一种较为流行的销售模式。农超对接模式即组织有一定规模且标准化程度高、生产基础条件好的农民合作社，直接与大中型超市签订供销协议。通过与超市合作，有效组织农户与市场进行对接，实现农产品统一销售，减少流通环节，降低流通成本的20%~30%，合作社的农产品在质量及价格上都得到了有效的提升，不但给消费者带来实惠，增加了农民收入，而且为合作社健康、快速发展起到了积极的促进作用，实现商家、成员、消费者共赢。

4. 农社对接

农民专业合作社采取直销方式向社区消费者直接提供农产品，如专营店、专柜或直销店。直销的优点是可以直接控制产品的价格，减少中间环节利润的流失，增加合作社的销售收入；缺点是产品单一，无法满足居民购菜的多样化需要。农民合作社主要从事一种或几种农产品的种植活动，品种少、产量小、季节性强，产品供应不稳定，时常出现难以满足社区菜店常年均衡供应的需要。农社对接这种销售模式对合作社的要求较高，一般应具备一定的经济实力、较强的营销能力和数量较大的产品规模。

5. 网络销售

随着互联网的迅速普及以及网络支付、移动支付、物联网等新兴事物的迅速崛起，近年来，网络销售得以快速发展，并大有颠覆传统销售模式之势，农产品的网络销售也随之兴起。大胆使用信息技术和工具进行农产品的营销，包括电脑、网络、物流等必备要素。此种模式不但有效地实现了从地头到餐桌的安全农产品供应链建设，实现了农产品的无缝销售，而且使农产品质量安全得以保障，生产者与消费者获得了双赢。

6. 观光采摘销售模式

观光采摘销售模式即合作社通过发展观光、休闲、采摘活动，以田园观光采摘形式直接销售农产品。

随着城市居民收入水平的提高及民俗观光旅游业的发展，观光采摘成为越来越多的城市居民休闲、度假、娱乐的一种生活方式，而合作社利用农业与旅游业交叉的方式，增加农产品的附加值，成为一种新的营销模式。

7. 产销模式

可以借鉴我国台湾地区农产品产销模式，发展农产品产销服务组织，如农产品产销合作社，将传统农业生产扩展到加工、处理、运输，延长农业的产业链条。一方面，生产前做好规划，生产规划要迎合消费者的市场需要，做到产供销一体化，农业是弱质产业，容易受到外在因素的干扰，故应重视危机管理和预警体系的建立，生产前有完善的规划，对可能发生的气候变化、市场风险或其他意外，预先采取防范措施；另一方面，拓宽信息来源渠道，了解市场动态需求。通过多种渠道调查市场动态信息，并将信息灵活运用，选择有利的销售渠道。不仅将产品转型为商品，更要提升为礼品或者艺术品，赋予农产品新的价值，凸显新的文化特色，科学阐释养生功能，提升农业的文化层次和综合价值。

三、农民专业合作社人员管理

(一) 成员的入社与退社

1. 新成员的入社

入社，是指合作社接纳新成员的过程，即在合作社存续期间，原有合作社成员以外的公民、企业、事业单位或者社会组织申请加入合作社并被合作社接纳，从而成为合作社新的成员。考虑到已成立的农民专业合作社，其经营范围、组织机构、财务分配等都已成形，如果有新的成员加入可能会打乱现有模式，有的甚至影响合作社的运行。因此，有必要在法律中对新成员的入社进行规定，防止损害合作社现有成员的权益。根据《农民专业合作社法》第二十四条的规定，申请加入已成立的合作社的新成员，必须是符合本法第十九条规定的公民、企业、事业单位或者社会组织，合作社接纳新成员后要符合第二十条规定的成员构成比例，并且加入已成立的合作社须履行一定的程序。

(1) 向理事长或者理事会提出书面申请

理事长是合作社的法定代表人，理事长或者理事会负责具体经营管理工作，全面掌握合作社的情况，要求加入合作社的新成员，首先应当向理事长或者理事会提出书面申请，理事长或者理事会在提交成员大会或者成员代表大会表决前，可对申请加入者进行简要审核，审核其是否符合《农民专业合作社法》规定的资格条件，新成员加入后本社是否符合《农民专业合作社法》规定的成员构成比例等情况，可向成员大会或者成员代表大会提出是否接纳新成员的意见，供成员大会或者成员代表大会参考，但理事长或者理事会没有决定权，在成员大会或者成员代表大会表决中也仅仅享有一票的权力，最终是否接纳新成员应由成员大会或者成员代表大会表决通过。

(2) 经成员大会或者成员代表大会表决

成员大会或者成员代表大会，是合作社的权力机制，负责就合作社的重大事项作出决议。吸收新成员入社，对合作社的运营有可能产生影响，属于合作社的重大事项，因此，须经成员大会或者成员代表大会表决通过后，才可吸收新的成员加入。达不到《农民专业合作社法》第三十条规定的本社成员表决权总票数过半数通过的，就不能成为合作社的新成员。当然，合作社对表决权票数有较高规定的，应按合作社的规定。

2. 成员的退社

退社主要有两种情形。一是主动退社，例如，有的成员根据自身实际情况，认为合作社的发展与自己的预期不符而主动提出退社；二是被迫退社，因成员出现了法定事由被除名，使该成员非自愿地失去成员资格。

(1) 主动退社

"入社自愿、退社自由"是农民专业合作社坚持的原则，也是合作社成员的基本权利，是成员自主决定是否行使的权利。也就是说成员有自由选择加入合作社的权利，也有要求退出的权利。在生产经营过程中，当有的成员认为合作社提供的服务不方便或效益较低，当成员不愿意或者客观上不能利用合作社提供的服务时，就可以选择退社。成员自主选择退社的原因多种多样，合作社不能非法限制或禁止。但是，为了不影响合作社的正常运行及其他成员的利益，《农民专业合作社法》第二十五条规定，成员要求退社的应当按照本条或者章程规定的时间提出申请，并办理相关手续后,方可退社。

一是退社申请时间。为了给合作社提供调整业务的准备时间,成员提出退社申请一般应受提前通知合作社的限制。根据本条规定,自然人成员要求退社的,应当在会计年度终了的3个月前提出;企业、事业单位或者社会组织成员要求退社的,应当在会计年度终了的6个月前提出。合作社可根据自身业务情况,由章程另行规定提出退社申请的期限。

二是退社程序。合作社成员要求退社,是成员行使自己的权利,不需要任何批准,只要向理事长或者理事会提出书面申请,办理相关手续即可。

三是资格终止时间。由于成员退社时,合作社需要通过对盈余状况进行总结,以确定退社成员的盈余分配和亏损承担份额。因此,成员实际退社的时间还要受是否方便结算的限制。年度中途成员如果随时退社,不仅合作社的事务处理会很麻烦,而且业务的执行也会发生障碍。因此,本条规定退社成员的成员资格自会计年度终了时终止。

需要指出的是,退社自由不是自由退社。实践中,自由退社与任意限制或禁止退社现象都存在。自由退社,使合作社的经营资产始终处于一种不断变动的状态,无法获得更多的商业信用和发展空间,影响合作社的正常运行,导致合作社的效率低下。有的合作社任意限制或禁止退社,主要是为了获得政府扶持资金。当前,有的政府资金支持同合作社成员人数挂钩,合作社为了获取政府资金,不惜通过各种手段增加成员的数量。由于担心成员退社导致政府扶持资金的减少或丧失,有的合作社便限制或禁止成员退社。本条关于主动退社的规定,仅仅对退社申请和资格终止的时间作出了规定,可理解为适度限制,有利于保障合作社的正常运行和维护其他成员的权益。

(2)成员除名

农民专业合作社是为谋求全体成员的共同利益而成立的,当某个成员不遵守农民专业合作社的章程、成员大会或者成员代表大会的决议,或者严重危害其他成员及农民专业合作社利益的,合作社其他成员经过法定程序后,可以对该成员予以除名。但是,除名毕竟是多数成员强制取消个别成员资格的行为,应当慎重,否则就有可能产生多数成员联合起来排挤少数成员的嫌疑,损害少数成员的利益。因此,修订后的《农民专业合作社法》专门增加一条,即第二十六条,对成员除名的事由、程序等作出了较为具体的规定,以保障被除名成员的权益不受侵犯。

一是除名的事由。根据本条第一款的规定,合作社成员有下列情形之一的,经成员大会或者成员代表大会表决通过,可以将其除名:不遵守农民专业合作社的章程、成员大会或者成员代表大会的决议;严重危害其他成员及农民专业合作社利益的。本条规定强调的是"严重危害"其他成员及农民专业合作社利益,哪些属于严重危害行为,可由合作社章程具体规定。

二是除名的程序。根据本条第二款和第三款的规定,成员的除名,应当经成员大会或者成员代表大会表决通过。在表决通过前,应当为该成员提供陈述意见的机会。除名,实际上是某个成员的成员资格被其他成员强制取消的过程,启动除名程序应当慎重,不能仅由农民专业合作社理事长或经理等几个人说了算,必须启动正式程序,由成员大会或者成员代表大会表决通过。同时,除名对被除名成员的利益影响较大,被除名的成员处于被动状态。为防止其他成员利用除名的形式排挤某一成员,损害合作社及该成员的合法权益,在实施表决通过前,还应当为该成员提供陈述意见的机会,成员大会或者成员代表大会可根据拟被除名成员的陈述意见作出判断,决定是否将其除名。实施除名既要保护合作社的合法权益不被侵犯,也要保护被除名成员的权益。

三是成员资格的终止时间。根据本条第四款的规定。被除名成员的成员资格自会计年度终了时终止。成员大会或者成员代表大会召开的时间可能与会计年度存在时间差,因此,被除名成员经成员大会或者成员代表大会表决通过后,其成员资格并没有立即终止,需等会计年度终了时终止。

(3) 成员退社后其与合作社的合同是否继续履行以及其对合作社的盈余分配和债务分担等问题

无论是主动退社还是被动除名,该成员与合作社的合同是否继续履行以及其对合作社的盈余分配和债务分担等问题,应按照《农民专业合作社法》第二十七条和第二十八等规定处理。即成员资格终止的,除章程另有规定或者与本社另有约定外,成员在其资格终止前与农民专业合作社已订立的合同,应当继续履行;农民专业合作社应当按照章程规定的方式和期限,退还记载在该成员账户内的出资额和公积金份额;对成员资格终止前的可分配盈余,依照《农民专业合作社法》第四十四条的规定向其返还;资格终止的成员应当按照章程规定分摊资格终止前本社的亏损及债务。

(二) 成员的教育培训

1. 培训需求分析

培训需求分析是培训工作的起点,需求决定培训目标的确立,培训课程的设计,对培训的效果起着至关重要的作用。在进行需求分析时,培训主体应与培训客体和培训对象进行充分的信息交流与沟通,根据合作社的需要、培训对象的类型、文化层次等进行分类确定,根据具体的需求有针对性地培训,满足个体自身发展和合作社发展的需要,避免千篇一律式的培训。

2. 确定培训目标

在培训实践中，培训的对象不同，培训的目标是不一样的。对于普通合作社社员培训的目标是"生产知识教育"，即通过讲座讨论、学习有关的农业生产基本知识，以提高全体社员的生产能力和减少在农业生产中出现的错误，从而更好地把农业生产中的先进成果运用到具体的实际中，并用正确的手段解决具体的问题；对于管理人员则是通过专业知识的讲授，提高其管理能力。根据目前农民合作社的现实情况，培训目标可分为：知识目标、能力目标、信念目标；其中，知识目标为基础层次，能力目标是中间层次，而信念目标是最高层次。

3. 培训实施管理

培训实施管理是完成培训目标和计划的过程。这个阶段的工作主要是确定培训讲师、筛选培训内容、明确培训对象和选择培训方法。

(1) 确定培训讲师

合作社的培训讲师应由专业合作社研究方面的专家教授、优秀合作社带头人、农业种养殖技术方面的专业人才及农业科技人员等成员组成。

(2) 筛选培训内容

合作社培训内容应根据培训目标来决定，围绕知识、能力和信念进行设计，其中，知识和能力培训是重点，信念培训是核心。

农民合作社的知识培训主要包括：合作社的基本概念及理论、农民专业合作社法、合作社章程、合作社登记管理条例、合作社的组建方法、合作社的各种制度（财务制度、入股及分红制度等），还包括农业技术知识的培训，如种植技术、除害技术、嫁接技术和机械化操作技术、先进种养殖技术等。

农民合作社的能力培训主要包括：合作社财务会计制度、农产品质量安全、农产品运输贮藏、品牌管理、税收制度、市场经济、经营管理等内容，还包括谈判、营销策略、沟通协调等技能。

信念层面是培训的核心，信念培训的主要内容包括：合作社的价值、理念及原则、合作社的文化理念作为合作社社员应具备的合作、奉献、民主意识等。

(3) 明确培训对象

根据我国农民合作社发展的实际，合作社的培训对象包括以下人员：合作社工作人员，如合作社工作者、合作社推广员、合作社辅导员等；合作社管理人员，如合作社理事长、监事长、经营管理层人员；合作社社员；从事合作社管理的各级政府干部、合作社服务机构人员、合作社教育机构的人员等。在实际操作中，培训对象不同，培训内容也不同，需要设计针对性的培训方案。

(4) 选择培训方法

农民合作社的培训应根据不同的培训对象、内容采取灵活多样的培训方法。农民合作社培训的方法主要有课程讲授、技术讲座、经验讨论、实地操作、远程教育、实地考察、案例研讨、角色扮演和田头学校等。

4. 培训效果评估

培训效果评估是检验培训需求分析是否准确、培训目标制定是否恰当、培训内容和方法是否适合、培训实施是否严格的参考标准，是以后培训改进的参考依据，也是对此次培训工作的总结和对以后培训工作顺利开展的基本要求，在培训体系中起着十分重要的作用。培训效果评估一般从反应、知识、行为和结果4个层面进行展开。

四、农民专业合作社风险管理

(一) 农民专业合作社的主要风险

农民专业合作社受其经营产业、生存环境和成员素质等因素的影响，面临诸多风险的袭扰，其中主要风险如下。

1. 制度风险

一些农民专业合作社内部组织不健全，很多组织制度都是在设立登记时直接照抄照搬的，没有实际的使用意义。内控制度不完善，章程不明确，产权不明晰，理事会、监事会职责不清，会员权利、义务不明，大多数农民专业合作社由理事长一人说了算，成员大会、理事会、监事会很难起到民主管理、民主监督的作用。甚至基本上不开会，大部分问题直接由少数几个人电话沟通解决，没有会议记录，在公平和民主上达不到真正的透明。

2. 管理风险

《农民专业合作社法》对设立农民专业合作社应具备的条件及申请设立登记有明确规定，但在实际操作过程中，存在很大的随意性，可操作性较差。由于农民专业合作社的一些成员对法律及农民专业合作社运营过程中的事项不明确，对各项财务法规等规章制度不了解，管理水平相对落后。工商部门只管注册登记，不对申报材料的真实性进行考究，部分农民专业合作社已解散多年，而在工商部门仍未注销。部分农民专业合作社在运营过程中实际上是名存实亡。

3. 道德风险

有些农民专业合作社在设立时提供的材料严重失实，注册资金弄虚作假，大部分以实物出资，出资资产不实，有的没有固定的办公场所，甚至会员数量构成与实际不符。部分农民专业合作社成立的动机不纯，只想以获取国家优惠政策补贴为基准，以套取项目资金和银行贷款为目的。有的农民专业合作社通过挤占会员贷款和变相套取银行贷款，用于发展其他实体经济或投资自己的产业，实质上变成了"钓鱼"项目。

4. 法律风险

农民专业合作社法律风险大量存在，如有的农民专业合作社私自解散，因债权、债务不清而产生纠纷；有的农民专业合作社注册资本出资额虚假；有的挪用贷款或成员资金等，这些问题严重损害了成员的利益。在出现问题的同时，由于没有相关的证据，在法律解决的过程中存在着很大的弊端。

5. 财务风险

农民专业合作社的成员大部分都是农民，由于法律知识的匮乏，规模大小的限制，在筹资及经营过程中存在着较大的财务风险，这些风险在所有风险中显得尤为重要。主要表现为筹资风险、运营风险、税务风险、资金流动性风险、盈余分配风险等。

在筹资过程中，以实物出资为主，现金出资为辅，出资存在一定风险。实物出资存在公允价值计量的问题。以生物资产为主要实物资产。生物资产的公允价值计量一直是财务会计界的一个难点。由于信息不对称，实物出资者对出资的生物资产信息最充分，农民专业合作社其他成员获取的生物资产信息相对不充分。

在经营过程中，生物资产存在较大风险。从财务会计角度，在农民专业合作社中，生物资产主要以植物性生物资产和动物性生物资产为主。生物资产具有生命特征，管理、环境气候、病虫害等条件会对生物资产的生命形态产生较大影响。例如，干旱和病虫害会对植物性生物资产的生命形态产生较大的影响，人为管理也会对生物资产的生命形态产生较大影响，如对动物性生物资产的喂食和植物性生物资产的施肥、灌溉等。因此，生物资产具有生命形态的特性决定了生产经营中生物资产具有较大的风险。

按照现行税收政策，符合一定条件，农民专业合作社可以享受流转税和企业所得税减免优惠政策。这些具体条件包括账务健全、为农民专业合作社成员购置和提供的农资与服务；另外，从事种植、养殖等初级农产品业务的，也可以享受流转税和企业所得税减免优惠政策。这些税收减免优惠政策的条件，要求明确，标准具体，不符合条件的，要按规定缴纳税款。目前，农民专业合作社由于股东人员素质、治理结构和管理团队等多种因素影响，财务制度和内部控制制度不健全，财务机构不健全，财务人员配备不合理，不少农民专业合作社对征免税项目不能分开核算，不能取得发票和其他合法票据，存在较大的税收风险。

资金流动性风险。由于农民专业合作社社员大部分采用实物投资，生物资产销售又受到其生命周期影响，只有处在一定生命周期状态的生物资产才可以销售，这在果木种植专业合作社表现尤其明显。而农民专业合作社在正常生产运营过程中，人员工资、设备和低值易耗品购置以及日常费用报销需要一定的流动资金。据了解，不少农民专业合作社一旦发生这些情况，需要农民专业合作社成员重新增资入社。农民专业合作社资金流动性不足，对农民专业合作社的运营、品牌价值产生了不利影响，存在一定风险。

在盈余分配过程中，农民专业合作社存在一定的舞弊风险。一般农民专业合作社成员并不实际或者全程参与管理，理事会的管理结构难以落实到位，按出资分配和按交易量分配盈余并存容易引起舞弊风险，从而带来法律风险。另外，农民专业合作社农产品定价的舞弊风险对盈余分配也会产生一定影响。

（二）农民专业合作社的风险防范

在农民专业合作社实际运营的过程中，必须采取有效的措施规避各种潜在的风险，使农民专业合作社健康稳固地发展。企业对财务风险的应对措施主要有接受风险、规避风险、降低风险和转移风险4种。农民专业合作社控制风险的总原则是结合自身的特点，认真分析风险产生的原因，充分考虑风险应对的成本和收益，权衡利弊，采取合适有效的风险应对措施。

1. 加强领导，加大政策支持力度

各级政府及有关部门，应制定发展规划，建立长效培训机制，加强对管理人员、农民专业合作社成员和专业技术人员的培训。有关部门要加强对农民专业合作社的日常监督和指导，制定操作规程和考核办法。政府部门要加大财政扶持力度，进一步提高财政资金的使用效益。

2. 规范管理，加强农民专业合作社自身建设

农民专业合作社内部规范管理是其能否健康、持续发展的关键，建立和规范内部管理制度是壮大农民专业合作社的前提和基础。有关部门应帮助农民专业合作社健全运行制度，逐步实现民主管理，建立严格的监督约束机制、合理的利益分配机制、风险补偿和积累机制，增强风险防范和补偿能力，以保证农民专业合作社发展的稳定性和连续性。

3. 委托专业人士进行财务管理和相关专业管理

委托专业人士进行财务管理和相关专业管理实质是一种业务外包。农民专业合作社业务外包可以发挥社员的农业技术优势，避免财务管理和相关专业管理上的劣势。委托外包可以有效规避税收风险和财政补助风险，降低生物资产在筹资出资、

生产运营方面的部分风险，控制各个过程的舞弊风险。

4. 设立严格的舞弊赔偿处罚制度

在农民专业合作社章程中设立较为严格和具有较强操作性的舞弊赔偿制度。例如，建立举报有奖制度，提高舞弊风险的（及时）发现概率，同时，对舞弊者处以较高的赔偿处罚制度，除了全部承担损失或收益归农民专业合作社所有外，还可以设立处以若干倍的处罚，处罚收入归农民专业合作社其他成员所有。舞弊的高发现概率和高额赔偿处罚，可以有效控制舞弊风险。

5. 购买农业保险和补充商业保险

自然灾害和病虫害对生物资产造成的减产等损失，可以通过购买农业保险来控制，还可以购买部分商业保险来弥补农业保险保额的不足。这样，对于农民专业合作社来说，可以有效降低生物资产的不可控风险。这实质是风险转移策略，把部分生物资产风险转移给政府和商业保险机构。

（1）农业保险种类

农业保险按农业种类不同分为种植业保险、养殖业保险；按危险性质分为自然灾害损失保险、病虫害损失保险、疾病死亡保险、意外事故损失保险；按保险责任范围不同，可分为基本责任险、综合责任险和一切险；按赔付办法可分为种植业损失险和收获险。

（2）农业保险险种

中国开办的农业保险主要有生猪保险，牲畜保险，奶牛保险，耕牛保险，山羊保险，养鱼保险，养鹿、养鸭、养鸡等保险，对虾、蚌珍珠等保险，家禽综合保险，水稻、油菜、蔬菜保险，稻麦场、森林火灾保险，烤烟种植、西瓜雹灾、香梨收获、小麦冻害、棉花种植、棉田地膜覆盖、雹灾等保险，苹果、梨等。

（3）政策性农业保险和商业性农业保险的区别

政策性农业保险是指国家为了实现保护和发展农业的目的，对其实行一定政策和资金扶持的农业保险险种。它与商业性保险有着本质的区别。从保险目的上来看，政策性农业保险以实施贯彻政府政策为首要目标，有着明确的公共利益取向；而商业性保险是以盈利为目的，属于保险公司的个体行为。从保险形式上看，政策性农业保险既可采取强制性形式，也可采用自愿参保的方式；而商业性保险则表现为自愿和非强制性的特点。从保险费的赔偿设计上来看，政策性农业保险通常有相对固定金额的特点；而商业性保险的保费设计具有对称的、非固定金额的特征。

6. 盈余提取风险准备金

农民专业合作社从盈余中提出一定比例的金额，建立风险准备金，从而提高农民专业合作社综合应对的抗风险能力。这实质是通过建立自身储备来"以丰补歉"，用"时间交错配合"来抵抗风险，防止农民专业合作社面临破产清算风险。从总体上说，这属于风险接受的控制策略。

7.创新机制，提高金融服务效率

相关金融机构要将农民专业合作社纳入信用等级评定范围；建立信贷倾斜机制，实施差别化的支持措施，重点支持产业基础牢、带动农户多、规范管理好、信用记录良好的农民专业合作社；建立灵活授信机制，对列入重点支持对象的，在向其成员开展贷款授信的同时，加大对组织结构规范的法人农民专业合作社直接授信的力度；优化审批手续，对符合贷款条件的农民专业合作社实行周转使用的方式，提高资金使用效率；采取灵活担保方式，解决农民专业合作社及其成员贷款担保难问题。此外，在风险可控的前提下，应鼓励涉农金融机构创新金融产品，做到扶持一个农民专业合作社，带动一个特色产业，搞活一地农村经济，致富一方农民。

第六章 家庭农场管理与现代化发展

第一节 家庭农场的组织建构

一、家庭农场的定义

家庭农场作为一种新型农业经营主体，与我国经济社会发展的现状相适应。作为家庭联产承包责任制的发展和创新方式，家庭农场虽然受到了广泛的关注和重视，但其概念还存在较多争议。

学界关于家庭农场的定义界定存在多种观点。有学者认为家庭农场是以家庭经营为基础，实行适度规模经营，生产效率较高，从事商品化、市场化的生产经营活动，且经济利润高于小农户的经济单位。[1]有学者从经济学的视角出发，认为家庭农场是以家庭经营为基础，运用现代化的生产经营方式，实现专业化和规模化的新型经济组织。[2]学界对于家庭农场的定义界定主要可以归纳为以下四种观点：

第一种观点是农业生产单位说，认为家庭农场是指以家庭成员为主，强调科技的作用，具有一定土地规模和生产规模的农业生产单位。该学说认为，作为农业生产单位的家庭农场具有三个特征：第一，由家庭成员经营，而非雇佣劳动者；第二，依靠的是现代化技术，而非传统的农业技术；第三，具有一定的土地和生产规模，而非自给自足的小农经济。这种观点对于家庭农场的法律地位的认定不够清晰，没有将其与其他经营主体最大的差异阐释清楚，容易导致混淆。

第二种观点是农业企业说，即家庭农场是一种企业，是市场经营的主体。在现代市场经济体系中，家庭农场作为一种市场主体参与竞争，从而激发其经济活力，提高生产效率。但是，该观点忽略了家庭农场的经济属性。农业作为第一产业，在市场经济中，与工商业的发展不同，有其自身特点。将家庭农场等同于农业企业，可能会淡化家庭农场的第一产业的经济属性。此外，家庭农场以家庭为单位，而不是仅仅追求利益最大化的企业。该观点只看到了家庭农场的经济属性，忽略了人的因素和家庭这一经营单位的特殊性。

第三种观点是新型经济组织说。其认为家庭农场是集约化、规模化、市场化的

---

[1] 黄新建，姜睿清，付传明. 以家庭农场为主体的土地适度规模经营研究 [J]. 求实，2013(6)：94.
[2] 高强，刘同山，孔祥智. 家庭农场的制度解析：特征、发生机制与效应 [J]. 经济学家，2013(0)：50.

农业经济组织和现代农业经营模式。新型经济组织区别于传统农业中的经济组织，是现代农业的新型经营模式。该学说与现代农业经营的特点和农村微观经济组织的理论相契合。

第四种观点是新型农业经营主体说。此观点与前一种观点不存在本质上的差异，体现了经济属性和经营行为特征，契合我国农业经营制度创新的政策。

本书将家庭农场界定为："以家庭成员为主要劳动力，从事农业规模化、集约化、商品化生产经营，并以农业收入为家庭主要收入来源的新型农业经营主体。"与上述的最后两种观点具有一致性。

从以上各种观点可以看出，家庭农场不宜界定为企业，而农业生产单位又不止这一种。家庭农场作为一种新型经济组织，也是一种新型农业经营主体，分别从不同角度对家庭农场进行界定的正确认识。综合来看，家庭农场是指以家庭为经营单位，以家庭成员为主要劳动力，以农业收入为主要收入来源，从事规模化、集约化、商品化农业生产经营的新型农业经营主体。

二、家庭农场的特征

家庭农场作为新兴的农村微观经济组织，在农业经营体系中具有基础性地位。家庭农场在经营单位、劳动力来源、收入结构、生产经营技术等方面都有自身的特征。

（一）家庭农场的经营单位以家庭为主

家庭是社会结构的基本单元，既区别于单独的个人，也不同于集体。单独的个人之间是分散的关系，集体是由不同成员之间构成的统一体。而家庭则以血缘关系和姻亲关系为纽带，以共同生活为基本方式，生产是为了家庭整体的幸福生活，因此家庭不是合伙，也不是企业，而是具有情感属性和生活功能的组织体。家庭农场以家庭为生产经营单位，既强调了经济发展的生产功能，也突出了血缘、姻亲和情感因素的纽带关系。

（二）家庭农场以家庭成员为主要劳动力

家庭成员是家庭农场的主要人员构成，也是其主要的劳动力来源。以家庭成员为主要劳动力来源，突出了家庭农场成员的平等性，因而在本质上不同于具有剥削性质的企业。家庭农场与家庭成员的关系显然不同于企业与员工的关系。家庭成员在家庭中生活，在家庭农场中从事生产活动。但在农忙的特殊时期，也可以雇佣部分劳动力，以完成紧迫的生产任务。换言之，家庭农场并非绝对排斥雇佣，而是不能将雇佣作为常态。家庭成员是家庭农场的主要劳动力，雇佣劳动者只是例外情形。

(三) 在收入结构方面，农业收入是家庭农场的主要收入来源

家庭收入来源本身具有多样性，包括农业收入和非农业收入。但家庭农场这种组织不同于一般的家庭单位，农业收入是其主要的收入来源，从而区别于乡村企业。随着家庭农场的发展壮大，其收入结构也会有适当变化。但不管如何变化，其收入构成中，农业应占有最高比例。当非农收入超过农业收入时，家庭农场可能面临着产业结构升级等问题，也就超出家庭农场的范围。

(四) 规模化、集约化和商品化也是家庭农场的重要特色

一方面，家庭农场区别于传统的小农经济模式，它更注重农业的规模化发展和集约化生产，农业机械等生产工具在其中发挥重要作用。另一方面，它与自给自足的模式不同，家庭农场的产品主要向市场流通。换言之，家庭农场所产出的农产品，要参与市场经济竞争，因而商品化和市场化是其重要特点。

三、家庭农场的规划

(一) 规划遵循的基本原则

1. 提高农业效益原则

家庭农场是在加快城市化进程、转变社会经济发展思路、推动农业转型升级背景下的农业发展新模式，是实施土地由低效种植向高度集成和综合利用转变，是适应城市发展、市场需求、多元投资并追求效益最大化的有效途径。因此，规划布局应充分考虑家庭农场的经营效益，实现农场开发的产业化、生态化和高效化，达到提高农业生产效益、增加经营者收入的目的。

2. 充分利用现有资源原则

一是充分利用现有房屋、道路和水渠等基础设施。根据农场地形地貌和原有道路水系实际情况，本着因地制宜、节省投资的原则，以现有的场内道路、生产布局和水利设施为规划基础，根据家庭农场体系构架和现代农业生产经营的客观需求，科学规划农场路网、水利和绿化系统，并进行合理的项目与功能分区。各项目与功能分区之间既相对独立，又互有联系。农场一般可以划分为生产区、示范区、管理服务区、休闲配套区。

二是充分利用现有的自然景观。尽量不破坏家庭农场内及周围已有的自然园景，如农田、山丘、河流、湖泊、植被、林木等原有样貌，谨慎选择和设计，充分保留自然风景。

3. 优化资源配置原则

优化配置道路交通、水利设施、生产设施、环境绿化及建筑造型、服务设施等硬件；科学合理利用优良品种、高新技术，构建合理的时空利用模式，充分发挥农业生产潜力；合理布局与分区，便于机械化作业，并配备适当的农业机械设备与人员，充分发挥农机的功能与作业效率。此外，为方便建设，节省投资，建筑物和设施应尽量相对集中或靠近分布，以便在交通组织、水电配套和管线安排等方面统筹兼顾。

4. 充分挖掘优势资源原则

认真分析家庭农场的区位优势、交通优势、资源优势、特色产品优势，以及农场所在地光、温、水、土等方面的农业资源状况，并以此为基础，合理安排家庭农场的农作物种植，畜禽养殖特色品种、规模以及种养搭配模式，以充分利用农业资源和挖掘优势资源；在景观规划上，充分利用无机的、有机的、文化的要素，各视觉事物布局合理，分布适宜，均衡与和谐，尤其在展示现代化设施农业景观方面要达到最佳效果，充分挖掘农场现有自然景观资源。

5. 因地制宜原则

尽可能地利用原有的农业资源及自然地形，有效地划分和组织全场的作业空间，确定农场的功能分区，特别是原有的基础设施如山塘、水库、沟渠等，尽可能保持、维护，以节省基础性投资；要尊重自然规律，坚持生态优先原则，保护农业生物多样性，减少对自然生态环境的干扰和破坏。同时，通过种植模式构建、作物时空搭配来充分展示农场自然景观特色。

6. 可持续性原则

以可持续发展理论为指导，通过协调的方式将对环境的影响减少到最小，本着尊重自然的态度，利用当地资源，采取多目标、多途径解决环境问题，最终目标是建立一个具有永续发展、良性循环、较高品质的农业环境。要实现这一规划目标，必须以可持续性原则为基础，适度、合理、科学地开发农业资源，合理地划分功能区，协调人与自然多方面的关系，保护区域的生命力和多样性，走可持续发展之路。

(二) 规划方法

王树进针对农业园区的规划提出了"四因规划法"。家庭农场规划设计可以参照此方法进行。四因规划，即因地制宜、因势利导、因人成事、因难见巧。在此基础上，我认为家庭农场可以采用五种方法进行规划：

1. 因地制宜

依照农场规划地块本身及周边的地形地貌、乡土植被、土壤特性、气候资源、水源条件、排灌设施、耕作制度、交通条件等具体情况，来制定场区规划。因地制宜规划法则，要求在规划工作前期，深入了解农场地块及周边的自然地理环境、农业现状和基础建设条件，获得重要的基础数据，以保证规划方案具有较强的操作性。

2. 因势利导

农场本身就是一个系统，根据系统工程原理，系统功能由其内在的结构来决定，而系统能否发展壮大，由其内在结构因素和外部因素共同决定。外部因素通常包括经济周期、科技发展趋势、政府宏观政策、行业发展状况等。因势利导法则要求在规划时，综合分析社会进步、经济发展、科技创新、市场变化的大趋势，国内外相关行业的总趋势，研究政府的意志和百姓的意愿，对农场进行战略设计和目标定位。在此基础上，对农场进行功能设计和项目规划。保证农场的发展在一定时期内具有先进性和前瞻性。

3. 因人成事

农场主体受地化特征和区域优势农产品影响较大，要求在组织管理体系和运营机制的设计中，要把科学管理的一般原理和地方行政、地方文化相结合。应用因人成事规划法则，在规划过程中要研究规划实施主体及其内外关系、相互关系，通过反复征求项目实施主体对规划方案的意见，甚至可以把规划实施的主要关系人纳入规划团队中，使规划方案变成他们自己的决策选择。

4. 因难见巧

主要强调规划成果要根据解决项目的发展难题提出一个可行方案。要求农场规划者要用更高的视野来设计农场的目标和功能，在规划过程中自觉运用系统工程的思想和方法，积极思考，勇于创新，通过反复调查、研究、策划、征询、论证、提高，设计出既有前瞻性又有可操作性的农场建设和运营方案。

5. 因事制宜

主要针对农场定位、场内项目的规划、功能分区以及景观设计等而言。根据农场所在区域特征、资源优势以及业主的要求确定农场的主题，如果是休闲农场，也应有其鲜明的主题和特色；如果是单一种植农场、养殖农场，也应有其主要品种与规模；如果是综合性农场，是生产性的还是科技展示抑或多功能复合性的，必须考虑各个功能分区布局以及其适宜的组配模式。因此，在确定农场主题的前提下，应根据场内实际条件，科学合理规划场内分区、功能项目、景观营造等，确保农场的规划符合业主要求，科学合理，同时操作性强。

(三) 规划的基本步骤

1. 调查研究阶段

(1) 实地考察

规划 (设计) 方在农场经营者或投资者邀请下进行考察，了解农场用地的自然环境状况、区位特点、特色资源、规划范围，收集与农场有关的自然、历史和农业背景资料，对整个农场与环境状况进行综合分析。

①自然环境状况。对家庭农场规划场地的土地流转情况、区域界限、各类型土地面积、地形状况、场地所在地区的气候和土肥情况、水资源的分布与储量状况进行调查，确定该地区所适合种植的农业作物的种类，并根据场地地形、地势的差异合理布置作物的种植区域。同时，还可以了解地区的环境质量状况，水体、土地的污染程度等，为今后的改善和治理工作打下基础。

②经济发展状况。家庭农场的发展是以地区的经济水平为基础的，一方面家庭农场的开发需要地方经济的支持，另一方面当地经济的发展能带动家庭农场各产业的发展。因此，在规划初期一定要结合地区的经济发展状况确定家庭农场的类型和规模，这样不仅能节约投资，还能避免造成资源的浪费和环境的无意义破坏。

③市场供求状况。农产品规模化生产后，还应投入市场中，确定农产品的市场经济价值，只有生产具有市场经济价值的农产品，才能产生更好的经济效益。因此，在规划前期应该对当前农产品市场的发展趋势进行预测，确定具有投资潜力的农产品种类，这将有助于家庭农场生产规划的顺利进行。市场的选择大多是对应本地区或是本地区周边省市，但对于本身基础较好，经济实力较雄厚的家庭农场也可以面向全国，甚至国外市场。

④投资经济效益分析。根据市场调查数据的统计分析，结合农场的建设背景和市场容量，确定家庭农场的开发规模，从而预测出家庭农场建设的投资成本和收益利润，为农场的顺利建设提供保障。

(2) 充分了解农场状况

充分了解农场经营者或投资者的具体要求、愿望，制定规划纲要，特别是主题定位、区位分析、功能表达、项目类型、时间期限、建设阶段、资金预算及投入和产出期望等。

2. 资料分析研究阶段

(1) 分析讨论后定下规划的框架，即纲要完善阶段。一般包括农场名称、规划地域范围、规划背景、场内布局与功能分区、时间期限、建设阶段、投资估算与效益分析等内容。

（2）农场经营者和规划（设计）方签订正式合同或协议，明确规划内容、工作程序、完成时间、成果等事宜。

（3）规划（设计）方再次考察所要规划的项目区，并初步勾画出整个农场的用地规划布置，保证功能合理。

3. 方案编制阶段

（1）初步方案。规划（设计）方完成方案图件初稿和方案文字稿，形成初步方案。

（2）论证。农场经营者和规划（设计）方双方及受邀的其他专家进行讨论、论证。

（3）修订。规划（设计）方根据论证意见修改完善初稿后形成正稿。

（4）再论证。主要以农场经营者和规划（设计）方为主，并邀请行政主管部门或专家参加。

4. 形成规划文本和图件阶段

包括规划框架、规划风格、分区布局、交通规划、水利规划、绿化规划、水电规划、通信规划和技术经济指标等文本内容及相应图纸。文本力求语言精练、表述准确、言简意赅；图纸包括二维平面图和三维立体效果图等。

（四）家庭农场规划的基本要求

我认为，家庭农场规划设计必须达到几个方面的要求：

1. 定位明确

结合场区实际情况，确定农场主题，突出农场特色。首先必须确定农场的主体功能。种植农场确定种植哪一种或哪几种主要作物，如何合理配置；养殖农场确定哪一种或哪几种主要畜禽或水产；综合农场确定种植、养殖种类以及循环利用模式；休闲观光农场根据农场区位特征，确定一个鲜明的主题。在经济发达、城市化发展快的大城市，可以不以某一特色为主题，充分体现农业的新内涵和多样化，其建设与现代化城市的环境和功能相匹配。在中小城市及经济较发达的县（区），要体现"特"和"专"，即体现农业特色和某方面的专业水平，以本地特产或特色品种为主。

2. 布局科学

家庭农场功能布局、建筑设施、生产设施、水利设施、交通道路等设置科学合理，满足农场生产管理以及配套服务等方面的需要。要求设计者既要懂得农业生产、农业经济、生态理论等方面的专业知识，还应具有一定的规划设计功底、文化素养、生态美学等方面的知识，把农业生产有机地融入农场设计之中，创造出美的视觉享受。规划过程中切勿机械组合、堆砌，应突出农业生产这个中心主题，建设成充满生机与活力、主题鲜明的家庭农场。

3. 展示科技

家庭农场应成为农业高新技术展示窗口与应用平台，要充分体现采用现代化科技手段进行作物栽培和畜禽养殖的相关技术和模式。广泛采用现代农业新技术、新设施、新产品，以及把各种环保节能新技术应用到农场生产、生活的各个领域，使生产、生活以最少的物质和资源投入，获得最大的回报。比如，农业机械、农业设施的使用、立体种植模式、循环农业模式、自动喷灌、温室大棚、增温保温技术、无土栽培技术等，充分体现农场生产的科技含量。

4. 生态和谐

第一，家庭农场规划设计要充分尊重自然规律，利用生态学原理，在农业生产领域进行科学设计、合理进行时空布局，最大限度地利用农业自然资源，显著提高资源利用效率。第二，利用有利于生态循环的技术进行种植、养殖设计，构建场内循环利用系统，对作物生产、畜禽养殖进行无害化处理、资源化利用。第三，道路、建筑和围墙等立体空间尽可能绿化美化，创造一个生物四季交替繁衍、平衡和谐的生态系统。

（五）家庭农场规划的主要内容

1. 应考虑的主要因素

家庭农场生产项目规划，是一个项目研究和明确的过程。在这个过程中，需要考虑如下几个方面的因素：项目产品的市场前景、项目实施的关键技术、对本农场和本地的意义、项目内容与操作方案、投资预算、收入规划、运行费用测算、现金流量表的构造、效益评价和风险估计等。

（1）市场前景

市场研究是项目规划的第一步。只有通过市场研究得出有利的结果，项目才有被确立的意义。通过市场研究，分析和预测项目产品（或服务）的特点、优劣势和市场前景，明确产品（或服务）的类型。比如，成本竞争型、质量竞争型、消费引导型；明确市场主要面向国际还是国内、面向外地还是本地、市场容量总共有多大、本项目将占有其中的多大份额。

（2）技术关键

技术的引进和技术条件的改善，往往是家庭农场投资的重点。必须明确农场项目开发的技术路线、关键技术、本农场的技术优势、解决关键技术问题的条件、改善技术条件的办法等。

（3）本地效应

一个项目只有在本地的社会经济中发挥积极的作用，才有发展的可能，才有赢利的机会和后劲儿。作为家庭农场的经营者或设计者，必须考虑项目对农场总体目标的贡献，与本农场总体目标无关的项目或相悖的项目，不应该引入农场，以免因小失大。

(4) 操作方案

操作方案主要指技术上的工艺流程或业务流程，既是理解项目、描述项目的关键步骤，也是项目投资预算、收入和运行费用测算的依据和基础。操作方案应尽可能详细。

(5) 投资预算

投资预算主要是生产资料、技术和设备等方面的投入，以及本项目所需的基础建设费用。投资预算主要参考业务流程，此外还必须考虑前期的沉淀费用和未来在项目建设过程中的管理费用和不可预见费用。

(6) 收入规划

收入规划主要考虑更高层面对项目总体经营目标的要求，以及市场定价和拓展的最佳策略。项目满负荷运行时可以得到最大产出量，但实现最大产出量不一定是一个最佳的选择。最佳的选择应该是经济效益最大或系统效率最高，因此需要对收入进行规划。当技术设备的容量确定不变时，项目的收入与运行费用往往成正相关关系。

(7) 运行费用

有了收入指标，就应该设计实现收入指标的运行方案，由此可以进一步对运行费用进行测算。运行费用包括物质耗费和人力资源的耗费，这与项目的组织管理形式与运行机制关系非常密切。如何以最小的费用，实现既定的目标，需要进行多种方案的比较。

(8) 现金流量表的构造

普通项目的现金流量表，主要由现金流出、现金流入、现金净流入、净现值等栏目构成。项目周期和贴现率是构造表格和计算净现值的重要参数。现金流出包括：投资、运行费用。现金流入包括销售收入（或服务收入）和残值。贴现率通常以政府公布的行业贴现率标准，或以本农场的最大筹资成本或资金机会成本。现金流量表是一个项目经济效益的全面表现和依据。在家庭农场项目的现金流量表中的流入和流出栏中，应将收入和费用支出明确列出，以便对本项目进行综合评价。

(9) 效益评价与风险估计

项目的效益评价包括经济效益、社会效益和生态效益的评价。经济效益评价主要依据项目的现金流量表，但要考察数据来源的可靠性和各种安排的合理性。风险估计主要考虑市场行情、技术安排、时间衔接和项目管理等方面。

2. 区位与选址

(1) 家庭农场的区位选择

家庭农场的区位选址需从气候、光照、温度、土壤、水源等与农业生产直接相关的因素及农业科技、配套设施等多个方面考虑。影响家庭农场规划选址的因素很多，其主要的影响因素体现在以下四个方面，即基础条件、经济基础、科技水平和人文资源。

①基础条件。基础条件是指家庭农场选址地的实际情况，主要包括自然环境条件、用地条件和基础设施条件。基础条件对农场选址有直接的影响，关系到农场的产业规模、空间布局及主导产业发展方向等问题。

第一，自然环境条件。家庭农场基址的自然环境条件主要涉及气候条件、水文与水质条件、生物条件等。气候条件的影响因素主要是指对农作物的生长至关重要的光照、温度和降雨量。优质丰富的水资源不但能为农场内的生产和生活提供用水，而且可以作为景观资源进行开发。生物条件主要包括场内种养现状、微生物的种类及生长状况，影响农场内功能分区与布局。良好的自然环境条件是发展农业生产的基础，也是决定家庭农场选址的关键。

第二，用地条件。用地条件影响家庭农场项目的开展和建设，因此也是选址的重要影响因素之一。主要体现在地形地貌、坡度、用地类型和土地流转集中状况几个方面。常见的地形地貌从坡度分布与分级、沟谷分布数量结构等方面来考虑，主要分为高原型、平原型、盆地型、山地型、丘陵型和岛屿型，不同地形地貌特征使农场类型多样，进而影响到农场的产业类型。总体原则是因地制宜，统筹兼顾，突出特色。坡度对景观营造和道路建设起着重要影响。通过租用、入股等多种形式，促进土地流转，适度集中连片，是影响农场分区布局的重要因素，也是兴建农场的重要前提。

第三，基础设施条件。家庭农场选址地内及周边的水、电、能源、交通、通信等基础设施是农场规划建设中不可缺少的条件和因素。选址的基础设施条件直接关系到农场开发建设的难度和投资的金额。便利的外部交通有助于区域外的人力资源、技术资源、信息资源、资金等向农场集聚，同时可以提高其招商引资的能力，吸引更多有实力的农业科技企业来农场投资。便捷的内部交通则保证农场内农产品生产、加工、包装以及运输等有序进行。水、电能源设施是农场进行高科技农业生产的保证；完善的通信设备，有利于保证市场信息、科技信息等的收集、分析和发布。

②经济基础

经济基础是指农场规划选址的经济发展状况，涉及经济发展水平、农业发展水平、居民生活水平、资金、市场等许多方面。当地经济环境条件对农场的建设与发展影响很大。对于经济较发达的地区，经济活跃有利于农场集聚资金，产业发达有利于农场生产布局，促进规模化生产和高科技的投入，发展潜力大；反之，潜力小，制约农场及当地相关产业发展。

衡量某地经济水平的两个重要指标是当地的市场消费能力和投资能力。

第一，市场消费能力。保障农场未来的农产品能够销售出去是家庭农场立项的必要条件之一，必须予以充分重视。农场所在区域的市场消费能力在很大程度上影响着农场的发展规模和农产品的销售前景，当然也影响着农场的经济效益。因此，在农场规划前期，加强市场消费能力的调查分析，是避免造成农产品区域过剩的有效办法。

第二，投资能力。家庭农场项目资金的来源主要有三种途径，一是申请国家财政资金，主要用于农场基础设施建设和农场发展科技支撑等方面；二是引进企业资金投资；三是当地农民入股投资。农场规划选址时须考虑上述三种方式的投资能力，或加强与银行、投资公司的合作，拓展投资渠道，探索新的投资方式。

③人文资源

家庭农场的功能不再局限于传统农业单一的生产功能，科普功能、教育功能、休闲观光功能等在一定程度上也成为农场功能的重要组成部分。因此，对家庭农场，特别是休闲观光农场选址要对周围的人文资源进行合理开发，把农牧业生产、农业经营活动与农村文化生活、风俗民情、人文景观等农业生产景观、农村自然环境有机结合，建设成融生产、加工、观光游赏、科普教育等为一体的多功能综合性家庭农场。

(2) 地址选择应考虑的因素

第一，选择宜做较大规模农业生产的，地段或地形起伏变化不是很大的平坦地，作为家庭农场建设地址。

第二，选择自然风景条件较好及植被丰富的风景区周围的地段，也可在旧农场、林地或苗圃的基础上加以改造，这样可投资少、见效快。

第三，选择利用原有的名胜古迹、人文景观或现代化新农村等地点建设现代休闲农场，展示农村古老的历史文化抑或崭新的现代社会主义新农村景观风貌。

第四，选择场址应结合地域的经济技术水平，场址原有的利用情况，规划相应的农场。不同经济水平、不同的土地利用情况，农场类型也不同，并且要规划留出适当的发展备用地。

3. 家庭农场布局

布局是对有关事物和事件的全面安排。空间布局从不同的角度可分为空间功能分布、空间结构设计、空间形态设计、空间要素布置、空间层次分析等；根据研究内容不同又可分为：产业空间布局、绿地空间布局、居住空间布局等。农场空间布局指的是农场各功能小区的空间布置。

在农场系统规划、建设和运营中，场区空间布局是具有重要影响的基础性和关键性工作。根据农场区域自然条件、地形地貌和开发现状，以优化生产区、生活区、管理区、示范区以及休闲娱乐区等为出发点，合理配置农场内主要建筑物、道路、主要管线、绿化及美化设施。对于家庭农场而言，生产区的作物空间布局优化是主要内容。根据场地作物生产结构要求，按作物重要性、作物田块适宜性、作物适植连片性，形成符合作物结构优化目标的空间布局方案。

（1）空间布局方法

①土地用途分区

根据《中华人民共和国土地管理法》和土地利用总体规划的有关技术规范要求，土地用途分区是土地利用总体规划的重要内容。依据农场发展定位、土地资源特点和社会经济发展需要的要求，按照土地用途管治规则的同一性原则划分土地空间区域及土地用途区。

第一，基本农田保护区：按照一定时期人口和社会经济发展对农产品的需求，依据土地利用总体规划确定不得占用的耕地。基本农田是耕地的一部分，而且主要是高产优质的那一部分耕地。比如，经国务院有关主管部门或者县级以上地方人民政府批准确定的粮、棉、油生产基地内的耕地；有良好的水利与水土保持设施的耕地；正在实施改造计划以及可以改造的中、低产田；蔬菜生产基地；农业科研、教学实验田；国务院规定应当划入基本农田保护区的其他耕地。

第二，可调整耕地区：现状为其他农用地，但土地条件可以调整为耕地或视作耕地进行管理的土地用途区。

第三，一般农业区：主要用于农业生产，切实保障种植业的需要以及直接为农业生产服务所使用的土地用途区。

第四，林业用地区：用于林业生产的土地总称。包括用材林地、防护林地、薪炭林地、特用林地、经济林地、竹林地等有林地，及宜林的荒山荒地、沙荒地、采伐迹地、火烧迹地等无林地，灌木林地、疏林地、未成林、造林地等。

第五，牧业用地区：为畜牧业发展需要划定的土地用途区。

第六，建设用地区：为农场建筑发展需要划定的，是利用土地的承载能力或建筑空间，不以取得生物产品为主要目的的用地。

第七，风景旅游用地区：具有一定游览条件和旅游设施，居民点以外，为居民提供旅游、食宿、休假等的风景游赏用地和游览设施用地。

第八，人文和自然景观保护区：为了对自然、人文景观进行特殊保护和管理划定的土地用途区。

第九，其他用地区：根据实际管治需要划定的其他土地用途区，其命名按管治目的确定，如可调整耕地区、水源保护区等。

②土地开发建设分区

第一，重点农用地。农业用地主要用于农业生产及直接为农业生产服务使用。鼓励农业用地区内的其他用地转为农业生产及直接为农业生产服务的用地；按规划保留现状用途的，不得擅自扩大用地面积。控制农业用地区内的农田改变用途。

第二，重点建设用地。各项建设用地区域内的土地要对应于各项建设，严格执行总体规划；要节约、集约利用土地，努力盘活土地存量，确实需要扩大的，应利用非耕地或劣质耕地。严禁擅自改变土地原有用途；严禁废弃、撂荒土地，能耕种的必须耕种。控制建设用地规模，严格按照国家规定的行业用地定额标准，安排建设用地。

第三，一般建设用地、一般农用地、混合用地。除改善生态环境、法律规定外，不能擅自改变土地利用类型。严格保护基本农田，以及其他专业化农业商品基地建设用地。禁止乱砍滥伐、倾倒废弃物等破坏生态环境和景观资源的行为。

(2) 地理区划方法

地理区划是地理科学进行空间差异特征分析的最基本的方法，根据自然地理环境及其组成成分在空间分布的差异性和相似性，将一定范围的区域划分为一定等级系统的研究方法。区域划分的主要依据是区域内的资源、环境、发展的基本条件和潜力，现有生产力水平、面临的主要任务及发展方向等方面的一致性。

①生态景观：由地理景观（地形、地貌、水文、气候）、生物景观（植被、动物、微生物、土壤和各类生态系统的组合）、经济景观（能源、交通、基础设施、土地利用、产业过程）和人文景观（人口、体制、文化、历史等）组成的多维复合生态体。它不仅包括有形的地理和生物景观，还包括了无形的个体与整体、内部与外部、过去与未来以及主观与客观间的系统耦合关系。景观的综合划分是以自然景观、经济景观和人文景观的综合特征的相似性和差异性为前提进行的，它所要揭示的是景观的全部属性的相似性或差异性，而不是其中的某一方面。

②自然景观：根据自然景观的地域分异规律，按地域的相似性和差异性进行地域的划分与合并，即把自然特征相似的地域划分为一个区，把发生差异变化的地方确定为区界；然后，对这些自然特征相对一致的区域的特征，及其发生、发展与分布规律进行研究，并按各区域之间的等级从属关系，建立一定的自然区域单位的等级系统。

③经济景观：将自然环境各类景观和人文社会各类景观作为一个整体进行研究，

探索文化演进中人类对于各类景观资源的消费、创造等行为模式以及由此产生的经济效应和经济活动规律，划分的理论依据是经济景观的地域分异规律。

④人文景观：社会、艺术和历史的产物，带有其形成时期的历史环境、艺术思想和审美标准的烙印，具体包括名胜古迹、文物与艺术、民间习俗和其他观光活动。比如，一些老村子红军长征遗留下来的标语、新中国成立初期遗留下来的口号等。以人文景观的地域分异规律为理论基础，依其社会文化地域综合体的相似性和差异性进行合并和划分，即按其相似性可以把级别较低的人文景观合并成较高级的人文景观，并依其地域联系逐级排列成一个等级序列，即为人文景观区划。

(3) 空间布局模式

大规模的综合性农场，特别是科技示范农场的空间布局可以参照现代农业科技园区布局模式，主要分为矩形布局模式、圆形布局模式、圈层布局模式和园中园布局模式。科技农场的实践不仅可以是某一单一模式的运用，亦可以是多种单一模式的综合运用。比如，农场总体布局属于圆形布局模式的，对于局部卫星农场而言也可以采用圈层布局模式或园中园布局模式；对于总体上属于园中园布局模式的，在局部的小园当中也可以采用圈层布局模式。

(4) 具体布局方式

家庭农场空间布局要求：

①要符合区域农业和农村经济发展战略。目前，家庭农场的发展要充分发挥其示范辐射功能，促进周边地区农业和农村经济的发展，推动现代高效农业的发展，繁荣农村经济，带动农民增收，产生良好的经济效益、生态效益和社会效益。

②要依据区域农业资源条件。农业资源条件是影响农业产业发展的首要因素，因而家庭农场规划项目时要依据场内地形地貌、土壤类型、气候条件、利用现状等方面来布局。

③要依据农场的功能定位。单一功能的家庭农场与多功能综合性家庭农场的空间布局模式显然是不相同的。

④一般规模的家庭农场的布局模式根据非农业用地，也就是核心区在整个农场所处的位置来划分，常有围合式、中心式、放射式、制高式、因地式等。

围合式：在农场（园区）规划平面图上，非农业用地呈块状、方形、圆形、不等边三角形，设置于整个农场中心，四周被农业用地所包围。

中心式：非农业用地位于靠近入口处的中心部位，农业用地分布在场内各个区域。

放射式：非农业用地位于整个农场的一角，整个农场的重心是在农业用地部分。

制高式：非农业用地一般位于整个农场地势较高处，农业用地分布于其下方。

因地式：将前几种布局形式相互配合，结合农场基地的实际情况进行非农业用地的布局摆放。

四、家庭农场种植区建设

(一) 高标准农田建设

1. 高标准农田

标准农田就是高产、稳产、优质、高效、安全、环保、经济、可持续发展的现代化基本农田，在此基础上进一步力争生产出绿色、有机、健康、多样化的食品。中低产的普通农田可以经过系统改造成为标准农田。基本农田是指根据一定时期人口和国民经济对农产品的需求以及对建设用地的预测而确定的，在土地利用总体规划期内未经国务院批准不得占用的耕地。

高标准基本农田是一定时期内，通过农村土地整治建设形成的集中连片、设施配套、高产稳产、生态良好、抗灾能力强，与现代农业生产和经营方式相适应的基本农田。包括经过整治的原有基本农田和经整治后划入的基本农田。

高标准基本农田建设是一种土地整治活动，以建设高标准基本农田为目标，依据土地利用总体规划和土地整治规划，在农村土地整治重点区域及重大工程、基本农田保护区、基本农田整备区等开展的土地整治活动。

2. 进行高标准农田建设

为推进农村土地整治工作，大力加强旱涝保收、高产稳产的高标准基本农田建设，促进耕地保护和节约、集约利用，保障国家粮食安全，促进农业现代化发展和城乡统筹发展，国土资源部制定了《高标准基本农田建设规范（试行）》。本规范明确规定了高标准基本农田建设的基本原则、建设目标、建设条件、建设内容、技术要求、建设程序、公众参与、权属管理、信息化建设与档案管理、绩效评价等内容。

(1) 基本原则

①坚持"十分珍惜、合理利用土地和切实保护耕地"的基本原则，规范开展高标准基本农田建设。

②坚持规划引导，以土地利用总体规划和土地整治规划为依据，兼顾相关部门规划，统筹安排，规模整治，优先在基本农田范围内建设。

③坚持因地制宜，实行差别化整治，根据不同区域自然资源特点、社会经济发展水平、土地利用状况，采取"田、水、路、林、村"综合整治措施。

④坚持数量、质量、生态并重，促进基本农田数量稳定、质量提高、景观优化、生态良好。

⑤坚持农民主体地位，充分尊重农民意愿，维护土地权利人合法权益，依法保

障农民的知情权、参与权和受益权，鼓励农民采用多种形式参与工程建设。

⑥以土地整治专项资金为引导，聚合相关涉农资金，集中投入，引导和规范社会力量参与。

(2) 建设条件

①基础条件

一是符合国家法律法规，符合土地、农业、水利、环保等部门的有关规定。二是水资源有保障，水质符合农田灌溉标准，土壤适合农作物生长，无潜在土壤污染和地质灾害。三是要求建设区域相对集中连片。四是具备建设所必需的水利、交通、电力等基础设施。五是地方政府高度重视，当地农村集体经济组织和农民群众积极性高。

②建设区域

重点区域主要是三个方面：土地利用总体规划确定的基本农田保护区和基本农田整备区；土地利用总体规划确定的土地整理复垦开发重点区域及重大工程；土地整治规划确定的土地整治重点区域及重大工程、基本农田整理重点县。

限制区域主要有水源保护区及水资源严重贫乏区域；水土流失易发区、沙化严重区等生态脆弱区域；因挖损、塌陷、压占等造成土地损毁并难以复垦为耕地的区域；污染严重难以恢复的区域；易受自然灾害损毁的区域。

禁止区域主要是地形坡度大于25°的区域；自然保护区，退耕还林区、退耕还草区；行洪河道，河流、湖泊、水库水面。涉及滩涂开发、湿地开垦、围海造田等区域，应经过相关部门论证，并获得批准。

③建设程序

第一步：提出建设计划。根据土地利用总体规划、土地整治规划确定的高标准基本农田建设任务，编制阶段性建设计划或年度建设计划。

第二步：基础调查。第一，应用年度卫星遥感影像、土地调查及年度变更调查最新数据、农用地分等定级成果、土地质量地球化学评估成果等基础数据，查明建设区土地利用现状、土地权属状况、耕地质量等级和生态地球化学背景等。第二，开展建设区自然资源条件、社会经济条件、基础设施等调查，全面查清建设区内土地资源条件、土地利用状况、农业种植结构、农田基础设施条件。第三，开展权属调查，查清建设区内各类用地面积、分布与数量。明确区内土地所有权、土地使用权或农户承包经营土地的数量、位置和界线，为开展权属调整提供依据。

第三步：提出可行性研究报告。在基础调查的基础上，开展新增耕地来源分析、水土资源平衡分析和环境影响评价。编制可行性研究报告，从项目建设背景、立项条件、水土资源状况、新增耕地来源、环境影响、规划方案、投资估算及资金筹措等方面，进行技术、经济分析和社会、环境评价，分析其可行性、科学性和合理性。依据可行性研究报告，编制立项申请材料，提出立项申请。

第四步：规划设计。在批复立项的基础上，通过优化设计，确定规划方案和工程布局，明确各类工程建设内容与标准，设计确定各级工程的技术参数和结构尺寸，计算各类工程量，按照相关预算定额标准进行投资预算，编制规划设计和预算材料。开展规划设计和预算成果评审。

第五步：做好实施方案。根据批准的规划设计成果，制订施工组织方案，选定主要工程施工方法和施工工艺，明确控制工期和进度安排计划。明确土地权属调整的范围、原则与程序，编制土地权属调整方案。明确工程管护和固定资产移交的原则，说明管护的工作任务和责任，分工程类别制定管护措施。开展实施方案成果评审。

第六步：实施管理。制定规范化管理的各项制度，落实项目法人制、招投标制、监理制、合同制、公告制等。项目法人制定现场管理制度，做好分工协调；落实多部门共建机制，做好项目实施管理工作。监理单位代表法人负责施工控制，制定施工进度、资金、质量和安全等控制计划，落实控制措施，对可能偏离施工计划的影响因素提出应对预案。建立组织保障体系，做好招投标、合同管理、公告等工作，明确各方责任义务。严格工程变更管理，对因规划、设计或施工计划调整而引起的重大变更应进行论证。

第七步：验收。验收分为阶段验收和终验，采取全面核查与抽样核查相结合、室内核查与实地核查相结合的方法组织验收。验收内容包括：建设范围、建设规模、新增耕地面积、工程任务完成情况、工程质量、耕地质量、资金使用与管理、权属调整成果、土地利用现状及变化情况、后期管护措施等。验收应以批准的项目规划设计和设计变更、相关技术标准规范为依据，先由施工单位自行检查评定合格并经监理单位认可，再由项目承担单位初验并提交验收申请后，由立项单位组织验收。涉及工程质量的验收应查验工程质量检验资料，并听取有关质检部门意见，隐蔽工程应在隐蔽前进行验收。高标准基本农田建成后，应根据农用地分等定级规程开展耕地质量评定。验收合格后应形成有关验收文件，及时进行土地利用变更，新增耕地面积纳入年度土地变更调查数据库。

第八步：后期管护、信息化建设、档案管理以及绩效评价。

(二) 农田高效立体种植

1. 立体农业

立体农业有狭义、中义与广义之分。

狭义的立体农业仅指立体种植，是农作物复合群体在时空上的充分利用。根据不同作物的不同特性，如高秆与矮秆、富光与耐荫、早熟与晚熟、深根与浅根、豆科与禾本科，利用它们在生长过程中的时空差，科学合理地实行间种、套种、混种、复种、轮种等配套种植，形成多种作物、多层次、多时序的立体交叉种植结构。

中义的立体农业是指在单位面积土地上（水域中）或在一定区域范围内，进行立体种植、立体养殖或立体复合种养，并巧妙地借助模式内人工的投入，提高能量的循环利用效率、物质转化率及第二性物质的生产量，建立多物种共栖、多层次配置、多时序交错、多级质能转化的立体农业模式。

广义的立体农业立足于整个大农业系统，它包括农业的广度，即生物功能维；农业的深度，即资源开发功能维；农业的高度，即经济增值维。它不是通常直观的立体农业，而是一个经济学的概念，与当前"循环经济"的概念相似。

因此，立体农业是传统农业和现代农业科技相结合的新发展，是传统农业精华的优化组合。具体地说，立体农业是多种农业产业相互协调、相互联系的农业生物（植物、动物、微生物）种群，在空间、时间和功能上的多层次综合利用的高效农业结构模式。

立体农业是通过多物种的合理配置，多层次的开发利用，求得单位时空生产物质的最大产出，达到集经济、生态、社会三大效益于一体的目标。它的实质是多级质能循环，提高资源利用率，求得最大效益。它的边界是大农业的范畴。因此，可以把立体农业概括为：在一定生产单元内，一个区域或一定的土地、水体，建立多种生物共处，多层次配置，多级质能转化，较好地利用时间、空间和光、热、水、气、土、肥等资源以及社会经济技术条件，进行立体种植、立体养殖、立体种养结合、立体种养加工结合的一种高产、高效益的集约、持续的农业生产方式或生产体系。

2. 发展立体农业的好处

科学组配立体农业，既增加了产量，又提升了产值，同时还能改善生态环境，促进物质的良性循环。刘巽浩教授认为立体农业增效最主要的原因有三条：一是"叶—日积理论"，即保持光合叶面积在空间和时间上的最大优势。二是生态位理论，即合理安排生物的分布与功能。三是生物互补与竞争理论，即安排生物结构，宜增加互补，减少竞争，除时间、空间安排外，注意生物间共生或抑制关系以及对光、热、水、气和营养利用的特点。

发展立体农业，一是提高了农业资源利用率，主要是提高对光能、水分、土地的利用率。二是提高了物质的转化和利用率。立体农业的最大特点是生物种群的多样性和物质转化利用的多次性。立体农业模式作为一个生产系统，能集种植、养殖、加工于一体，组成人工食物链结构，物质多次转化利用，获得整体的高产和高效益。三是生物学上的互补效应，生物间相互创造适宜的生态环境条件，各得其所。比如，一种生物协助另一种生物抵抗病虫或杂草危害，一种生物为另一种生物提供营养等，增强了整体效应。

3. 立体农业的特点

立体农业的特点集中表现在四个方面，即集约、高效、持续与安全。

一是"集约"，即集约经营土地，体现出技术、劳力、物质、资金作为一个整体的综合效益；

二是"高效"，即充分挖掘土地、光能、水源、热量等自然资源的潜力，同时提高人工辅助功能的利用效率；

三是"持续"，即减少有害物质的残留，提高农业环境和生态环境的质量，增强农业后劲，不断提高土地（水体）生产力；

四是"安全"，即产品和环境安全，体现在利用多物种组合修复污染土壤和改善农业生产环境，兼顾了经济效益和环境效益。

开发立体农业，可以充分挖掘土地、光能、水源、热量等自然资源的潜力，提高人工辅助能的利用率，缓解人、地矛盾，缓解粮食与经济作物、蔬菜、果树、饲料等相互争地的矛盾，提高资源利用率；可以充分利用空间和时间，通过间作、套作、混作等立体种植模式，稻田养鸭、稻田养鱼等立体种养模式，较大幅度地提高单位面积的物质产量，从而缓解食物供需矛盾；同时，提高化肥、农药等人工辅助能的利用率，缓解残留化肥、农药等对土壤环境、水环境的压力，实现环境与发展的"双赢"。

4. 立体农业的主要优势

（1）提高光能利用效率

植物对光能的利用率与植株高矮、密度、叶片分布、叶片朝向等直接相关。立体农业作为一个垂直的复合农业结构，根据不同植物对光照强度要求的不同，按一定密度实行高矮秆作物的间作套种，使单位面积的叶片面积大、叶片层次多，作物层透过的光辐射也较多，减少漏光与反射光，有利于各层次作物的均匀受光，提高光能利用率。例如"林—药"立体种植模式，上层的林木叶片利用太阳直射光进行光合作用，下层的药材则能充分利用渗透的散射光。其和单一的林木生产或药材栽培相比，显著提高了光能利用率。

（2）提高水分利用效率

立体农业通过不同密度、不同高度的立体种植，使植物根系在垂直深度和水平范围的分布产生差异，大大提高了根系吸收水分的面积；同时，立体种植增加了植物对地表的覆盖，降低土壤水分的蒸发量，减少降水造成的径流量，起到防止水土流失、涵蓄水源的作用。

(3) 改善作物群体内部的温度和湿度

根据作物对光照的不同要求，把喜阳作物与耐阴作物合理搭配，实行高矮秆作物的间作套种，利用上层作物对下层的荫蔽、下层作物对地面的覆盖及植物的蒸腾作用，高温季节可降低植物群体内的温度，提高群体内的相对湿度，寒冷季节可阻挡地面的热辐射，减少热量损失，达到保温、防冻的目的。

(4) 改善生物群体通风条件，提高二氧化碳利用率

研究证明，喜阳性植物的光合作用对二氧化碳的依赖比对光的依赖还要大，而耐阴性植物的光合作用几乎完全依赖于二氧化碳的浓度。实行高矮作物的间作套种，田间通风状况得到改善，空气流动大，大大提高了二氧化碳的利用率，促进了植物的光合作用。

(5) 改良土壤

立体种植有效地减少了水、土、肥的淋溶和流失，保持土壤的疏松状态，保温效应为微生物创造适宜的生存环境，加速土壤有机质的分解及腐殖化，提高了土壤肥力。同时，由于立体种植的作物多、层次多，大量的残花落叶及残存根系也增加了土壤有机质的来源，有效地改善了土壤的养分结构。

(6) 提高物质的循环和利用率

利用生态系统中生物与生物、生物与环境之间相依存的关系，建立起多层次、多物种共处的生态农业系统，提高了物质的转化率和利用率。例如"农—菇"立体农业模式，食用菌是好氧性真菌，它利用作物光合作用产生的氧良好地生长，同时农作物的遮护也为食用菌生长创造了良好条件；农作物则利用食用菌排放的二氧化碳增强光合作用。另外，作物秸秆可成为食用菌的养料，经食用菌转化的废弃物，则可作为肥料和饲料。南方"稻—鸭"立体种养模式，稻田为鸭子提供栖息、活动场所和食物来源，鸭子为稻田清除杂草、控制病虫害、鸭排泄物肥田并且有助于稻田温室气体减排。

5. 立体种植的原理

(1) 共生互利原理

共生关系是自然生态系统中不同种类间共存互利的关系，彼此间相互作用提高了系统功能。根据共生原理，在立体农业建设中注意垂直与水平空间布局，种与种的合理搭配，大大提高了农业系统的生产力。正如农谚所说"草木无声却有情，庄稼也有亲和朋"，生长在绿色大地上的生物盼望能找到脾性相投、休戚与共的伙伴为"亲"作"朋"，以互帮互助获高产，如"棉菜间套作"等。

(2) 食物链原理

在自然生态系统中，由生产者、消费者、分解者所构成的食物链，是一条能量转化链、物质传递链，也是一条价值增值链。一般而言，缩减的食物链不利于能量的有效转化和物质的有效利用，同时还降低生态系统的稳定性。因此，根据自然生态系统的食物链原理，在立体农业设计中延长食物链，可以收到物尽其用，变废为宝，再生增值的效果。比如"桑基鱼塘""稻萍鱼"模式就利用了食物链原理。

(3) 边际效应原理

边际效应是一个普遍存在于自然生态系统和人工生态系统中的现象。生活在边际的生物较种群内部的生物有较大的营养面积，其生产力水平也远高于种群内部的生物。通过种群合理配置，增多边际，加强边际效应，可以显著地提高系统生产力。农田中的间作套种立体种植就是通过发挥边际优势和共生互利作用来达到增产目的的。

(4) 物质循环原理

生命的存在依赖于生态系统的物质循环和能量流动。利用这一原理来建立生态系统可以使物质循环往复，充分利用，提高资源的利用率。如"稻—鸭"立体种养模式就是一个很好的物质良性循环体系：鸭子控制水稻的害虫、病害和杂草，鸭粪肥水，为水稻提供肥料，促进了水稻的生长。同时鸭子活动显著减少了稻田中的甲烷排放。这种多层利用的物质循环显著提高了生态效益和经济效益。

(5) 生态位原理

生态位是指自然生态系统中一种生物种群所要求的生活条件。结构单一的系统往往产生较多的空白生态位。如果把适应且有经济价值的物种引入单一结构的生态系统中，来填补空白生态位，从而构成复杂稳定的系统，并提高生态位的利用效率。生态位在生态系统中一般呈主体分布，且在任一层次上的生态位数量通常也是有限的。

(6) 整体大于总和原理

所谓整体是指整个生态系统的有机统一体，总和是指总体内各元素的机械相加。任何生态因子都具有自身的作用和功能，同时又是系统有机组成的一员，具有维持与确立系统整体动态平衡的作用。任何因子作为整体中一员的作用与作为孤立的单个因子的作用，有着本质的区别。在正常情况下，个体在总体中的作用，大于离开整体时所起的作用。如农田中的间套作、稻田种养结合等立体复合结构都比其单一结构的生态效益和经济效益要高。

五、养殖区建设要求

(一) 总体要求

养殖业必须坚持走品种优良化、生产标准化、基地规模化、防疫科学化、环境生态化的发展道路。因此，必须科学规划养殖区域，统筹考虑养殖产业的空间布局和功能配置；大力发展畜禽水产品标准化养殖和规模化健康养殖。按照"因地制宜、综合治理"的原则，开展污染治理，饮污分离、雨污分流、污染物固液干湿分离、农村户用沼气、种养结合，广泛应用生物发酵垫床零排放养殖和生物发酵塔等综合治污技术，解决畜禽养殖污染问题。

(二) 建设目标

在对农场主导产业发展现状、市场需求以及发展潜力进行充分调查研究的基础上，定位农场发展模式，制定农场的长期发展目标。

(三) 功能分区

在选定的场地上，依地形、地势和当地的主风向，安排农场不同功能区、道路、用水、废弃物处理、绿化等地段的位置。

1. 养殖场建筑物布局

养殖场建筑物包括饲养所、业务用房、饲料加工房与调制间、门卫室与消毒设施、办公室与更衣室以及兽医室等，其整体布局一般要求横向成行，纵向成列，尽量将建筑物排成方形，避免排列狭长，造成饲料、粪污运输距离加大，给管理和工作带来不便。4 栋以内，单行排列；超过 4 栋则可以双行或多行排列。并根据当地主风向来确定建筑物的朝向，适宜朝向应与主风向成 $30°\sim45°$ 角。

建筑物的位置应考虑两个方面，一是功能关系。房舍建筑物在畜牧生产中的相互关系，比如商品猪场的工艺流程是：配种→妊娠→分娩哺乳→育成→育肥→上市；猪舍则应按种猪舍→妊娠母猪舍→产房→保育舍→育肥舍→装猪台等顺序排列；饲料库和贮粪场等与每栋猪舍都有联系，应合理安排。二是考虑防疫要求。考虑场地地势与主风向，先是种幼畜，然后是生产群，病畜和粪污处理在最下风向和地势最低处。

2. 废弃物处理

主要包括粪便与污水处理和利用，其基本模式为：

(1) 地埋式生态沼气能源化处理模式：采用干湿分离、雨污分流设计方案。

尿液及冲洗液→进料沟→预处理池→一级厌氧消化池→二级厌氧消化池→沼气

净化设施→沼气(沼渣→用于农田作物)→生物滤池→沼液→农田施肥(曝气沉淀池→生物氧化塘→达标排放)。

此模式治污彻底,变废为宝,污水达标排放,沼气用作能源,但投资较大。

(2)生物酵母技术处理模式:建造或改造特定猪舍→粪、尿→垫料→出售做复合肥或施用于农作物。

此模式不需要干湿分离,不需要每天冲洗,但每天要清理清扫,酵母需求量大,价格较高。

(3)生态资源化回收处理循环利用模式:干湿分离,雨污分流。固粪及泥状物→干粪房堆酵干化→供农作物施肥或做有机肥。尿液及冲洗液→专用渠道→多组格栅式沉淀池→贮液池自然氧化→供农作物施肥。

此模式变污为肥,但需要大量农田,以农作物消纳有机肥水为基础,适于农牧结合区域。

第二节 家庭农场内生性发展机制

一、家庭农场内生性发展的相关概念

明确相关概念的内涵是本文开展研究的前提条件,本节的主要内容是厘清内生性发展、家庭农场内生性发展、家庭农场内生性发展机制的内涵。

(一)外源性发展与内生性发展

外源性发展是指通过外部资源注入来维持农村或农户发展的农村经济发展模式。在外源性发展模式下,推动发展的主体是政府与企业。政府和企业通过外来人才管理农业、资本下乡、技术援助和市场介入等方式,直接参与到农业的生产经营,从而提高农民收入,实现农村农业发展。农民成为被动接受者,普遍缺乏参与农业生产的积极主动性,这使农村农业的发展缺少可持续性。与此同时,农民受到城市就业和服务的排挤,农民的主体地位没有保障,农民在农村农业发展中没有话语权,致使农村生态污染和农村文化遭受破坏。由此可见,外源性发展不能从根本上改变农村逐渐走向衰落的趋势,这使外源性发展模式深受学术界的质疑和批评。

内生性发展是与外源性发展相对应的概念。农村面临的外源性发展困境,使学者们重新思考乡村正确的发展道路应该如何走。20世纪80年代,学术界开始探索农村的内生性发展问题。相对于外源性发展而言,内生性发展的驱动力主要来自农村的内部因素,是依赖农村内部主体来实现经济自发演化的模式。内生性发展强调

农村发展主要从农村内部产生，依赖农村内部劳动力及其知识和技能，激活并发挥农村自身现有资源，进而推动农业发展，而非单纯依靠外部主体发展农业。相比外源性发展，内生性发展以农民为基础，重视其主体地位，让农民自主、自发地探索适合自身的发展道路。

总之，农村内生性发展至少包含三层含义：一是内部性。农村发展主要依赖农村自有资源，农村内部的土地、劳动力、资金等各种生产要素；农民是农村内生性发展的主体。二是主动性。农村发展的主导权掌握在农民手中，农民通过积极发挥主动性和创造性，科学管理并组织农业生产，增加农业收入。三是约束性。农村内生性发展受资源稀缺性、农民知识和技能局限性、信息的时效性和有限性等制约，强调理性经营和发展农业。

外源性发展和内生性发展各有特点，不同程度上影响着乡村发展。但是，内生性发展模式和外源性发展模式并非矛盾关系，而是互补关系。任何地区的乡村都不是独立、封闭发展起来的。因此，我国家庭农场既要依赖政府等外生力量，也要重视发挥农民的主体作用，以实现内生性发展。

(二) 家庭农场内生性发展

本节依据农村内生性发展的内涵，从外源性发展和内生性发展比较的视角，认为家庭农场内生性发展至少包含以下三层含义：

1. 农民是家庭农场内生性发展的实施主体

农民生于农村、长于农村，是农业生产的主要参与者，对农村有着深厚的情感寄托，与农村、农业有着盘根错节的关联。农民在家庭农场发展中有举足轻重的地位，推动着家庭农场乃至整个农村的发展进程。为实现家庭农场长期稳健发展，农民的主体性及其生产的积极主动性起主导地位。因此，要重视农民在农业中的主体性，让农民获得更多"选择"的权利，提高农民在政治、经济等方面参与的自主性，引导农民转变发展理念，主动参与发展，实现农民自主发展家庭农场。

2. 内部转化是家庭农场内生性发展的重要途径

家庭农场要实现内生性发展，小农户向家庭农场转化是一条重要的路径。内生于农村社会的小农户与农村的联系更紧密，其社会资源、文化资源更丰富。部分有远见的小农户为降低交易成本和监督成本，获得土地规模经营的潜在利润，趋向于向周边农户流转土地，推动了小农户向家庭农场转化。国外部分学者也认为农业生产经营具有代际传承的特性。

3. 持续经营是家庭农场内生性发展的最终目标

借助国外学者的观点，我们认为，要实现家庭农场的内生性发展，持续性是一个重要特征，这就要求在家庭农场实现内生性发展的过程中，不能把收益当作发展的唯一目标，要注重经济、生态、社会在内的多维度发展。同时，家庭农场经营带来的增收效应是家庭农场持续经营的资金保障，只有农场经营的资金链稳定，农民继续扩大土地规模、经营家庭农场的意愿才更强烈，对家庭农场的持续经营也会起到积极的推动作用。

(三) 家庭农场内生性发展机制

机制是指事物的各个组成部分及其彼此之间相互协调、相互作用的关系。与依赖政府、第三方资本输入的外源性发展不同，内生性发展机制是通过调动参与者自身主体性，利用当地可利用资源，使参与者自发、自觉地产生推动事物发展的动力，最终实现持续发展的过程。在内生性发展机制中，参与者是该机制的核心主体，通过激发自身潜能，提升自主发展能力，唤醒主体意识，从而推动区域发展。

家庭农场内生性发展机制是指以农民为主体，以乡村资源、文化认同和农民参与为主要构成要素，务农收入、土地适度规模为动力，适度依赖政府、企业等外部力量进行的自主发展的过程。在家庭农场内生性发展机制中，乡村资源是家庭农场内生性发展的前提和基础，尤其是乡村土地资源、乡土文化等。农民参与是家庭农场内生性发展的桥梁，也是将乡村资源和文化认同紧密联系的纽带。农民主动参与农场经营有利于表达自身利益诉求，合理利用农村资源，将自身转化为推动家庭农场发展的内生动力。农民文化认同是家庭农场内生性发展的精神动力。农民对地方文化的认同为家庭农场内生性发展提供重要保障，主要体现在农民自身对家园的归属感及对乡村特色文化的认同。政府、企业等为家庭农场内生性发展提供了外部支撑。各要素相互关联、相互协调，共同推动家庭农场内生性发展。

推动家庭农场内生性发展的实现，应沿着三条路径展开：一是小农户向家庭农场转化的路径。加快小农户向家庭农场转化的进程，引导一部分小农户身份非农化，另一部分小农户转化为家庭农场。二是家庭农场持续发展的路径。发挥土地规模优势，追求农场收益最大化，推动农民子代主动传承经营家庭农场，保证家庭农场的持续稳定经营。三是家庭农场代际传承的路径。青壮年农民子代主动承担起经营家庭农场的责任。

二、乡村振兴战略与家庭农场的内生性发展

到2050年，乡村振兴战略将是我国有关经济社会发展的最重要战略，这一战略必将对我国家庭农场的内生性发展产生深刻影响。研究家庭农场内生性发展不能忽视乡村振兴战略的约束作用。

(一)乡村振兴战略

2018年,中央一号文件对乡村振兴战略的实施提出了新要求,强调做好"三农"工作要以乡村振兴为抓手,优先发展农业和农村,让农业成为有奔头的产业,农民成为有吸引力的职业,农村成为安居乐业的美丽家园。同时,明确乡村振兴战略的目标任务:到2050年,乡村全面振兴,农业强、农村美、农民富全面实现。由此可见,中央特别重视乡村振兴战略的落地和落实。

农村是农民安居的基础,土地是农民创收的基石。一号文件还提出,要明确并坚持农民在农业生产活动中的主体地位,强调调动亿万农民参与农业生产的积极性,切实增加农民的生活幸福感和获得感。在"十四五"的开局年,农民富裕、农村振兴与我国农村基本经营制度密切相关。因此,乡村振兴战略的落地就要充分结合我国农村基本经营制度,让农民安心参与农场经营,激发农民管理农场的潜力和创造力。在此基础上,发展并经营多种形式的农业生产模式。

当前,为解决好不平衡、不充分的矛盾,实现共同富裕,贯彻落实乡村振兴显得尤为重要。因此,就要维护农民主体地位,调动农民参与农业生产活动的热情,才能激发农民创新农业生产方式和管理方式的潜力,从而推动农业转型升级、农村农民共同富裕,而家庭农场内生性发展正是落实乡村振兴战略的最佳选择。

(二)乡村振兴战略约束下的家庭农场内生性发展

乡村振兴,也是农民振兴。前文提到,落实乡村振兴战略就要巩固农民的主体地位,而家庭农场的内生性发展是激发农民主体意识和发展潜力的最优路径。因此,家庭农场的内生性发展应以乡村振兴战略的总体要求为理论依据,坚定农民主体地位不动摇,保障农民的基本生产与生活。

1. 家庭农场内生性发展是落实乡村振兴战略的重要举措

改革开放40多年来,农民对农村发展的意义不容忽视。为适应农业现代化,家庭农场内生性发展是对乡村振兴战略的最好回应。受我国基本农业经营制度的约束,发展以家庭为单位的家庭农场势在必行,家庭农场内生性发展的重要性也日益凸显。家庭农场内生性发展是发挥农民主体性的新型农业生产模式,也是贯彻落实乡村振兴战略的方向。我国正处于城镇化、工业化进程,大量中青年劳动力涌入城镇务工,农村劳动人口老龄化现象严重,受到农村地理环境、经济水平等因素的影响,家庭农场内生性发展理应受到重视。如果通过外力强制实现土地集中,忽略农民的发展意愿,就与乡村振兴战略发展要求和基本原则相违背。

2. 家庭农场内生性发展是实现乡村振兴战略的现实选择

实现乡村振兴，人才是关键。因此，吸引、培养更多本土的优秀人才和农业专业人才返乡务农，管理和经营农场是有必要的。《中共中央国务院关于实施乡村振兴战略的意见》提出，要培育有特长的职业农民，发挥亿万农民的创造精神。而家庭农场内生性发展是农民发挥农业首创精神的落脚点。家庭农场因具备集约化、商品化、规模化等特征，对农场主也提出了更高的要求，而内生性发展之路是吸引有农业技能特长的农民的现实选择。家庭农场需要有开拓精神和创新精神的职业农民和专业农业人才队伍来助力发展，建设农场。我国处于农业转型期，农民是推动农村发展的核心力量。家庭农场的内生性发展要以乡村振兴的总要求为导向，重视提升农民素质和能力，注重培育本土的乡村专业人才，激发本土人才的活力和创造性。由此可见，家庭农场内生性发展不仅受到乡村振兴战略的制约，一定程度上该战略的落实也为家庭农场内生性发展指明了方向。

在乡村振兴战略约束下，家庭农场的内生性发展旨在发挥农民主体性，调动农民的积极性和创造性，以优化家庭农场经营模式，提高经营效率。该模式不仅能够激发农村现有劳动人口的潜力，而且能够吸引更多乡村人才返乡务农，让农民真正成为乡村的建设者和受益者。农民是理性经济人，是家庭农场最大的受益者，其主体性和创造性的发挥有助于引导农民主动从事农业适度规模经营，真正成为农村的主人，也使农民成为有吸引力的职业。因此，家庭农场内生性发展要融入乡村振兴战略的主导思想。

三、家庭农场内生性发展的机制分析

家庭农场内生性发展的过程不是一劳永逸的，也不是依靠单一要素发展的。实现家庭农场内生性发展，核心在于把握其构成要素，厘清其内在机理，明确其内生性发展的路径。

（一）家庭农场内生性发展的机理

家庭农场内生性发展是指在政府、资本等外部力量的适当介入下，以农民为主要经营主体，实现家庭农场自发地、渐进地演化发展过程。家庭农场内生性发展的机理具体体现在，大多数家庭农场都是由小农户转化而来的，在政府政策的支持下，尊重农民发展意愿，引导小农户间主动流转土地，以适度的土地集中为发展条件，务农收入、农村资源和文化认同为动力，实现家庭农场的自主发展。以小农户向家庭农场转化为主要路径发展家庭农场，是避免家庭农场发展排挤没有完全在城市扎根的农民的最有效的方式，也为创业失败的农民提供了退路。

农民是家庭农场的经营者，也是家庭农场内生性发展的推动者。农民作为农场主，其参与农场经营和管理的积极自主性是家庭农场经营方式和生产效率提升的关键一环，也是农民将自身经营动机与政府政策衔接的有效方式。由此可见，家庭农场内生性发展的过程与农民主体性联系紧密。

家庭农场内生性发展的动力有很多，而推动家庭农场发展的关键动力有三个，分别是农业收入、乡土文化认同和农村土地资源。农业收入是家庭农场实现内生性发展最重要的动力。稳定的资金来源对农民发挥主体性、农民积极参与农业生产有积极作用，也是家庭农场实现持续发展的条件。理性农民只有看到家庭农场的好处时，才会主动经营家庭农场、自发扩大土地规模，从而实现家庭农场的稳定经营和持续发展。农民对乡村文化的认同也为其参与提供了精神动力，能够唤醒农民的主体意识，激发农民参与家庭农场的主动性，最终实现家庭农场内生性发展合力的最大化。农村土地资源禀赋也是影响家庭农场内生性发展的重要动力。小农户向家庭农场的转型为有志扩大土地规模、实现规模经营的农户提供了土地资源，部分农民转变成农民工身份，主动转出闲置、撂荒的土地，为新生家庭农场的形成提供了规模经营的基础。随着农村青年劳动力进城务工带来的土地流转加快，以土地集中经营为特征的土地流转模式趋于成熟，为家庭农场的产生和发展提供了必要条件，也为小农户向家庭农场转化提供了条件。

同时，政府扶持、资本下乡也是家庭农场内生性发展不可缺少的条件。家庭农场处于发展初期，资源配置程度低，技术和管理水平弱，缺乏农业自主创新力，单纯依赖农民自主管理可能会带来发展局限性。因而，应适度借助政府等外部力量。有研究表明，政府、资金等外部资源是内生性发展的必要条件，基于当前我国农村"空心化"现象严峻，大量乡村青年劳动力流失，农场内生力量薄弱。因此，要实现家庭农场稳定经营和长期发展，就要在调动农场主自主性和积极性的同时，将内生性动力与外部力量结合起来，融合农村本土资源和外部资源，明确政府、企业等促进者和服务者的定位，适当依赖政府、资本和技术等外部力量，进而形成家庭农场内生性发展机制。

（二）家庭农场内生性发展路径分析

家庭农场内生性发展主要是通过小农户向家庭农场转化、现有家庭农场的持续发展和家庭农场的代际传承实现的。

1. 小农户向家庭农场转化的路径分析

小农户向家庭农场转化是我国家庭农场内生性发展的主要路径，这是由小农户是主要农业经营主体的国情决定的。而这一国情又与农村基本经营制度有关。现阶段下，小农户向家庭农场转化不是一蹴而就的，而是一个渐进的过程，其转化过程受到多种因素的共同作用。当前，我国农业社会处于半工半耕的小农经济形态，兼业农民是主体，一定程度上阻碍了农村发展和农业进步。因此，在城镇化进程中，必须打破以兼业农户为主的农业经营模式的僵局，促进小农户向家庭农场的转化。

工业化、城镇化为小农户向家庭农场转化创造了可能性。小农户被带入高度开放、分化的现代社会，既为小农户生产生活注入了生机和活力，又为小农户提供了更多非农就业机会，面对发展机遇与市场风险，小农身份开始逐渐动态分化。更多农民变成农民工，从事非农生产活动，土地面临无人耕种甚至撂荒的危机。在现有的农村基本经济制度下，为避免土地资源闲置和浪费，务农意愿低的农民倾向将土地流转给专业、有经验的农民，为土地流转提供了发展的基础，也为小农户转化为家庭农场提供了动力支持。我国进入农业现代化进程中，农业科技水平突飞猛进，为小农户向家庭农场转化奠定了技术基础。家庭农场的产生一方面提升了农业生产效率，另一方面也促进了农业生产的专业化、精细化分工，有利于创造更多潜在的利润。

小农户作为理性生产主体，以利润最大化为目标，对利润的追求成为小农户向家庭农场转化的内在动力。与家庭分散经营相比，部分有学识、有远见的农民意识到经营家庭农场的潜在利润后，促使部分农民改变原有的家庭承包模式，主动流转土地。中央出台一系列政策和文件扶持家庭农场发展，为农民带来政策红利，有效引导一部分有农业技术的农民利用自身特长发展家庭农场，从而实现小农户向家庭农场的转化。同时，农户家庭结构在一定程度上也推动了小农户向家庭农场转化的过程。随着农村父辈农户年龄的增长和劳动能力的下降，逐渐退出农业生产。现代高科技农业吸引了一批有志投身于农村建设的青壮年返乡融入家庭农场经营，与女性农民子代相比，男性农民子代劳动能力和决策力强，能够推动小农户向家庭农场的转化。同时，完善的农业社会化服务也为小农户向家庭农场转化提供了支撑。专业的农业培训体系有利于提升家庭农场的农业生产效率，一定程度上增加了小农户转化为家庭农场的可能性。自此，小农户作为理性的"经济人"，受家庭农场的利润诱导，推动了小农户向家庭农场的转型。

但是，转化为家庭农场的高额交易成本让部分经济实力低的农户望而却步，导致农民限制农业用地，转向城镇务工以增加家庭收入。这部分进城务工的农民文化水平普遍不高，非农就业层次低，较低的非农就业收入增加了小农户向家庭农场转化的不稳定性。这部分农民既不能实现农业的规模经营，也不能完全脱离农业进城务工，兼业农民身份影响了小农户转型为家庭农场。近年，政府政策扶持力度加大，提出各种农民工社会保障政策和购房补贴，提升了农民工就业的稳定性，使农民安心在城镇定居，加快了农民的非农化进程，实现了兼业农民向非农户身份的转型。另一部分务工的农民直接将土地流转或租赁给生产效率高、农业设施优良的其他农户，实现了零散土地的集中，也为农民工提供土地租金来维持城镇生活，强化了农民身份的非农化。

小农户向家庭农场转化与小农户非农化相辅相成、相互作用。部分有能力的兼业农民在政府的政策扶持下，获得较多非农就业机会，在城镇实现了安居。城镇生活的稳定性使有能力的兼业农户放心进城，使兼业农户彻底离开农业生产，转化为非农户。这部分农民将更多的土地流转出去，为家庭农场发展提供了发展空间。获得流转土地的小农户逐渐实现土地的规模经营，转化为家庭农场的同时，也能为土地转出方的小农户提供稳定的土地租金，使这部分农民安心进城、安心务工，推动了城镇化进程，也保证了小农户向家庭农场转化的稳定性。

2. 家庭农场持续发展的路径分析

保持家庭农场持续稳定经营，是家庭农场内生性发展的又一重要路径。如果家庭农场失去了经营的持续性，可能会威胁国家粮食安全。家庭农场的持续性发展受到诸多因素的制约，发展失败的案例也表明要尊重农民自身的经营意愿，保证家庭农场经营的正收益，否则会增添农村农业稳定发展的压力，影响家庭农场的持续经营。

农民作为理性经济人，农业收入是农民经营家庭农场的动力，也是影响家庭农场短期内快速发展和持续性发展的保障。当农业收入符合农民的资金需求，超过农场的经营成本和用工投入时，能够调动理性农民经营农场、扩张土地规模的主动性；反之，农场规模小、耕地质量差、收入低，会抑制农民经营和扩张家庭农场意愿。家庭农场短期发展直接与农业收入挂钩。理性农民只有在看到家庭农场带来的好处时，才会承担起经营和发展家庭农场的责任，才能使现有的家庭农场继续经营下去。

土地资源禀赋也是家庭农场持续发展的基础。农村土地的流转和土地集中是建立并发展家庭农场的阶段，也是农业实现规模化生产的阶段。正是因为农户间土地的流转，使农户农业收入由以农业补贴为主变为获利，为家庭农场持续发展提供发展契机。农地逐步扩大规模、农户逐步实现规模经营的过程是家庭农场持续发展的重要经济活动，该经济行为带来的增收激发农民自觉流转土地，加快了土地规模扩张速度，成为家庭农场持续经营的动力。

为实现农村资源和劳动力之间的最优配置，再加上对农业高效益的追求，一部分留乡务农的农户想要拥有长期稳定的土地经营和使用权，实现农业规模化经营，与依靠非农收入生活的农户相比，其规模经营意愿强烈，自觉流入、流出土地。为享受国家政策红利和农业补贴，部分农民倾向继续经营家庭农场，主动扩张土地经营规模的动机使农户间自发促进土地流转。同时，农场的增收效益最大限度地实现了农村劳动力与乡村土地间的高效利用与匹配，为家庭农场的持续发展提供了人力保障。在政策倾斜农业发展的大环境下，种养经验丰富的中青年农民主动参与家庭农场的经营，这批农民依赖农业技能和农业经验，积极寻求国家农业补贴和支农金融贷款，主动扩张经营规模，带动农场生产结构和管理的转型升级。由此可见，只有让农民看到家庭农场经营的好处，才能激发其发展传承家庭农场的行为，让家庭农场持续经营下去。

3. 家庭农场代际传承的路径分析

国际经验显示，家庭农场的持续发展往往是通过代际传承实现的。因而，在我国农村劳动力老龄化的背景下，家庭农场的代际传承是实现家庭农场内生性发展的一条新路径。

家庭农场的代际传承是现代农业稳定性和延续性的保障。大量农村青壮年劳动力到城镇务工，农地无人经营甚至撂荒现象严重，导致家庭农场陷入"后继无人"的困境，间接导致家庭农场的传承危机。家庭农场的代际传承不仅是农业用地等的新老更替和辈际传递，也是思想观念、农业技能和社会资本等的代际传递。在农村老龄化背景下，不能只局限在父辈农户的劳动群体上，老农民难以胜任长时间农业劳动，导致农业生产的主要劳动力大量缺失，应将关注焦点转向"农二代"。"农二代"身体健壮，学习能力强，能够更好地与农村资源实现匹配。同时，农民子代劳动力回流农村后能够将专业知识和技术等融入农业生产，盘活农村各类资源，提升农业生产效率，扩大农地规模，增加农业收入。所以，"农二代"对家庭农场代际传承起到至关重要的作用。

农民子代是农业延续发展的传承人，其务农意愿对家庭农场的发展至关重要。城镇化背景下，新生代农民工已经成为主流，因而怎样引导高素质青年农民回归农村、扎根农村，是当务之急。对整体教育水平较低、社会资源相对匮乏的农村家庭来说，农民父辈对子代的观念和行为会产生最直接的影响。受农村封建传统思想的影响，男性农民子代通常会主动继承并经营家庭农场。尽管更多实践和研究表明，女性已经成为农村生产活动的重要参与者，但是实践表明，女性子代的劳动生产率仍然比男性子代低。农村女性劳动力只是参与到农业生产中，承担了农业管理的部分责任，未真正从男性手中接过家庭农场经营的主导权和经营权。土地流转扩大农地规模的同时，对农户家庭劳动力及子代综合素质也提出了更高的要求。农地的经营规模越大，就越需要更多专业化的农民子代参与农业生产活动，青年农民随着父辈退出家庭农场而逐步掌握经营权和主动权，较高的文化水平与家庭农场专业化、集约化属性相匹配。同时，与专业大户相比，家庭内部协同合作经营家庭农场能够最大限度地降低监督成本，不仅能够增加农民短期收益，而且有助于家庭农场的持续发展。可见，家庭农场经营带来的收益能够吸引农民子代产生主动传承家庭农场的行为，激发其务农的积极性和能动性。因此，农民子代的思想和行为对家庭农场顺利传承至关重要。

第三节　家庭农场信息化管理

一、家庭农场信息化管理的作用

(一) 提升各种资源的利用效率

伴随着信息技术以及互联网科技的快速发展，农业资源在各个地区都以优化配置为主要目标，首先，针对各个地区丰富的资源，在家庭农场信息化管理中，可以对资源进行综合使用；其次，信息化科技的发展，提升了农产品的调度性，从而为家庭农场的生产和发展提供了更加广阔的空间。伴随着互联网信息、科技在家庭农场生产中的应用，各个部门和行业之间相互协作重组，在这样的状况中，家庭农场信息化管理的优势就会更加显著，经过家庭农场信息化管理对农业资源优化配置，防止出现资源过剩的情况。家庭农场信息化管理有效地缓和了地区资源分配不均或者短缺的情况，不仅获得了高效的生产，而且使得发展效益得到良好的改善。

(二) 推动农业生产不断优化

针对国家发展而言，对家庭农场的生产和经营结构加以优化是经济调整的关键点，也是农村工作有效进行的关键内容，要想促进农业结构的优化升级，进行家庭农场信息化管理是非常关键的。家庭农场信息化的管理不仅提升了家庭农场的生产效率，同时也推动我国农业信息化和现代化的发展，可以提升农业发展的科技含量，让农业生产的布局更加有效和合理。

(三) 有效提升生产管理能力

农业管理主要包含对植物和土地的管理等，家庭农场信息化的发展提升了农业管理的效率，首先，农业生产和经营可以借助技术得以表现，这样可以减少经营的风险。其次，家庭农场信息化在一定程度上可以提高家庭农场对农业市场策略以及农业政策的分析水平，利于提升家庭农场生产效率，家庭农场信息化管理过程中，农民可以获得更加丰富的信息资源，同时也能促进家庭农场的科学生产和管理。

(四) 能够提升农民的综合素质

当前我国农业劳动力普遍具有较低的文化水平，文化水平对劳动力的生产能力具有直接的影响。这就限制了家庭农场向信息化过渡的步伐。实施家庭农场信息化管理以后，可以提升劳动者的综合素质。首先，在家庭农场的经营管理中，劳动者要掌握特定的文化知识，并提高自身的文化修养。其次，家庭农场信息化管理后，生产者之间的交际和信息的传播速度更快，可以在互动中提升彼此的知识水平。最后，家庭农场信息化管理过程中，可以不断地提升生产经营的发展实力，此外家庭农场信息化和产业化是互相发展和制约的两个方面，伴随着家庭农场生产规模的不断扩大，这就给农民带来更多的就业机遇。

二、家庭农场信息化管理的路径

(一) 建立专项机制

现如今，信息技术飞速发展，家庭农场信息化建设应该利用互联网的优势，借助农业信息资源平台，在农业的土地产权流转、农业市场投资与融资、农业保险等方面为家庭农场经营者提供专门的、具有针对性的信息资源服务。这样的服务机制能够有效地解决农业信息资源服务与家庭农场之间所存在的问题，才能提供与农场经营者所需信息资源相匹配的农业信息。

(二) 加强信息化建设的基础设施

基础设施的建设可以使家庭农场及时获取有效的农业信息资源，是发展家庭农场农业信息化建设的重要力量和重要手段。应该加强基层信息服务站的建设，尤其是加强农村的基础设施建设，在有能力的村庄建立固定的服务站，加强硬件设施，及时地更新以及维护现有的设备。

(三) 加强农场经营者的教育和职业技术培训

对农场经营者进行教育方面的培训，提高农场经营者的综合素质，对于农业信息资源的获取能力与应用能力，开展农业信息化培训班，向各个地区的家庭农场宣传农业信息化建设政策等内容，鼓励有一定能力的家庭农场采用新颖的技术，并且指派专家到家庭农场的田间地头展开一对一的指导服务，加强双方的互动交流，让专家精准分析农场经营者的需求，更好地指导他们进行实践，使得农场经营者能够亲身体验农业信息化服务的重要性。

(四)整合现有资源且建立信息资源共享数据库

首先,政府需要将所收集的各种农业信息资源进行整理和分类,进行一轮筛选后纳入农业数据库当中。其次,各个信息资源的渠道以及有关的部门之间要加强合作,并且对于农业信息资源要进行数据共享,携手共建一个农业信息共享平台,有效避免了重复建设农业数据库,还减少了对于农业信息资源的大量浪费。

(五)政府应加大资金投入强度、扶持力度与推广力度

首先,应该加强在家庭农场的农业信息化建设上的财务投入以及政策扶持力度,完善基础设施的建设。再进一步制定有关家庭农场的信息化建设的扶持政策,完善家庭农场的信息服务体系,从政府部门的角度来补充在农业信息资源领域政策上的漏洞。例如,加强家庭农场信息化的总体规划,在其他方面也要给予一定的补贴和相应的优惠。加大平台的宣传以及推广力度,农业信息资源平台在运行中的宣传和推广机制不够完善,这也就造成了平台利用率很低的现象。应该选择恰当的时机,将农业信息资源服务平台推到市场上,选取有效的方式来吸引更多的家庭农场来关注。其次,还应加大电视等媒体的推介力度,让农村人员了解农业信息化建设的一些情况。最后,通过互联网平台等信息资源共享的机制来彻底解决目前各种平台所面临的困难,扩大平台的影响力。

(六)鼓励新技术的研究,助力农村信息化建设

充分利用农村基础网络、新基建等建设机遇,推动农业大数据、物联网、人工智能、北斗导航等信息技术向家庭农场延伸,支持有条件的家庭农场进行信息化改造,探索发展"互联网+家庭农场信息服务"[①],发展完善农业信息服务方式,促进家庭农场信息化的转型升级。

第四节 家庭农场现代化发展

社会主义革命与建设时期,我们党充分认识到农业在国民经济发展中的基础性作用,在深刻剖析我国社会主要矛盾的基础上,提出农业现代化的战略目标。改革开放以后,我们党解放思想、实事求是,作出了关于加快农业发展的重大决策,并

---

① 周帅,董莉莎,李思远,等.论建立家庭农场专项信息服务机制的必要性[J].科技经济导刊,2016(16):2.

将家庭联产承包责任制推广至全国，有力地推动了我国农业的现代化。

一、发展家庭农场的重要性

从传统农业向现代农业的转变是现代化过程中不可缺少的一环，西方农业现代化过程中出现了一些典型的模式，包括英国的"圈地运动"、普鲁士式道路和美国式道路，这些道路虽然各有不同，但很大程度上都是借助于对农民的掠夺，进而在农业生产中奠定了资本主义的生产关系。家庭农场作为目前西方国家普遍的农业经营形式，展现了其在促进生产力发展方面的强大生命力，但这并不意味着要照搬、照抄西方模式，而更应该从我国人多地少、小规模经营、机械化水平低的社会现实中探析具有中国特色的农业现代化道路。家庭农场适度规模、市场化经营的特性将客观上促进经营者主动求变，通过引入先进的农业技术和生产经营方式以应对复杂的市场需求，进而提升农业科学化、规模化和集约化水平。此外，进入新时代以来，人民群众对于美好生活的需要日益强烈，对农产品消费的需求也从过去的"吃得饱"开始向"吃得好""吃得健康"转变，这也促使我国农业要向高质量方向转变。相比传统农户，家庭农场更优的资源配置、更高的生产效率、更专业的生产经营方式、更高标准的生产要求等都更加契合我国绿色、优质、高效的农业现代化理念，同时家庭农场经营者所展现出的更加绿色、可持续的生产经营理念以及对新装备、新技术的更强的接受能力也是我国现代农业生产的活力之源。因此，在坚持农村基本经营制度的基础上，构建以家庭农场为主体的现代农业生产经营体制，是推动我国走向农业现代化的重要举措。

二、促进我国家庭农场现代化发展的现实路径

促进我国家庭农场发展，加快农业现代化进程是一个系统性、复杂性、协同性的课题，针对我国农业发展现实情况和家庭农场发展过程中遇到的新风险、新挑战，必须始终坚持农业家庭经营的基础性地位，着力从资金融通、社会服务体系建设、农业技术发展、农业风险保障等方面建立综合性、全面性的保障体系，突破发展难题。

（一）完善的社会服务体系是推动我国家庭农场发展的必要条件

建立完善的新型农业社会化服务体系，可以为家庭农场在资金融通、生产销售等多个环节提供更加优质、高效、便捷的服务，是实现小农户有效对接大市场，提高家庭农场规模效应和整体竞争力，推动我国家庭农场发展的必要条件。在农业社会化服务主体建设方面，要协调好政府、市场和农民合作性质三种服务体系的关系，

研究并制定符合当地实际的服务标准和服务规范，并强化服务过程指导和服务效果评估，使其真正做到解决"农民之所需"。在农业生产社会化服务方面，要发挥专业服务公司的作用，推行托管式、订单式、合作式的服务模式，为农业生产供种、机耕、灌溉、收割、运输等各个环节提供低成本、便利化、高效率的服务，提高农业生产专业化水平。在农产品流通服务方面，要着力推进农产品仓储、物流服务体系建设，积极引导社会资本参与，加强与电商平台、超市、物流企业的合作，补齐农产品出村"最初一公里"和走向餐桌"最后一公里"的短板。在资金融通方面，要建立多元化的融资渠道，鼓励信用社、农业银行等涉农金融机构通过简化审批手续等途径加大对家庭农场的融资支持力度，鼓励正规金融机构在农村多设网点，提高服务的便捷性。另外，要进一步规范民间借贷行为，加快农村地区担保机构建设，着力解决家庭农场贷款融资缺乏有效资产抵押担保的问题。

(二) 高素质的农业从业者是推动我国家庭农场发展的有力支撑

培养高素质的农业从业者不仅是适应家庭农场发展的现实诉求，也是乡村振兴和农业现代化建设的实践必然。推动"三农"问题的解决，农民是主体，人才是关键，农业从业者知识能力水平的高低直接决定了新型经营主体发展的质量，推动乡村振兴，加速农业现代化建设，培养一大批爱农村爱农业、有文化懂技术、敢创新肯吃苦的高素质农业从业者迫在眉睫。

首先要强化政策引导，加大对返乡创业的支持力度，吸引各类人才扎根农村，抓好农业带头人建设，聚焦青年接班人培养，改善农业从业者人员结构。

其次要构建新型的农民教育体系，继续深化落实基础教育，鼓励发展高等教育、职业教育，并通过互联网、农民夜校、农业技术推广等形式，构建政府、高校、社会各方主体共同参与的新型职业农民培育机制。

最后要丰富职业农民教育内容，加强现代农业技术教育、农业法规政策教育、新型农业发展理念教育和家庭农场管理教育。通过基础教育与职业技术教育相结合，多方共同参与的形式培育高素质的职业农民。同时积极搭建平台，开展各种形式的农业行业技术、技能竞赛，以赛引才、以赛促学、以赛增能。

(三) 农业机械化、科学化是推动我国家庭农场发展的关键

科学技术是第一生产力，科学技术创新、科技自立自强是推动经济社会永续发展的关键动力。世界各国的农业现代化历程无不是以科学技术创新为依托的，我国也不例外。然而长期以来，科技创新投入少、科技成果转化率和推广率低等问题成为我国农业现代化发展的瓶颈。

农业兴国，科技先行，破除家庭农场发展中的困境，提高农业机械化、科学化程度是关键。因此，在科研理念上要做到以农为本、以需为本，摒弃"任务科研、指标科研"，减少同质化研究，增强实效性、应用型研究。农业科研队伍要真正深入基层调研，去了解家庭农场的实际需要，有的放矢。在科研投入上，政府相关部门要明确自己的主体地位，适当增加科研资金投入，并积极鼓励民间资本进入，拓展农业科研创新的融资渠道。在农业技术推广方面，整合建立综合性、系统性的推广组织体系，建立集农业、科技、教育、企业多方联动，产学研深度结合的推广组织体系，构建以农业技术科研人员为主体，乡镇农技站技术人员作为补充的科技创新组织网络，注重凝聚合力，提升农业科技推广的系统性。

(四) 农业保险是推动我国家庭农场发展的坚实保障

家庭农场相对大型农业龙头企业来讲，在融资、抗风险方面实力相对较弱，而农业恰好又是"看天吃饭"，缺乏相应的防范、补救措施，以及经营规模小、抗风险能力弱的天然属性，使得家庭农场在面对重大自然灾害时往往显得力不从心，因此推动农业保险落地生根，分散农业生产经营风险迫在眉睫。首先要强化顶层设计，完善农业保险领域的法律法规。随着农业现代化的加速推进，农业保险领域也产生了新的问题，如何推动其规范有序发展，切实履行好分散农业生产经营风险的任务，完善好农业保险领域法律法规是关键。其次要加强政策支持，创新农业保险模式。农业保险成本高、风险大的特点决定了其很难由市场进行供给，所以政府要加强财政支持力度，引导和推动农业保险体系建设。可以借鉴美国、加拿大的政府主导参与模式和日本的政府支持下的社会互助模式经验，推动政府主导型农业保险与政府支持下的商业保险互补发展，并积极鼓励农业保险机构根据地方实际情况，拓展农业保险险种。最后针对农民整体受教育程度低的问题，要加强农业保险宣传力度，提升农业保险群众知晓率，健全农业政策咨询服务，增强政策执行透明度，提升农业保险服务的广度和深度，使政府相关政策更好地惠及农业领域。

第七章　农村承包土地流转

第一节　农村土地承包经营权流转的相关概念界定

一、农村土地承包经营权流转概念的学术观点介绍

对于"农村土地承包经营权流转"的概念，在学术界存在许多不同的观点，在此介绍几种主要的观点。

第一种观点认为，学术界研究土地承包经营权流转时，较多采用农村土地流转的概念。学者对于农村土地流转的含义有着各种不同的观点，但至今没有一个统一认识。较普遍的观点认为，土地流转即土地所有权或使用权在不同经济实体（企业或农户）之间的流动和转让。除特别说明外，农村土地流转是指农村土地使用权的流转[①]。

第二种观点认为，土地承包经营权流转的概念，应分别定义。在家庭承包方式的情况下，土地承包经营权属于物权，土地承包经营权流转是指土地承包经营权人将土地承包经营权或者土地承包经营权中部分权能移转给他人的行为。而在其他方式承包情况下，土地承包经营权属于债权，土地承包经营权流转是指不改变土地承包合同的内容，承包人将合同权利全部或部分转让给第三人的行为[②]。

第三种观点认为，农村土地承包经营权流转是指在农村土地承包中的物权性质的土地承包经营权有效存在前提下，在不改变农村土地所有权属性质和主体种类与农村土地农业用途的基础上，原承包方（流出方）依法将该物权性质的土地承包经营权或者从该物权性质的土地承包经营权中分离出来的部分权能等具体民事权利转移给他人（流进方）的行为[③]。

第四种观点认为，农村土地使用权流转旨在保持集体土地所有权主体不变，确保家庭承包经营制度长期稳定的前提下，土地使用权在不同市场主体之间的转移与交易[④]。

[①] 蒋月. 农村土地承包法实施研究 [M]. 北京：法律出版社，2006：75.
[②] 蒋月. 农村土地承包法实施研究 [M]. 北京：法律出版社，2006：75.
[③] 丁关良. 农村土地承包经营权流转法律制度的现存问题与修改建议：以《农村土地承包法》为主要分析依据 [J]. 华侨大学学报（哲学社会科学版），2005.
[④] 蒋月. 农村土地承包法实施研究 [M]. 北京：法律出版社，2006：75.

二、检讨农村土地承包经营权流转概念的学术观点

以上几种观点固然都具有一定的合理性，但是笔者并不赞同他们的观点，因为他们的观点存在明显的瑕疵。

第一种观点中的"农村土地承包经营权流转"的概念不是法律意义上的概念，例如，经济实体不是法律意义上的实体。

第二种观点中关于对"农村土地承包经营权流转"分别定义的提法是不合理的，因为在其他方式承包的情况下的农村土地承包经营权不是债权，而是物权。

第三种观点中对"农村土地承包经营权流转"下定义的前提条件是不成立的，因为不存在物权性质的农村土地承包经营权和债权性质的农村土地承包经营权的划分理论，是否改变农村土地所有权属性和主体种类与农村土地承包经营权流转的内涵和外延没有内在关联性。

第四种观点中的"农村土地承包经营权流转"的概念不是法律意义上的概念。

笔者认为，从广义上说，农村土地承包经营权流转是指农村土地承包经营权的变动，即农村土地承包经营权的取得、变更和消灭。从狭义上说，农村土地承包经营权流转是指农村土地承包经营权主体和农村土地承包经营权内容的变更，本书中的"农村土地承包经营权流转"的概念是采用狭义的学说。笔者对"农村土地承包经营权流转"所下的定义是比较科学的，因为它符合法律概念理论。"法律概念的形成方法，最重要的就是对事物的所有特征穷尽后，舍弃不重要的特征，而抓住其中的法律特征。"[①]"苟在塔顶得有一个最为一般的概念将其他一切种类之概念涵摄其下，则可以自塔底任何一点出发，经由一连串之中间体，利用舍弃个别的特征，向上爬升至塔顶。逻辑体系的理想于焉告成。"[②] 这是概念法学派的观点，它的含义是指法律概念之间应该具有内在逻辑关联性和种属关系。如果把农村土地承包经营权流转界定为农村土地承包经营权主体的变更和农村土地承包经营权内容的变更，那么农村土地承包经营权流转就与农村土地承包经营权变动和物权变动等概念存在内在逻辑关联性和种属关系，即物权变动是农村土地承包经营权变动的上位概念，农村土地承包经营权变动又是农村土地承包经营权流转的上位概念。从它们的定义可以论证它们之间存在内在逻辑关联性和种属关系。"概念的作用在于特定价值之承认、共识和储藏。从而使之构成特定文化的一部分，产生减轻后者为实现该价值所必须之思维以及说服的工作负担。"[③] 我们设计和规范"农村土地承包经营权流转"这个概念的

---

① 陈金钊. 法律解释的哲理 [M]. 济南：山东人民出版社，1999：264.
② 黄茂荣. 法学方法与现代民法 [M]. 北京：中国政法大学出版社，2001：461.
③ 黄茂荣. 法学方法与现代民法 [M]. 北京：中国政法大学出版社，2001：52.

目的是认可和规范农村土地承包经营权人转包、互换、转让农村土地承包经营权的行为，便于"法律人"之间互相交流，减少机会成本，形成我国自己的物权法话语。

第二节　农村土地承包经营权流转模式的类型

一、农村土地承包经营权流转模式的概念

农村土地承包经营权流转模式是我国物权法中特有的概念，据笔者搜索的结果，还没有学者从物权变动模式理论的角度探讨"农村土地承包经营权流转模式"这个概念，因此，笔者想从这一角度探讨"农村土地承包经营权流转模式"的概念。"意思主义的物权变动模式，又称债权意思主义的物权变动模式，是指除了当事人的债权意思外，物权变动无须其他要件的物权变动模式。"[①]"形式主义的物权变动模式，简言之，是指物权变动除了当事人的意思表示以外，还必须具备一定的形式。"[②]"这种将物权的合意与交付作为引起物权变动的法律事实的立法，称为物权变动的物权形式主义。"[③]"债权形式主义也称意思主义与登记或交付的结合，这种主义因以奥地利民法典为代表，故又称奥国主义。依此主义，物权因法律行为而发生变动时，除了需要当事人之间有债权合同外，还需要践行登记或交付的形式，才发生物权变动的效力。"[④]根据以上所引用的材料，采用归纳和概括等方法，我们可以得知"物权变动模式"的概念。物权变动模式是指具备某些要件才发生物权变动的法律效力的态度。实质上，农村土地承包经营权流转是农村土地承包经营权的变更，而农村土地承包经营权的变更是物权变动的下属概念，所以，农村土地承包经营权变动模式也是物权变动模式的下属概念。因此，农村土地承包经营权流转模式是指具备某些要件才发生农村土地承包经营权流转的法律效力的态度。

二、农村土地承包经营权流转模式的种类

对农村土地承包经营权流转模式的种类，张贞先生也做了一些研究："按照农户在流转中的行为特征划分，可以把几种流转模式归为两大类：一类是在单个农户直接自发进行的分散的经营权流转模式，以转让、转包、互换三种类型为主；另一类是有组织的集中的经营权流转模式，以出租、股份合作制、土地信托三种类型为

---

① 王轶. 物权变动论 [M]. 北京：中国人民大学出版社，2001：18.
② 王轶. 物权变动论 [M]. 北京：中国人民大学出版社，2001：25.
③ 陈华彬. 物权法 [M]. 北京：法律出版社，2004：131–132.
④ 陈华彬. 物权法 [M]. 北京：法律出版社，2004：132.

主。"①但是，他对农村土地承包经营权流转模式的研究成果，对农村土地承包经营权流转法律制度的修改和完善意义不大。因此，本书试图从法律理论，特别是从物权法理论的角度出发，对农村土地承包经营权流转模式作探讨，以便为农村土地承包经营权流转分类制度的修改和完善提供理论依据。

根据农村土地承包经营权流转发生法律效力的要件不同，可以把农村土地承包经营权流转模式分为三种，即意思主义农村土地承包经营权流转模式、债权形式主义农村土地承包经营权流转模式和物权形式主义农村土地承包经营权流转模式。所谓意思主义农村土地承包经营权流转模式，是指只要具备农村土地承包经营权流转主体的债权合意的要件，就能使农村土地承包经营权流转发生法律效力。所谓债权形式主义农村土地承包经营权流转模式，是指除了具备农村土地承包经营权流转主体的债权合意的要件外，还需具备践行登记或交付的要件，才使农村土地承包经营权流转发生法律效力。所谓物权形式主义农村土地承包经营权流转模式，是指除了具备农村土地承包经营权流转主体的物权合意的要件外，还需具备践行登记或交付的要件，才使农村土地承包经营权流转发生法律效力。《农村土地承包法》第三十八条规定："土地承包经营权采取互换、转让方式流转，当事人要求登记的，应当向县级以上地方人民政府申请登记。未经登记，不得对抗善意第三人。"第四十九条规定："通过招标、拍卖、公开协商等方式承包农村土地，经依法登记取得土地承包经营权证或者林权证等证书的，其土地承包经营权可以依法采取转让、出租、入股、抵押或者其他方式流转。"由此可见，我国现行法律采用意思主义农村土地承包经营权流转模式。

第三节　农村土地承包经营权不同流转模式的做法

一般从流转主体角度分析，认为广大农民、村集体、各级政府的推动和工商业主的拉动是促进土地流转的动因。广大农民推动的流转一般指没有政府或集体组织参与条件下，农户间或农户与企业间通过亲缘关系或市场机制自由配置土地的流转模式。这种模式很难实现大面积的土地规模经营和增加农民收入的目标，属于土地流转的原始形式，难以形成具体流转模式。因此，本节选取具有典型性的三种流转模式进行比较分析，分别是村集体推动的汤营模式、政府推动的温江模式、企业拉动的台源模式。

---

① 张贞.农村土地承包经营权流转模式的研究[J].农业经济与科技，2005.

一、村集体推动的汤营模式

(一)村集体推动的土地流转模式概述

村集体推动的土地流转模式是指以农民进行流转的强烈愿望和要求为前提,以土地规模经营、增加农民收入为目的,以成立股份公司、实行农地股份合作制等方式为途径的土地流转模式。这种模式完全坚持自愿流转原则,土地承包权性质不变,最具代表性的是成都市汤营模式。

(二)村集体推动的汤营模式的做法

在流转方式上,汤营模式采取的是农地股份制,即以土地整理和绿色食品示范基地落户该村为契机,农民以土地承包经营权入股组建汤营农业有限公司,公司采用农地股份合作制方式,股本金由农民的承包土地、村集体土地整理新增土地、国有独资企业邛崃市兴农投资公司注资三部分构成。公司制定相关章程,选举产生董事会、监事会和董事长,通过给入股农民发放股权证的方式确认其股东身份。

这种模式以农民实行规模生产的强烈要求为典型特征,一般在经济发达地区、大中城市边缘地区的农村实行。这些地区的共同特征是土地肥沃、交通便利、城市化和工业化水平较高,但人多地少、土地撂荒现象严重。汤营村人均耕地面积不足1亩(1亩=0.0667公顷),耕种土地收益较低,当地农民大多数外出打工,但务工收入并不高。在浙江台州种植大户规模化、市场化、产业化运营高收益的示范作用下,当地农民意识到土地集中提高收益的广阔前景,纷纷要求村集体组织带头走规模经营的道路。

(三)汤营模式的积极意义

第一,政府有力支持,企业成长为独立市场主体。企业成立之初,政府给予政策和资金支持,待企业获得稳定收益后,回购政府注资的股份,独立参与市场竞争,政府在企业运营中不再担任角色。政府履行了规范秩序、提供服务以及培育股份制企业成为独立市场竞争主体之职责。

第二,实现规模化生产、产业化经营,促进生产效率的提高。农民将土地入股之后,使土地的社会保障功能与生产要素功能有效分离,由股份公司统一组织生产,规划土地使用。汤营公司先后建设了西瓜规范化种植、大棚食用菌种植、优质粮油基地等多个增收项目,成立瓜果加工厂、食品公司等,实现产业化经营。

第三,壮大集体经济,增加农民收入。通过股权量化,农民实现了土地作为财产的财产性收入。农民以承包土地入股后,所得收入由三部分组成:一是保底收入。二是入股红利。三是工资收入。

第四,提高农业科技水平,有利于保护土地。农民进入企业成为产业工人后,接受企业统一的劳动技能培训,逐步掌握现代农业生产经营技术,有利于新品种、新技术的推广应用,有利于科学使用化肥、农药和大型农机具等农业生产资料,进而更好地保护土地。

(四) 汤营模式的不足

第一,企业实行独立经营、自负盈亏、参与市场竞争,作为股东,农民要承担较高的企业经营风险,当企业经营不善时,农民将面临失去土地的可能。第二,存在土地"非粮化"风险。汤营公司成立前,农民主要种植水稻、油菜等传统作物。公司成立后,以增加收入为导向,以优质经济作物种植为主,减少了收成较低的粮食作物种植,存在粮食安全隐患。

二、政府推动的温江模式

(一) 政府推动的土地流转模式概述

政府推动的土地流转模式指政府通过制度创新和供给,吸引农民走规模化经营道路,实现土地、劳动和资本优化配置的土地流转模式。政府推动土地流转模式具有规模大、速度快、范围广、行政性明显等特点。其中,比较典型的是成都市温江模式。

(二) 政府推动的温江模式的做法

温江模式土地流转方式主要有三种:一是"双放弃"方式,主要是针对已经在城市中稳定就业、家庭收入的80%是非农收入的农民,鼓励其自愿放弃土地承包经营权和宅基地使用权。农民自愿填写"双放弃"申请表,由当地政府部门进行核查、批准后可获得一定金额的补偿,成为城市居民,可居住在政府统一建设的居住点或购买商品房,进入失地农民社会保障系统。当地政府对农民"双放弃"后的土地进行整理,推进土地的跨区域流转。二是"农业园区"方式,即农民将承包的土地租给村经济合作组织,再由村经济合作组织与龙头企业签订流转协议,建设现代农业园区,农民每年获得土地租金。三是"两股一改"方式,即将集体资产股份化和农民土地股权化后,由村股份经济合作社统一管理,合作社以租赁方式统一进行流转,所获收益按股进行分红,流转后的土地主要用于花、卉、苗、木的生产和现代观光农业。

政府主导流转全过程,是温江模式的主要特征。在被确定为全国统筹城乡综合配套改革试验区后,温江区颁布实施一整套创新制度设计,其中最关键的一步是确权颁证。所谓确权,是指在对农村土地进行测量登记的基础上,明晰产权,将承包经营权和资产量化到每一个人、每一个家庭。然后由相关部门将具有法律效力的、表明农民权益的土地承包经营权证、集体建设用地使用权证等契约文书颁发到农民手中。为了有效保护耕地,在确权颁证的同时还设立了耕地保护基金,发给农民耕地保护卡和养老保险卡。

(三)温江模式的积极意义

第一,推动城镇化进程,有利于实现城乡一体化。"双放弃"推动具有向城市转移条件的"农民"成为"市民",并有效解决了流转后在城市中稳定生活的社会保障和住房问题,加快了城镇化和转移人口市民化的进程。"两卡"的发放进一步扩大农村社会保障体系的覆盖范围,为减小城乡社保差距,实现城乡社保一体化改革提供了前提条件。另外,耕地保护卡中的补贴金可用于缴纳养老保险金的政策,既可以分担农民缴纳养老保险的压力,又有利于完善农村以养老保险为核心的社会保障制度,更是我国农地保障制度的一大创新。

第二,有利于保护耕地质量和数量。温江模式规定农民只有在一定年龄后,在承包地没有受到破坏的前提下才能获得耕地保护卡中的一次性补贴。在经济利益的约束下,激励农民在土地流转过程中有意识地保护耕地。

第三,确权颁证,明晰权能。通过确权颁证实现土地使用权的资本化,避免了农民失地的风险。

第四,土地合理流转、适度经营,增加了农民收入。

(四)温江模式的不足之处

第一,政府财政负担过重,政策稳定性不强。"双放弃"农民的大量财政补贴,增加了政府财政负担,执行中难以保质保量得到落实,这一模式本身也易因此而破产。

第二,存在农民权益得不到保障的风险。温江区的"双放弃"模式中,农民与政府之间是市场交易关系,为促进交易的顺利实现,政府出台了与"双放弃"相配套的"三保障"政策,从制度设计上保障农民进城后的就业、住房和社会公共服务的各项补偿和权利。但在实际流转中,农民权益往往不能得到真正的保障。例如,政府对"双放弃"后农民的住房保障是政府出资建设的统一居住点,而这些居住点位置往往相对偏远,如果农民不愿入住,选择其他地方,则无法实现住房保障。

三、企业拉动的台源模式

（一）企业拉动的土地流转模式概述

企业拉动的土地流转模式指龙头企业为节约交易费用，通过规模租赁土地或与农户合作方式，实现与农户之间资源互补、风险共担的双赢农地流转模式。这种模式一般存在于工商企业较发达地区，往往选择效益较高的项目，龙头企业拥有较强的资金和技术实力，湖南省衡阳县台源模式具有一定代表性。

（二）企业拉动的台源模式的做法

企业拉动的农地流转模式最主要特征是龙头企业的主导作用。2009年，龙头企业安邦公司"落户"台源镇，这是一家实力雄厚的农资流通企业，可为农户提供从供种、测土配方施肥、病虫害专业化防治到机耕、机插、机收、谷物烘干的全程机械化服务。企业为了拥有稳定的农业生产基地，保证原材料质量，积极与农民协商承租土地，进行规模化生产经营。但是，台源模式的成功与当地政府的大力支持分不开，各级政府机关部门为企业拉动农地流转提供了宽松政策和良好平台。

台源模式土地流转方式有两种：一是出租方式。在村民自愿的前提下，将其土地承包经营权出租给龙头企业，并签署正式的租赁合同，规定双方的权利和义务，这种方式在我国较为常见。出租后土地的承包关系不变，合同期满后，农民可选择继续出租土地或是收回土地的承包经营权，具有较强的自主性。

（三）台源模式的积极意义

第一，科学生产，促进农业可持续发展。流转后，新的科技成果和先进农业生产技术得以发挥作用。龙头企业对于土地生产全过程实行机械化操作，选用优质良种，科学测土配方施肥，实行病虫害统防、统治。这些措施优化了农业生产环境，有利于农业的可持续发展。

第二，降低农业生产成本，促进农业生产效率提高。据统计，安邦公司每亩种植优质双季水稻的成本比农户自家耕种下降620元。农业机械化生产，缩短工时并节约劳动力资源，大大提高了农业生产效率。

第三，带动农村富余劳动力转移，增加了农民收入。安邦公司承租土地后，大量劳动力从农业生产中解放出来，农民既获得稳定的土地出租收益，又保证土地不撂荒，还可外出打工，增加现金收入。

(四) 台源模式的不足

第一，流转时间较短，企业利润得不到保障。随着我国土地短缺时代的到来，土地出租价格不断上涨，农户为获得更高租金，不愿意一次性长时间流转土地，当前我国土地出租的期限一般在5年以下，有的地方甚至一年一租。而很多企业的生产经营项目需要长时间的稳定生产才能产生利润，所以往往出现企业刚刚进入收益期就要考虑如何继续承租土地的问题。

第二，企业统一规划土地使用，非农化、非粮化现象严重。龙头企业在承租土地之后，出现改种经济作物、水产养殖或兴建工业企业等现象，给农地安全和粮食安全带来隐患。

四、完善土地承包经营权流转模式的建议

加快农地流转是我国推动城乡发展一体化进程、有效转移农业劳动力、确保粮食安全、提升农业生产能力、实现农业现代化的重要环节。通过对三种典型流转模式和阻碍因素的分析，笔者提出以下建议。

(一) 明确政府职责，规范流转行为

土地承包经营权流转过程中，无论采取何种流转方式，各级政府都是重要的参与主体和推动力量。因此，要明确各级政府在土地承包经营权流转过程中的主要职责，规范政府行为，做到"不缺位、不越位"。促进农地流转，政府承担的主要职责包括：健全农村土地流转相关制度；建立健全土地流转的市场运行机制；加大流转宣传力度；保护耕地和粮食安全；不断完善农村社会保障体系等。

(二) 区域因地制宜，选择流转方式

我国不同地区人均土地数量、土地自然状况、经济发展程度及其风俗习惯等均存在较大差异。有些地区大多数农民已经离开土地，主要从事二、三产业；有些地区农民仍将土地作为最主要的收入来源，生活在农村。因此，不同地区在进行农地流转时要结合具体情况，因地制宜地选取流转方式。

(三) 保护农民权益，增加农民收入

农民权益得到有效保障是农地流转成功的关键条件。农民关注的问题主要在于流转后收入能否增加、承担的风险是否降低、进城后是否能负担得起城市生活。因此，农地流转模式的选择首先要增加农民收入，保护农民权益。这就要求明晰农村

土地产权，完善农地流转市场机制，使土地流转价格真正体现市场价值。其次是要制定流转后农民就业的保障机制，顺利实现就地就业或向城市转移；完善农村社会保障体系，特别是保障进城农民的合法权益，实现城乡居民社会地位平等和公共服务共享。

（四）实施耕地保护制度，约束流转主体

保护耕地和粮食安全是评价农地流转成功与否的重要因素。特别是城市边缘的耕地，无论质量还是数量均需加大保护力度。保护耕地，首先需要政府的干预和规制，完善《土地管理法》等相关法律制度，追究耕地违法责任，约束各流转主体行为。其次要创新流转模式，在流转合同签订时附加耕地保护条款，合同期内如果耕地受到破坏，承租方将按照合同承担相应责任。

（五）尊重农民意愿，实行有序流转

在流转过程中，要充分尊重农民意愿，遵循依法、自愿、有偿的原则，实行有序流转，绝不能忽视农民对于土地的权利，强制流转，人为地将土地集中在少数人手中。在建立健全土地流转相关制度和农民社会保障体系的基础上，根据当地农业发展实际情况进行统一规划、合理开发、逐步流转。有条件、有意愿的地区先流转，既保证土地高效利用，又起到示范作用，带动其他地区农民自愿流转。

第四节 我国未来农业发展对土地流转的要求

党的二十大报告强调，要"深入实施"新型城镇化战略，这为未来几年新型城镇化发展奠定了基调，也对深入参与新型城镇化建设的城投公司是重大利好，为城投转型发展提供了新的方向。城镇化的重要战略地位被提升到一个新的高度。与过去粗放型的城市化发展道路不同，新型城镇化更加强调统筹城乡综合资源，注重内在质量的全面提升。把握土地整改，优化土地资源分配是当前城镇化发展过程中的重要关注焦点，而土地的规模集约性利用关键在于盘活农村集体土地资源，合理推进土地流转进程。能否积极稳妥推进新型城镇化建设，找寻未来城镇发展的可持续道路，取决于土地流转实施的创新突破。

一、新型城镇化与土地流转的关系

新型城镇化就是推动中国未来发展的新动力，而城镇化的发展与土地问题息息

相关。新型城镇化的内在核心是强调土地整理的内涵提升,必须重点关注新农村建设的发展问题、农民收益的保障问题、城镇建设的土地集约利用问题,而这些都归结于能否有效推进土地流转。

(一)新型城镇化为推进土地流转创造良好的外部环境

随着新型城镇化被界定为中国未来发展的重要历史性任务,其战略高度和发展意义都显现出举足轻重的地位。新型城镇化是在把握城镇范围合理扩张的基础上,推动农村与城市的同步协调发展,进而实现城乡一体化发展的良好态势。农村土地与城市郊区土地的有效利用是新型城镇化过程中土地资源整合配置的主要范畴。依托新型城镇化的政策支撑,建立健全土地利用的宏观协调保障制度,为土地流转新一轮的发展带来机遇,营造出利于土地流转发展的良好外部环境。

(二)土地流转为实现新型城镇化提供有利的发展路径

城镇化是衡量一个国家或地区经济社会发展水平的重要标志。新型城镇化的进展必然伴随着人口迁移、非农就业、资源整合、农村土地等要素的调整。为了有效解决当前农村劳动力转移实现人口城镇化过程中出现的土地资源利用效率低下,土地整合规模欠缺的问题,必须将土地流转起来,完善土地流转的实施进程,提高土地利用效率。可见,土地流转是解决新型城镇化建设过程中不同要素关系转变的协调机制,是推动城镇化进程的实施路径。

(三)土地流转的全新目标为新型城镇化土地整改带来新机遇

我国当前经济社会中存在着城镇化滞后于工业化,农地经营的集中程度滞后于农村非农化速度的状况,由于这些滞后状况的存在一直使得我国土地流转所产生的效应达不到经济社会发展的必然要求。同时,土地流转机制的创新思考是把握城镇化过程中土地整改的重要立足点。因此,设定土地流转实施的新目标是解决新型城镇化过程中土地利用问题的关键所在,能有效提高土地资源的整合配置,推动产业发展的集聚功能,追求土地综合价值的溢出效应,从而更好地实现新型城镇化的建设路径。

二、新型城镇化对土地流转提出的新要求

新型城镇化是一种注重内在质量提升,有效整合各种发展要素的新形式,是为了解决过去城市化进程中出现的资源分配矛盾、城乡差距扩大、产业结构升级缓慢、人口就业压力大等问题而提出的一种全新城镇可持续发展模式。在新形势下推动土地流转的贯彻实施,必须从土地流转制度创新、农民利益诉求、土地利用综合价值

提升、土地流转的外部配套、土地流转市场的资本化运作等全新的角度去把握新型城镇化对土地使用权流转提出的新要求。

(一) 完善土地流转制度创新，强化对土地流转的宏观管理

土地流转在新型城镇化形势下的改革发展方向首先必须从土地制度上下功夫，加强国家对土地流转的宏观管理。基于城镇有序发展、新农村建设的主要目标，合理配置土地资源，有效整合各种城镇建设发展的相关要素，还只是推行过去有限的土地管理制度已不能满足新型城镇化的建设要求。只有不断改进土地制度改革，积极把握土地流转在不同地区运用的发展动向，寻找管理实施上的创新形式，土地流转才能向更高层次推进，从而进一步解决新型城镇化过程中的土地整理难题。

(二) 响应农民的利益诉求，保障农民的土地补偿收益

随着经济的快速发展和城镇化的不断推进，大量农村集体土地被征用，土地非农化的价值得到不断上涨，然而农民在土地流转的开展过程中总是处于弱势地位，农民就业困难和生活缺乏保障等问题日益突出。新型城镇化不仅要落实过去城市化进程中推进的"地的城镇化"，而且要实现"人的城镇化"。秉承以人为本的发展原则，响应农民对土地权益的基本诉求，提高土地征收补偿标准，极力保障农民土地分配的增值收益，维护农民在土地流转中的公平主体地位，是新型城镇化对土地流转实施提出的又一新的要求。

(三) 提升土地利用综合价值，追求综合效益最大化

目前大多数地区实施土地流转追求的是将分散的土地资源进行有效整合，从规模化的土地配置过程中寻求较大的经济利益。新型城镇化是一种可持续的发展道路，土地整理及土地配置必须建立在多个价值形式上，除了追寻土地经济价值的最大化之外，还要提升土地利用的社会价值、生态价值、环境价值和产业联动价值，真正实现土地流转进展推动土地资源综合效益的提升。

(四) 补充土地流转的外部体系，完善流转创新的配套改革

土地流转推进实施的转型升级是顺应新型城镇化发展的必然趋势，土地流转创新是一个系统工程，必须得到土地外部体系的支持，因此，加强土地流转的配套改革是完善新形势下土地流转工作的必要步骤。土地流转的外部体系主要包括现代农业社会化服务体系、农村剩余劳动力转移的路径体系、农村人口社会保障体系等多方面的内容，完善这些内容的机制建设，推动相应的土地流转配套改革，能够实现

更高层次的土地流转工作转型升级。

(五) 加强土地流转市场的金融创新，推进土地流转的资本化运作

我国农村地区的金融产品和金融服务方式总体上层次不高，发展水平较低，土地流转中的金融支持明显不足。新型城镇化的推进对土地流转的发展提出很高的市场化需求，而进一步打开土地流转市场，提升土地流转品质的关键所在就是将金融产品创新行为引入土地流转过程中。充分立足于各地区土地利用实际状况和区域经济发展水平，建立健全多层次的农村金融服务体系，发展高效益的资本融资模式，激发土地市场资本化运作，构建完善的土地流转市场金融运行机制。

第五节　农村承包土地流转连片化的富民路径

一、农村承包土地流转连片化

我国农村承包土地流转连片化是在土地集体所有权、家庭承包权稳定不变的前提下，以灌溉水源、耕种远近等相关因素作为基本参考依据，然后由村镇的农村委员会有关部门领导进行合理安排。在不违背大部分农户意愿的前提下，村民委员会可以将土地的经营权通过村民小组内部进行流转、互换的形式，使农户自家土地耕种面积基本不变的条件下，尽量实现土地连成一大片，且最多不超过两片。

农村承包土地流转连片化的具体设计目标要尽可能与现行法规相衔接，对其中有不合时宜的法规做出修订及改正；也要考虑让市场在土地资源配置中发挥其决定性优势，提高土地资源的配置效率；确保农村承包土地流转连片化改革方案的系统连贯性，坚持走农村可持续发展的道路，着眼于长远的发展战略；坚持公平公正公开的原则，让农民群众在改革中受益。

农村承包土地流转连片化提高机械设备的使用效率，降低农户生产使用成本。土地连片耕种从多个层面降低了农户生产的劳动强度，不仅机械化代替劳动减少了劳动量，而且田块连片减少农田灌溉的劳动量，减少农具搬运次数，增强了农民的农业生产能力，使得老人和妇女种地成为可能，青壮年男性劳动力便可以解放出来外出经商，从而优化家庭收入结构。连片耕种节省劳动时间，实现劳动力资源优化配置，连片后农民使用机械和灌溉都不需要从其他人田里路过，不需要等其他人播种或收割，降低了农业生产的协调成本和时间。农业生产时间缩短将劳动力从农业生产中释放出来，实现劳动力资源的优化配置，增加了农民的非农就业收入。

农村土地制度改革有利于促进现代化农业的平稳发展，提高农业的综合竞争力，提高城乡公共服务整体服务水平,逐渐缩小城乡居民收入差距,缓解矛盾,有利于建设社会主义美丽乡村。

二、完善土地农村承包土地流转连片化的相关对策建议

(一)实施农村土地制度,界定集体成员资格

努力探索农村集体经济制度的有效实现形式,积极引导我国农村土地制度建设。合理对承包地的资源型资产进行有效管理和应对。农村土地第二轮承包到期后,再延长30年,这是一项充满政治智慧的重大制度安排,也是坚持农村土地承包关系长久不变的一个具体体现。为今后农村土地制度的完善指出了明确的方向,坚持土地集体所有,家庭联产承包经营的农村基本经营制度不变,坚持集体经济组织成员依法承包集体土地的基本权利不变,给无论是拥有承包地的农户还是流入承包地的新型经营主体一个交代,也使大家对土地的承包关系有了一个明显的预期。

产权制度改革首要解决的关键因素是"权属问题",广大农民群众最在意的也是获得集体成员资格所具备的条件。地籍信息不精确,成员资格不确定成为阻碍土地流转的重要原因。因此,大多数村民最为关心的事情就是获得集体成员资格的条件是什么?解决这个集体成员资格的问题不仅要根据目前的发展情况来看,而且要兼顾我们长期利益的发展,因此我们要通过确定农村"集体成员"为核心点,来解决集体土地资源和经营性资产量化的成员边界问题。应当通过聘请专家亲自测量,政府出面协调等手段,多种措施一起实施来解决土地面积误差问题,权属不清问题,成员资格界定等历史遗留问题,优化完善地籍信息管理系统和集体成员资格透明化制度,实现便捷查询,动态监管。

(二)加强土地权利流转,减少土地流转矛盾

努力实现农村土地的适度规模经营,坚持中央出台的关于农村土地"三权分置"的实施办法。因此,我国农村的土地承包权必须坚持公平,这样更利于农村发展的稳定。在我国第一轮土地承包时,按照距离远近、土质肥瘦、水源好坏等条件将土地分配到每家每户,这样的举措保证了农民的合法权益。二轮延包时,继承了公平的思路,党的十九大报告指出,仍然将农村土地承包期再延长30年。经营权追求效率,承包权和经营权分离后,实现了土地"变"与"不变"的辩证统一。合理加快土地经营权的流转,实现土地的规模经营和土地的连片耕种,提高土地的耕种效率,使土地可以产生更大的利益价值。合理的通过国家给予的政策来实施我国农村土地确权颁证工作,不仅可以稳定农民对于土地的预期,而且避免由于土地长期四至不

清、账实不符等问题产生过多的纠纷。当农民对于承包权的财产权非常明确时，我们可以鼓励农民合理对其土地进行转出，也是为了避免农业经营兼业化和副业化超过预期。加强对我国农村土地流转的服务与管理，积极建立土地流转程序的功能体系。积极努力引导外出务农实行短期经营权流转，引导弱势群体将田地向大户流转，实现土地资源的合理有效利用。根据不同的农户情况，灵活运用流转办法，对年老体弱和丧失劳动能力不能进行耕种的老弱妇孺的田地向能人、大户流转；与农户商议讨论，通过数字运算、合理比较种田经济效益等方式方法，来了解种植不同品类产品的收益成果，积极鼓励多数农户将分散、细碎的耕地向专业合作社和家庭农场流转，加快实现田可以连成一大片、田地间水渠可以相连、耕地道路之间相贯通、旱地出现可以引水灌溉、发生田地涝情能及时排水，这样一个和谐的农网生态效应。

推进新型城镇化建设，实现农业现代化改革，都必须保障农民土地权益，坚持农村土地"三权分置"的原则，坚持实施农村土地按户连片耕种的要求，将农村集体土地的生产经营权交到农民手中，让农民充分发挥土地的价值，允许土地的自由流转和债券抵押，积极带动广大农民包地包种的热情，减少土地流转中的矛盾。

鼓励创新土地流转形式。国家应出台相关政策，积极鼓励和支持对承包户依法采取转包、出租、互换、转让及入股等方式进行土地流转的行为。积极进行实地调查，深入了解集体土地所有权、农户承包权、土地经营权三者的关系。一方面要结合国家政策，另一方面要根据每村的具体情况，逐步推进农村土地经营权抵押、担保试点工作，努力实现土地流转才能更加有利于农村土地的规模经营，才能普遍提高土地的利用效率，土地利用效率提升了，农民的种地收入就会提升，从而使农民的生活水平得以提升、幸福感指数增加。

(三) 加大农村承包土地流转连片化宣传，完善相关法律制度

针对广大人民群众做好宣传动员工作，积极组织群众外出学习和自身提升，并对其思想进行统一宣传。要合理制定相关法律政策，明确农村土地权属关系。要实施农村土地确权工作，要先确定哪些人具备农村集体组织成员资格。明确土地是要给谁的，这也是取得土地承包经营权的主要依据和根本保证。

制定专门的农业生产和相关政策的规划纲要，壮大新型职业农民队伍，整合教育资源，积极发挥农村人才的带头示范作用，引领农村专业大户、家庭农场经营者、农民合作社带头人和返乡农民工进行农业宣传培训。组织农业专家土地政策走下乡活动，挨家挨户分发宣传手册，讲解国家最新关于农村农业的发展政策。定期组织小课堂和集体宣讲活动，做好农村承包土地流转连片化的宣传工作。

健全法律法规的建设和制度，统筹我国城乡发展，使农村集体土地使用权与城

市国有土地使用权具有相同的产权功能，也就是说要具有相同的使用、收益以及处分的权能，建立城乡相对统一的产权体系。要求我们要统筹城乡发展，统一农村土地产权体系作为基本出发点。合理建立土地方面的相关立法工作，包括：将国有土地使用权和集体土地使用权的权利义务进行合理的对等，对集体土地和国有土地的所有权与使用权实行同等保护。对集体土地使用权进行分类管理，将产权设置和用途分开。针对集体成员资格问题，国家也应当制定出台有关农村集体经济组织的法律法规，确定其农村集体经济组织的法律地位，确定集体经济组织的成员资格。陈锡文认为：不仅要制定出台有关集体经济的组织法，而且要在法律层面对土地所有权、承包权和经营权"三权分置"的内容进行明确规定。关于明确所有权、稳定承包权、放活经营权的提法和做法，已经在很多地方存在并且实施着，这样的做法得到了广大农民群众的普遍认可和欢迎。虽然受到群众认可和欢迎，却没有相应的法律明文规定，因此现在急需在法律层面上来明确土地的承包权和经营权问题。

对于农村承包土地流转连片化问题，国家、政府、乡镇集体要依法依规有序进行操作，土地承包经营权是一项用益物权，是国家赋予广大农民群众的权利，这项权利的名称、内容、效力、变动等都是需要有法律的明确规定。农村土地进行土地确权登记颁证工作，也是要遵循法律和政策规定，按照步骤部署，严格遵循程序，一步一个脚印做好落实工作。制定法律要明确界定农地所有者、承包经营者、经营者各自的权利和义务。制定和修改农村土地承包法时还应明确各项权利的关系，包括农村土地承包经营权确权登记颁证工作与二轮承包之间的关系，以及明确这次确权的起点和确权实施的期限。

（四）发挥农民主体地位，健全社会保障体系

发挥农民主体地位就要明晰农民土地权益。完善利益分配机制，在土地流转时尊重农民意愿，引导而不强迫，防止脱离实际而人为加快流转。大力鼓励具有规模经营实力的业主与农户建立稳定合理的利益联结机制。对农村土地的计租货币结算进行开发和探索、将农村土地租金动态调整、土地入股保底分红等利益分配办法进行合理有效发挥。在稳定土地流转的前提下，合理保护广大农民的切身利益。

随着城镇化、工业化的不断发展，一定要留出一块土地给农民备用，土地的收益要与农民共同分享而不是独享。农民可以适当利用一些集体非农建设用地，在符合国家规划和用途管制的前提下，建设一些物业和副业，为其增加一部分收入，也可以使农民获得初步的收益，实现按股份分红。

在进行农村承包土地流转连片化时，要充分尊重农民意见，收集整合农民意愿，坚持尊重民意、民主协商。合理地听取农民群众的意愿，如若有不同意见的群众，我们也应该直接面对，而不应该选择逃避或置之不理，我们应该对其做好深入细致的思想工作，了解其不同点的根源在哪里，及时拿出来进行协商解决。鼓励群众参与政策制定和研究，大多数重要的事项，通过民主协商的办法决定更符合农村当前的发展，基层给予的意见和智慧是最直接、最朴实、最贴近实际情况的。切实尊重群众首创精神，加大对农村智力畅通，技术、管理下乡的支持工作，鼓励创新人才"三下乡"活动，积极培育和引进创新人才下乡机制，鼓励培养培育新型的职业化农民，加强农村具体专业人才队伍的建设，发挥农业科技人才的支撑作用。

保障农民合法权益，充分调动农民群众积极性，做好确权农村承包土地流转连片化工作，必须始终坚持群众路线。从群众中来，到群众中去，充分尊重农民群众的广泛意愿，积极发动农民和群众的力量，调动他们的积极性和主动性，从被动地进行农村承包土地流转连片化到主动进行土地农村承包土地流转连片化，要充分相信群众，坚持村民自己的事情尽可能自己管理的态度，积极采用农民群众介绍的方式方法，妥善解决在农业建设过程中遇到的困难和问题。充分依靠广大人民群众的力量，合理地尊重他们的首创精神，团结带领群众做好各项农业组织工作。同时，调动基层干部的积极性也是极为重要，他们不仅有对农民群众的号召力量而且有模范榜样的示范带头作用。广泛动员和组织社会力量参与，在制定政策和法律法规时要特别注意保护农民工、农村妇女等弱势群体的合法权益，一定要防止个别村组借少数服从多数的名义或幌子，限制或是剥夺农民承包土地的权利。因此保障农民的知情权、参与权和监督权是极其重要的，在管理农村工作的时候要尽量做到公平化和透明化。

建立健全农村社会保险和金融服务业。合理建设农村的保障制度，将创新投融资机制，优先形成财政保障机制，使金融重点项目向农业发展方面倾斜、让社会积极参与其中，最终形成多元的保障机制和投入格局。发展多种形式的适度规模经营，是中国特色农业现代化的必由之路，离不开农业保险的有力保障。加强对适度规模经营农户实施农业保险，将农业生产保障工作由事后保障调整为事前保障，加大财政资金对于农业救灾资金的扶持力度，合理提高保险理赔标准，不断完善农业再保险体系，将持续稳健的农业保险助力现代农业的发展，有助于农业生产者提升抵御自然灾害、抵御市场风险的能力。

（五）提高土地财政占比，整改相关配套机制

长期以来农村的资金、土地、人才等各种要素单向地由农村流入城市，造成农村经济发展的严重不平衡，积极有效的因素全部都外流不利于本乡镇的经济发展和乡村建设。实施农村承包土地流转连片化必须抓住"钱、人、地"等关键环节，促进公共资源及相关配套设施的城乡均衡配置。要努力落实好、管理好、用好财政经费，加强对农村承包土地流转连片化工作的财政经费投入，将此经费纳入地方财政预算当中。

切实加强中共中央资金对于农业发展的使用和管理，制定严格规范的支出使用标准，勤俭节约努力降低工作成本，不允许对其公款的挤占挪用，要实现并确保专项资金使用安全、高效。

实施乡村振兴发展战略，改善农村农业配套公共设施建设，加强水利、供电等配套设施供给。进一步加强整合农业开发，土地整理等涉农项目资金。随着我国农村承包土地流转连片化的范围不断扩大，针对农村承包土地流转连片化的地方进行新一轮的土地整理，完善农村土地机耕道、排灌等基础设施的建设工作，尽量减小各地方的地力差异，提高按户连片耕种的土地利用效益。

不断提高旱涝保收农田建设的标准，实施灌溉排水、土壤改良、道路整治、电力配套等工程建设，为土地实现农村承包土地流转连片化打好基础。首先，加大农田水利建设的投入，干、支、斗渠及泵站设施建立，由于该工程量大、成本高，尽量由政府主导来完成，地方政府主要负责土地的农渠和毛渠建设，县级政府重点分期分区域划分，协调各部门组织统筹规划项目建设。其次，最重要的是对耕地进行合理改良，加大整理土地建设、创建高产量基地、测土配方施肥等项目建设力度，在有条件的地方平整土地，加快土地连片耕种，实现集中连片经营。最后，完善农村土地路网设施，建设电网配套设施，改造原有机械，为农业生产提供必备支撑。为体现支持农村承包土地流转连片化的政策导向，要建立土地流转农业项目优化制度，农村土地整理，高标准农田建设。将一些关于农业综合开发等涉农项目尽可能与农村承包土地流转连片化制度结合起来，将项目资金优先且重点向此方向倾斜。

(六) 促进土地规模经营，完善因地制宜政策

合理确定土地经营规模方式，从目前发展来看，土地流转的规模并不是越大越好，而是要适度，不能过快，如果发展过快就是揠苗助长，会起到事倍功半的效果，土地流转的速度和规模应该与我国农业资源条件和农村发展实际情况相适应，因此我们要对农业内部各个生产要素进行优化配置，加强农业产前和产中与产后诸多环节的合理组织以及一、二、三产业之间的有效融合，从而获得最佳的土地经营方式。

规范管理土地用途，在产权制度体系城乡统一的制度下，农民所享有的土地产权是可以进行自由流转的。既然可以自由流转，就要对不同类型的土地进行合理的规划和管制，不能随意和胡乱地流转，土地类型要具体其适用范围，具体适用范围内可以进行流转的必须在规划管理和用途管制中进行规范。要针对土地的具体情况，

在用途管制的条件下，在规划控制范围内，允许集体使用权进入市场，并且根据其土地使用权的不同，按照不同的条件进行管理。

从空间上、时间上、微观设计上以及用途管制上进行限定，将土地规划的空间功能、土地利用规划设计、土地管制三者有机结合起来，至于其他方面让市场价格机制发挥作用，对其进行调节，能够有效提高资源配置效率。

优化农产品产业结构和产业布局，坚持农产品因地制宜、土地分类实施政策，按照稳粮，优经，扩饲的要求，统筹调整粮、经、饲种植结构，形成可持续发展、可循环发展的农业经济体系。在推进农村新型城镇化建设的同时，要合理地对农民土地进行分类实施。

推广绿色农业，提倡循环发展，抑制粗犷经营。重点加大对有机蔬菜和大棚反季节蔬菜及有机稻的种植面积，大力发展优质、高效、低耗的种植业。将自动化种植、机械化种植普遍推广开来，将传统的劳动密集型农业向现代的科技型农业转变。发展循环可持续的现代农业，不仅降低生产成本，而且有利于保护农业生态环境。如今，"互联网+"的时代，物流产业，休闲观光旅游业，这些新产业新业态，正在让乡村迸发出新活力，在农村产业园区建立和发展现代物流企业，将第一产业的发展和第三产业的服务体系有机结合起来，不仅使其生态、健康、环保、绿色，符合现代社会的群众需求，而且可以提升服务体验，强化自然资源的合理开发和生态保护。

第八章　农业机械及其分类

第一节　农业机械在农业生产中的作用

一、农业机械的重要作用

民以食为天，自古以来，人们就意识到粮食的重要性，2000多年的封建王朝一直重农抑商，重视农业，鼓励人们开垦荒地种植粮食。如果缺少粮食，那么人们的生活就不会安定，社会就无法发展，国家就没办法自立自强，故而农业作为基础产业直接影响着人们的生活、社会的发展及国家的稳定。近年来，随着工商业的迅速发展，农业受到了一定的冲击，传统的农民种植工作量大、过程辛苦、挣钱少，这就促使很多农民转向城市打工，放弃了粮食的种植。尤其是一些偏远的地方，人们生活贫困，无法使用大型农业机械发展生产，种植工作繁重，很多人就放弃了农业生产，对我国农业的发展造成了一定的冲击。

(一) 有效提升农业生产力与竞争力

中国拥有14多亿人口，是世界上人口最多的国家，人均耕地面积却很少，远远不如美国、加拿大等地广人稀的国家。作为一个农业大国，距离农业强国还有一定的距离，只占有全球7%的耕地，却要养活占全世界20%的人口，除了袁隆平杂交水稻的高产之外，农业机械也起到了巨大的作用。

使用农业机械大大提高了农民的工作效率，之前15 d完成的工作现在仅仅需要1~2d，这让农民认识到了农业机械的便捷性，体会到使用农业机械的甜头，提高了他们种地的积极性。在农业生产中，使用方便的高科技农业机械满足了农业生产的需要，减少了劳动力的使用，加快了农业生产发展的速度。

农业机械有效促进了现代农业的发展，特别是那些经济实惠、方便有效、多功能的农业机械，它们性能精密、使用方便、科学有效，可以减轻农民种植压力，在农业生产中发挥了极大的作用。例如，之前人们用牛耕地，1个人和1头牛努力工作1d也完成不了1 hm²，后来采用拖拉机和铧式犁一起配套耕地，1 hm²的土地不到1 h 就可以完成，速度快了10倍，如果采用更先进的大型耕地机器，效率将是人工和牛的100倍；种植水稻需要插秧，对于比较熟练的农民1d也只能插1334 m²，若采用无人驾驶插秧机，1 h就可以插2668 m²。这就大大提高了工作的效率，减轻了农民的工作负担，降低了人工成本，提高了农产品的生产力和竞争力。

(二) 改善劳动条件，增加农民收入

农业机械的使用不仅提升了工作的效率，也改善了农民的工作条件，大幅度减轻了农民的工作强度。农业机械从简单的耕种和运输发展到今天的播种、收、加工等各个环节的机械，农机化服务也从原来的农业产中扩展到产前和产后，为促进现代化农业的发展提供了保障[①]。比如麦子的收割，从之前的人工镰刀到现在的纯机械化工作，人工镰刀收割需要人们首先用镰刀把所有小麦一点一点割下来；其次扎成一捆一捆送到村口的大场里剁成麦垛，等雨季过去用碾子把小麦打出来；再次铺在地上晒干，趁着风把小麦扬干净；最后收起来放入仓库，过程琐碎，还要看天吃饭。而随着科技的进步和农业机械的普及，现在收割小麦只需要收割机在自家地里走1遍就可以完成收割、脱粒等环节，大大减少了农民的精力，节省了农民的时间，农民也不用担心下雨影响收成。

使用农业机械不仅减少了人工劳动力和畜力的使用，还提高了土地的耕种质量，增强了土壤的蓄肥、蓄水能力，提高了土地的产出率。据统计测算，利用机器耕种能够增产5%，利用机器收割可以增收将近10%。除此之外，国家对购买农业机械的农民也要进行补贴。因此，农业机械的使用与推进，改善了农民的工作条件，增加了农民收入，提升了农民的生活水平，促进了农村经济的持续快速发展，加快了我国农业现代化的进程。

(三) 推动农业产业化发展

随着科技的进步，农业机械的发展越来越先进，在农业生产的每个环节都有农机的身影。农机的使用改变了过去一家一户的分散种植经营模式，扩大了农业生产的规模，统一播种、施肥、作业、收割，甚至统一买卖，增强了农民抵御风险的能力，推动了农业产业化的发展。例如，在一些平原地区，许多农民通过组建农村生产合作社的方式集资购买大型农业机械，并统一集中使用，大大提高了农业耕作效率，促进了农业的产业化发展。

(四) 有利于粮食的生产安全

我国作为一个农业大国，人口多、人均耕地少，旱灾、洪涝、台风等自然灾害

---

① 万霖，车刚，张燕梁. 绿色设计在现代农业机械中的应用研究 [J]. 农机化研究，2010(4)：12–16.

频繁，严重影响了我国的粮食安全，直接影响百姓的生活，给国家经济造成损失。

农业机械的使用提高了工作效率，增加了粮食产量，提高了百姓收入，可以有效地应对自然灾害和突发事件给农业生产带来的不良影响，有效地保障人民群众的安全。例如，旱涝灾害时使用农机抗灾救灾，可以抽水排涝、抗旱、灌溉农田，保证人们的用水，缓解灾情。

采用农业机械可以有效地进行农业灌溉，减少水资源的浪费；采用农业机械可以科学施肥，提高肥料的吸收利用率；采用农业机械可以防治病虫，提高粮食的产量，有利于粮食的生产安全。

二、农业机械在农业生产中发挥作用的策略

（一）培育新兴农业经营主体搞好农业基础设施建设

近年来，外出务工人员众多，土地撂荒现象严重，要解决种地问题，就得由先进的农业机械来进行。农业机械需要必要条件才能在农业生产中发挥好作用。我省多数为浅丘陵山地，小型农机能够适应这样的地理条件，但小型农机效率低下，无法满足现代农业生产的需要，大型农机在农业生产中得到使用才是农业发展的必然趋势。但大型农业机械需要的农机作业便道在我国广大地区没有完善，很多地方也缺机电提灌站和灌溉沟渠，农业用水得不到保障。单家独户的农民没有经济实力完成农业基础设施建设和大型农业机械的购买，小块的分散的土地也不利于大型农业机械的使用，需要加速土地流转，培育新兴农业经营主体，促进农业生产规模化、集约化、品牌化发展。我们要拓宽资金渠道、推进农业基础设施建设，坚持政府主导、农民主体，调动新兴农业生产者参与农业基础设施建设的积极性。加大农村项目的整合，发挥财政项目的积极作用，大力吸纳民间资金，撬动社会资本，引导民营企业家和工商资本投入农村基础设施建设中[1]。只有在农业基础设施比较完善的前提下，才容易培育出更多农机专业合作社、家庭农场和种粮大户等农业经营主体。只有这些规模化的农业生产者，才能最有效地使用农业机械从事农业生产，使农业机械在农业生产中充分发挥好作用。

（二）做好农机安全管理、正确使用和维护保养等工作

1. 农机安全是农业生产顺利进行的必要保障

先进适用的农业机械得到了广大农民的认可，为农业生产节约了成本，提高了

---

[1] 于立坚.机手的安全就是我们的责任：2016年农机监理新常态[J].中国农机监理，2016(8)：8-11.

生产效率。但同时在使用过程中也发生了众多安全问题,有很多血的教训。要使农业机械在农业生产中充分发挥好作用,农机安全不容忽视。

基层农机服务组织应掌握好本区域农机及农机使用人员的情况,及时对农机使用人员进行安全培训,增强农机户的安全意识,加强农机户的操作技能[①]。农机作业环境恶劣,使用不当就会造成严重事故。农机手要保持拥有清醒的头脑来操控农业机械,所以在饮酒或感觉不适的情况下坚决不去操作农机。在农机操作过程中,旁人远离,以免误伤。启动农业机械时,要先观察周围的情况,并要在空挡启动。农机在转场侧翻时伤人是常见的事故,机具下坎时人被带落也不少见,这种情况下首先应保证人员安全。

农机生产厂商对农机要有安全设置,使用书、说明书要健全。很多用户在购机时对机具相当陌生,经销商不对其进行切实的技术指导,往往给安全使用带来隐患,发生事故经销商也可说责任重大,所以希望厂商多发明安全性能更好、更强的农机装置。

2. 农业机械的正确使用和维护保养是提高效益的前提

农机手要有正确使用农机的技能,严格按照厂商的设计要求和操作手册来使用,有些农户认为使用的机械效率太低而自行将刀具加宽加长,造成超负荷工作,常常损坏机具,得不偿失。不规范地使用农机带来的往往是伤人事故或者是机具的损坏,直接影响到农业生产效益。在正确规范使用农业机械的同时要有一套完善的维护保养程序,通过维护保养避免机具过早损坏,影响农时使用,减小经济损失。首先,购置机具后要进行磨合,通过磨合能延长发动机的使用寿命,发动机所加机油切记要用标准的合格机油。其次,各连接部件所需的润滑油要加注完善,并长期做到农机使用前进行检查,如机油和润滑剂加注不到位不得使用农机。还要及时发现是否有机油泄漏,一旦发现泄漏,要做到及时维修。最后,水冷式发动机水位要经常检查,不得少水。只有做到耐心细致的检查工作,机具少坏,才有工作效率和经济效益。

空气滤芯和柴油滤芯要按时间、要求对其进行定期的清理和更换,减少机具磨损。要常检查机具的螺丝紧固件是否有松动,及时紧固。农机用户在使用过程中要能做到分辨机具正常的声音,如发现有异响,坚决停机检查,排除故障后再使用农机。如果不重视这些异响,强行操作就会造成较大的故障,更影响农机的使用,给自己带来不必要的损失。机具在使用过程中要及时更换,才能为基层农业机械监督管理工作的有效推进奠定人才基础。

---

① 冯建强. 完善农机监理队伍建设提高监理执法能力和服务水平 [J]. 吉林农业, 2016(15): 69.

3.向信息化的监理工作方向发展

在当前的信息化时代下,我们应当进一步推动基层农机监理信息平台建设,促进牌证、事故业务档案规范化、数字化管理,逐步实现牌证、事故管理系统全省互联共享、在线可查业务,提供农机安全管理与服务需求,实现农机监理业务管理高效、便捷的目标[1]。

从当前我国基层农业生产的实际情况来看,提升农机监理工作的有效性,更有利于农业机械的推广、使用,能够显著提高基层农业生产的效率和质量,增加基层农民群众的劳动收入,保障基层农业生产的安全性,促进我国基层农业现代化发展,因此我们应当不断加强对基层农机监理工作的研究与实践。

第二节 农业机械的分类

按照农业生产的作业性质,广义农业机械主要分为农田机械、畜牧机械、排灌机械、果园机械、农副产品加工机械、运输机械。按主要作业和用途可分为农田基本机械、耕整地机械、种植机械、收获机械、植物保护机械、中耕机械。按耕作制度和地形可分为山地机械、水田机械、垄作机械、平原旱地机械。按动力可分为机力、畜力、人力[2]。

一、农业动力机械

(1)拖拉机。与悬挂式或牵引式农具配套,利用拖拉机动力输出轴和动力输出皮带轮等工作装置,可用于脱粒机、驱动排灌机械等进行固定作业。

(2)内燃机。适应性广,机动性强,使用方便经济。作为拖拉机的发动机,还能作为自走式或牵引式收获机械,植物保护机械等的有效动力来源。

(3)电动机。把电能变为机械能的电动机是拖动机械的原动机,各类电动机基本可用于农业生产,其中大型排灌站装机容量最大,三相鼠笼式异步电动机容量最小。

(4)水田机耕船。利用船体支撑整机重量,通过楔形铁轮与土层作用推动船体前进。

(5)风力机。依靠气流吹在风轮叶片上,使得风轮旋转做功,主要可分为翼式、走马灯式、鼓型三种。翼式风力机的风轮叶片为螺旋桨式,构造复杂,效率较高。走马灯式风力机风轮旋转方向与风向相同,旋转轴垂直。

---

[1] 张永琴.农机监理工作中存在的问题及措施[J].中国农业信息,2016(12):20-21.
[2] 耿端阳.新编农业机械学[M].北京:国防工业出版社,2011.

二、耕整地机械

(一) 耕地机械

土壤翻耕目的在于通过翻转和松碎土壤,恢复土壤结构,将杂草、作物残渣埋入地下,促进腐化,提高腐殖质含量。按工作部件可分为铧式犁、圆盘犁、旋耕机。铧式犁根据铧数不同可分为单铧、双铧和三铧。按犁型不同可分为铧式犁、深耕犁、滚子犁、双向犁、菱形犁等。在生产生活实践中耕地机械一般不带动力,大多是由拖拉机带动工作,按其与拖拉机挂结方式,可分为悬挂式、半悬挂式、牵引式三种。

(二) 整地机械

通过犁耕翻抛后土块体积大,土壤中较大空隙,地面起伏不平,进行播种前需松碎土块,压实平整地面。整地包括耙与镇压两个过程。耙作用在于破碎土块,疏松土壤,清除杂草同时兼顾混合表土,平整地面。其中,水田中使用的耙还具有搅拌泥浆、刮平田面作用,可分为圆盘耙和水田耙。使用镇压器目的在于消除土壤间空隙,减少水分蒸发,形成毛细管。镇压器分为表土镇压器和心土镇压器,心土镇压器可深入土中将心土压实,又在土地表层形成松软覆盖层,达到上松下实的要求。表土镇压器有圆筒形和V形两种[①]。

三、种植机械

(一) 播种机

按播种方法可分为撒播机、条播机、点播机三大类。按作物及用途可分为谷物播种机、中耕作物播种机、棉花播种机、蔬菜播种机、联合播种机。按动力可分为畜力播种机、机引播种机,其中机引播种机又可分为牵引式、悬挂式、半悬挂式三种。按照排种原理可分为气吸式播种机、离心式播种机。

(二) 水稻插秧机

按使用动力不同,可分为人力和机动。按插秧机工作部件秧爪不同,人力插秧机主要为夹式和梳式两种。按栽插是否带土,可分为带土栽培和不带土栽培。带土栽培也称小苗插秧机,为我国固有的水稻栽培技术。

---

① 高连兴,刘俊峰,郑德聪. 农业机械化概论 [M]. 北京:中国农业出版社,2011.

四、收获机械

(一) 谷物收获机械

谷物收获机械可分为联合收获法和分段收获法。其中收割机械可分为人力收割机、畜力收割机 (转臂，摇臂)、机力收割机。脱粒机可分为人力打稻机、畜力打稻机、机力脱粒机 (筒式，立式，圆盘式)。联合收获机可分为牵引式 (无发动机，有发动机)、悬挂式 (全悬挂，半悬挂)、自走式 (专用底盘，通用底盘)。

(二) 薯类收获机械

单铧犁翻土：将薯块翻出地面，再进行人工拾取。简单的挖掘机：薯块和土壤一起被犁铲掘起，再由犁铲上部指状旋转器将土壤与薯块横向抛撒，再进行人工拾取。升运链式薯类挖掘机：薯铲将薯块掘起，经升运器抖动输送，薯类上升至框中，土块被抖松后落下[1]。

五、排灌机械

(一) 半机械化提水机具

半机械化机具有辘轳、解放式水车、龙骨水车、钢管水车、水轮车等。

(二) 农用水泵

按工作原理可分为容积式和叶片式。按水流出叶片的方式可分为离心泵、混流泵、轴流泵。按泵轴布置方式可分为卧式、斜式、立式。按泵内叶轮数目可分为单级泵、多级泵。

(三) 喷灌设备

固定式整套喷灌设备都是固定的。在某些灌溉环境下，要求半固定式，即水泵和主管道固定，支管道和喷头具有移动功能。移动式整套设备都可移动。

(四) 打井机

打井机可分为冲击式打井机、回转式打井机和半机械化打井机[2]。

---

[1] 吴维雄，马荣朝. 现代农业种植机械使用与维护 [M]. 北京：原子能出版社，2010.
[2] 刘宪. 中国农业机械化科技发展报告 (1949—2019) [M]. 北京：中国农业科学技术出版社，2010.

在经济高速发展的21世纪，农业作为国民经济中的重要组成，农业机械现代化就显得尤为重要。在掌握原有简单农业机械的基础上添加自动化设备对农业生产现代化来说是不可或缺的一部分，对实现农业强国目标意义重大。

第三节　农业机械的特性与农业机械创新

一、农业机械的特性

（1）农业机械的作业对象为生物及其生长的环境，如种子、作物、土壤、肥料、农药等。由于它们种类繁多、形状复杂、物理机械性质多变并且软弱易伤，因此农业机械必须有良好的工作性能，才能满足各项作业的农业技术要求，保证农业丰产丰收。随着现代农业建设的推进，农业对农机化技术和装备的需求越来越迫切，农机化的发展也同样越来越离不开品种和栽培方式的改进与完善，农机农艺相互融合、相互促进，已经成为建设现代农业必须解决的一个关键问题。

（2）农业生产过程包括许多不同的作业环节，各地自然条件、作物构成和耕作制度又有较大的差异，决定了农业机械的多样性和区域适应性。现在世界上不同种类和形式的农业机械近20000种，新型的机械还在不断出现。因此，农业机械的研制与推广必须因地制宜。

（3）农业生产季节性强，农业机械的使用作业时间短。因此，既要求农业机械的工作性能可靠、生产效率高，又要求能够一机多用，实现综合利用以降低成本。

（4）田间作业移动式农业机械受到地形、地表的制约，支撑机器移动的地面松软致使车轮行走易于打滑与下陷。因此，既要求农业机械能够实现工作部件的自动控制，又要求减轻机器重量以节约金属，同时降低运行过程中油料的耗费，从而降低成本与使用费用。

（5）农业机械大多数在野外露天作业，工作环境条件恶劣，风吹雨淋。因此，农业机械应有较高的使用可靠性，耐磨、防腐、抗震性能和良好的操纵性能，以及必要的安全防护设施。

二、农业机械设计要求

设计一种农业机械，使它满足农业作业的功能和足够的使用可靠性及先进的技术经济指标，应该考虑以下几个方面的要求：

(一) 作业质量和作业效率

为了使农业机械最大限度地利用并取得效益，必须满足农业技术要求并且作业质量好、生产率高。

(二) 能源消耗量

在作业时为了有效利用动力，应该进行机器的合理编组，提高拖拉机的功率利用系数，提高单位功率的生产率，降低单位作业量的能量消耗。

(三) 行走性能

移动式农业机械在田间的通过性要求保持行间行驶的直线性和地头转弯的灵活性，同时应减轻机器重量、设计良好的行走装置结构，以降低行走的动力损失和接地压力，减少车轮下陷和对土壤压实，提高附着性能和牵引效率。

(四) 使用可靠性

农业机械是一个动态系统，在设计阶段要准确地估计负荷条件比较困难。另外，机械作业过程中也会遇到石头、树根等意外情况，为保证使用可靠性，应该考虑以下问题：

(1) 必要的强度。各零部件的材料与断面尺寸应保证必要的强度；安全系数过大会增加重量、提高成本。为了经济效益和减轻重量，常选用安全装置防止重要零部件的损坏。

(2) 耐磨性。与土壤接触的部件，除考虑采用防尘装置和耐磨材料以外，常常设计成易移动材质。

(3) 耐腐蚀性。在植保机械、施肥机械上，采用不锈钢和塑料等工程材料，以及刷漆或设计成防腐蚀的结构。

(4) 构造简单。农田作业用机械季节性强，要尽量便宜，以构造简单为宜。

(5) 安全舒适易于操作。采用防震、防噪声、防止翻车以及安全防护装置，转动部分必须有防护罩以及必要的信号系统和自动控制装置等。

(五) 发展联合作业技术及联合作业机具

由于联合作业使机器进地次数减少，减少土壤压实，节约油料，同时抢农时，减少机群系统中机器数量，体现了先进的技术经济性能。例如，耕作与整地联合，耕整与播种联合，播种、施肥、铺膜与植保联合，以及旋耕灭茬、垄体深松、多层施肥、开沟播种、覆土镇压、喷洒药剂的耕整播种联合作业均已在我国农业生产上得到应用。

(六) 减少机械操作人员

在提高机器时间利用率的前提下，减少操作服务人员，以降低作业成本。

三、农业机械产品设计进程模式

农机产品设计是一项创新，需要对许多因素综合分析，多方兼顾。

(一) 设计目标

收集国内外本领域技术情报，包括科研成果、专利、市场调查、用户意见、设计规范等资料，进行可行性论证。在设计任务书的基础上，提出要求明细表。在市场调查时，必须主动认识现有市场的范围，即市场的持久性、稳定性、特点和结构；市场调查要从原料市场和销售市场两个方面进行，既要掌握原料供应的现状与趋势以及价格波动情况，又要掌握用户的需求、同类产品销售情况、用户反映及用户市场的变化趋势等。

可行性论证包括：

1. 技术现状分析

本单位是否具备了足够的技术手段和经验，有无可能通过引进、技术转让和研究获得有关技术，以及本单位有无可能获得必要的生产技术以保证新产品的性能、质量和成本。

2. 经济可行性审查

即对本单位经济实力的估计和对产品未来的经济效果进行分析和预测。

(二) 方案设计

确定要求明细表以后，要抓住问题的核心和任务的本质，集中力量考虑系统的总功能及输入、输出关系，进行功能分析与综合评估，以确定功能结构。应用创造性思维方法，在大量的物理效应中选择、分析、综合技术物理效应以得出合理方案。进行技术经济评价，首先要通过"目标树"建立评价准则。"目标树"包括明细表中的全部和主要的最低要求，通过目标性能参量所评分数和重要度系数求出各方案总评价值，以便决策。因为方案设计的重大缺点很难在以后的设计阶段改进，这一阶段必须仔细进行，甚至可以保留几种方案，以便在结构设计时再分优劣，加以选择。所选择的方案应包括以下内容：①产品总体配置方案（主要部件形式、尺寸和相关位置）；②动力传动形式和传动路线；③复杂的产品，绘制产品的机动图。

（三）结构设计

这一阶段是用具体的工程结构来实现原理方案的设想。根据要求明细表（如功率、外载荷、工作部件数目、空间位置等）通过初步计算确定产品结构、工作原理、技术性能参数、主要尺寸、机构运动形式等，并选择各部件的材料、使用寿命、工作环境、磨损情况等。除了考虑功能之外，工艺和经济因素都应综合考虑。应用现代设计理论和工程基础知识，结合考虑规范和标准，在粗结构图基础上进行细结构图设计。然后，按照要求明细表检查结构图是否满足所有的功能、运动是否干扰、空间位置是否相容、材料选用是否合适，在此基础上进行价值分析，分析功能价格比得出一个科学的判断，如果设计成功则可编制技术文件。

（四）技术文件

在这一阶段，考虑很多细节问题，必要时回到结构设计阶段，修改设计方案，最后绘制出所有装配图、零件图、零件明细表及工艺卡片，制定产品技术条件及各种设计文件。利用 cad 计算机辅助设计，以人机对话方式直接做图形的输入和修改，使设计结果直观清晰、迅速方便地做出判断。

（五）试制试验

通过样机试制考核图纸和设计文件，使技术文件和图样进一步完善。如发现问题，对局部不合理的设计进行改进，并可以进行成本核算。为确定样机及其工作部件的性能参数，是否达到设计要求，能否满足农业技术要求与机组配套的合理性，要根据国家标准或行业标准组织样机性能试验，发现缺陷（包括动态性能）可进行改进设计，最后进行样机鉴定，完成产品设计阶段。

以上设计进程模式符合设计方法学的基本思想，即通过分析与综合，逐步从定性到定量，从抽象到具体，从一般到特殊，从简单到复杂，经过多次循环，直到得到满意的结果。

上述设计进程模式，并不是绝对的，不同的设计人员可以有不同的设计进程模式。这里只是提供一个一般的原则和步骤，建立一个有形的框图来检核各阶段的最后结果，仍然是必要的。

四、农业机械产品开发的战略性原则

社会发展的根本动力是经济的发展，当前在经济领域内产品的激烈竞争是必须

面对的严酷现实。为了提高产品的设计质量和开发能力，使产品具有更强的市场竞争力和更有效地使用各种现代设计手段为产品设计开发服务，应对产品设计观念和原则加以更新，主要体现在以下几个战略性原则上。

(一) 系统性原则

产品是它的生命循环周期过程的总和。设计人员懂得这一点，会带来意想不到的成功。例如，美国苹果计算机占据市场优势原因在于，为用户简化了掌握计算机所付出的时间。

(二) 并行性原则

从产品设计开始，就考虑产品设计、制造、安装、使用、维修，直到报废或再生等生命周期中所有各个环节的问题，设计组应成为包括上述各方面的技术专家的多功能设计组。

(三) 早期性原则

产品设计的早期构思阶段的好坏在产品最终的成本、质量以及投放市场时间等方面占有重要地位。产品构思阶段，是处理各种属性和要求的最佳阶段，对设计方案的修改或变动，付出的代价比较少，如果样机制造出来发现重大问题再修改，返工的代价相对要大得多。

(四) 经济性原则

设计人员不仅要注意产品的材料、工时和能源消耗等显性成本，同时要注意常常被忽略的隐性成本。例如，产品喷涂过程易于被忽略的隐性作业：涂料存储防火措施，不喷涂表面的掩蔽，环境与人员的保护措施等所耗费的隐性成本。

(五) 超前性原则

设计不仅要满足用户提出的各种技术和性能要求，还应该寻找出竞争对手尚未考虑到的产品的属性，包括可靠性、制造工艺性、可安装性、可维修性等。

(六) 在线检测性原则

在设计过程中用适当的方法和工具对产品的主要属性进行检验，称为在线检测，这样可以及时发现设计中的故障，更富有实效性。

(七) 计算机辅助设计 cad、虚拟样机技术的采用

采用 cad 帮助设计师更快更好地构思出一个设计方案，利用建模软件在计算机屏幕上显示产品的视图以及实物的三维图像，对已建立的模型进行分析计算、性能测试等，这样可以用较低的成本更快地完成设计工作。

机械工程中的虚拟样机（virtual prototyping technology）技术又称为机械系统动态仿真技术，是 20 世纪 80 年代随计算机技术的发展而迅速发展起来的一项计算机辅助工程（cae）技术。利用虚拟样机技术可以显著缩短机械产品的设计周期，大大减少设计成本，明显提高产品的设计质量和系统性能，可使产品设计人员在各种虚拟的环境中真实地模拟产品整体的运动及受力情况，快速分析各种设计方案，直到获得最优化的创新设计产品。

五、农业机械创新的方法

我国农业机械化及其自动化专业的教学与科研，要鼓励创新，尤其是原始性创新。我国的农业具有与众不同的许多特点，大量的新农机有待创造，现有的农机有待做出重大改进。根据现有农业机具与未来发展存在的结构性矛盾，要改变原有的"选、改、创、用、修"的传统思维模式，进行理论创新、技术创新。研制推广具有中国特色的农业机具。农机研究的创造性成果，要体现在"新"与"实"上。所谓"新"，指新理论、新规律、新方法、新设计、新工艺、新机器结构等，它不是科技的扩散与推广，而是在深入研究基础上的发展。它具有独特性与先进性。所谓"实"，指学术价值、科学研究价值、技术更新价值。农业机械是应用学科，更要体现实用价值。创造性成果的外在特征是"新"，而其内在特征体现的是"实"。只有将"新"与"实"结合起来，才能真正构成农机研究创造性成果。创造能力不完全是一种训练，更多是一种体验。扩散思维实际是一种想象能力（例如，联想、类比、猜测、直觉、拓广、顿悟、灵感等），给予人们善于发现问题、分析与解决问题的启迪。当然这主要靠个人的努力才有收获，从对外界的观察、认识提出设想，从实践、认识、再实践、再认识，从量变到质变，到达成熟时实现突变、实现创新。创新型人才不但要有系统的基础理论，还要深入观察各种现象、抓住本质并加以联系，达到升华的归纳推理的思维能力。例如，20 世纪 70 年代末出现的轴流滚筒脱粒装置，打破了 1785 年第一次出现的传统型脱粒滚筒的稳定发展过程，带来了许多优点；又如，小苗带土移栽的水稻插秧机的研制成功，从农艺上取消了拔秧和洗秧的环节，打破了插秧机械化多年停滞不前的局面，在日本飞速发展，在我国也得到生产的确认。这种突破的实例最原始概念的产生，都是从对客观现象的深入观察、分析、联系、类

比、移植等思维过程中形成的。当然，最可贵的是那些最初的构思。

以下对获得国家技术发明二等奖的两个例证进行研究，说明农业机械创新的方法。

（一）割前脱粒水稻联合收获机的研制

中国工程院蒋亦元院士经过 20 多年的钻研，研制出国际首创的"水稻割前脱粒收获机系统"，1995 年获得国家发明二等奖。2000 年获得中国最佳专利奖。该收获机运用气流吸运和贴地仿形的扶禾器等新原理和新部件，使得落粒损失显著减少，扩大了适应性甚至能收获严重倒伏的水稻。脱粒后站立的稻秆与主机配套的割晒机和装运平台的自走底盘进行稻草的割晒放铺，并同时将粮袋运出田间。蒋亦元院士 20 多年长期到现场观察、测试、苦心思索，深入研究前人失败的原因，构思、设计、计算试制、试验，经过反复修改，才获得成功。20 世纪 80 年代英国发明了具有三角形板齿的摘脱滚筒，与原有的脱粒清选部分组合成联收机，其优点是作业速度快、结构简单，并具有一定的收获倒伏作物的能力；缺点是落粒损失较大，尤其在速度稍低时，只能收谷粒不能同时收草，这限制了它的适应性。蒋亦元院士采用气流吸运脱出物的方案，它既可降低落粒损失，又可获得宽裕的空间设置切割和搂集装置，实现脱粒与收割同时完成的快速联合收割。因割前摘脱的脱出物处理量比其他方式大得多，采用传统的平面筛清选机构又无足够的空间，他打破常规采用了固定式立筒筛和旋转叶轮将物料甩开成薄层与清选气流方向垂直，显著地提高了这种大处理量时的清选效率。此装置的另一功能就是未分离净的杂余被引导自动进入循环系统，省去了杂余搅笼与杂余升运器，使得机构简化、体积小、生产效率高。但在收割高秆和潮湿的水稻时，为了保证收割质量，前进速度要放慢。再一个创新点是采用贴地匍行的切割器和两组搂草立杆将已割茎秆搂集中央成条铺。稻麦割茬 5~10 cm。作业速度在 0.8~1.5m/s。在多年田间试验现场发现，这种摘脱滚筒具有将茎秆稍部吸附于滚筒的现象。蒋亦元院士对此，以流体力学理论为手段，深入分析了这一吸附作用的形成机理以及它与有关参数间的关系，指导博士研究生用高速摄影技术加以实验验证了所得理论。这一理论研究是国内外首创，对该部件的设计研究具有重要的指导意义。

这是归纳推理法的典型案例，事前没有做理论上的分析，而对研究的工艺过程进行直接的观察，凭科学的洞察力、想象力确定要试验的参数及其变化范围，之后做系统的实验，找出规律；对此规律作出科学的解释，把它放到生产中去试验，再进一步做修正，对生产中已经验证合用的机器（或部件）的主要参数之间的关系进行科学的统计分析，找出规律，做科学解释，生产验证。

(二) 高速插秧机的结构创新、机理研究和产品研制

赵匀教授主持研发的"高速插秧机的结构创新、机理研究和产品研制"成果，2007年获得国家技术发明二等奖。他用10多年的时间，使移栽机械创新优化设计平台和水稻插秧机研究处于国际领先地位。旋转式步行和宽窄行插秧机作为国际首创，形成了国内具有自主知识产权的3种品牌、4种高速插秧机机型（发明专利：ZL99120522.7），以3个椭圆齿轮实现了日本高速乘坐式插秧机偏心齿轮分插机构9个齿轮和2个窝卷弹簧的功能。

旋转式步行插秧机形成了3种品牌、5种机型。赵匀教授所创的非圆齿轮转动在插秧机上应用的理论，是演绎推理法的典型案例。在观察工作过程的基础上提出假设，并以数学、力学等为手段对工作过程做理论分析，建立目标函数，利用"参数导引"启发式优化算法开发、优化设计软件，进行优化、虚拟试验和验证，精准地确定系列主要参数值，并以此为根据，研制核心工作部件和试验台，通过试验验证，最后再放到田间试验。

第九章　农业机械经营与管理

第一节　农业机械经营

我国是一个农业大国，虽然从改革开放至今，我国的农业得到了很大的发展，但是从整体上来说，我国的农业并不算发达，农业中的机械化还没有得到普及。在农业中实现机械化是我国的一个重大目标。近几年，国家在发展农业实现机械化方面做出了不少改革，我国整体农业机械化的水平也得到了很大的提高。但是对于中国目前的状况来说，农村个体户的发展有限，根据多年的农业经验可以得知，农业机械化的水平直接影响着我国农业的生产效率，如何推广、实现机械化，节省劳力以及物力成为我国如何发展农业的一个关键问题。

一、农村农业目前的发展状况

现今，有些农村依赖的种田工具还是以前的传统工具。随着农业的不断改革，农业实现机械化思想不断传播，农村部分地区有些个体户已经实现了简单的机械化，但是离整体实现机械化还是存在很大的差距。

二、农机经营的策略

在实现农业机械化的过程中，如何实现农机的经营这一步骤也是极为重要的，其实也就是如何实现农业机械的推广和使用。对于农民而言，他们种地是为了养家糊口，每天早出晚归，就是为了来年地里的庄稼能有个好的收成，获得更多的效益。在这里就涉及了农民的利益问题，在进行农机的经营时首先考虑的就是从农民的利益出发，切实保证农民的利益。

（一）建立农村服务站

建立农村服务站的目的就是替农民解惑，为什么要在农业中实现机械化？在农业中使用机械种地了之后能有什么好处？能不能比以前多一些收成和利益？等等。关于这些，服务站的工作人员都要及时且合理地做出解答，还要告诉他们使用了农业机械之后的好处，也就是使用了机械种地之后人轻松了，工作时间缩短了，最重要的是种出来的农作物比以前的收成还要好。

再就是在农村服务站中的工作人员要不断传播国家对于实现农业机械化的政策和在购买机械的时候给予一些补助。例如，国家提供一些大型机械，将农村化为集体所有，在农忙时农民可以轮流地使用，在收费时由农户每家使用机械的实际时间长短来结算，无论是从实际情况还是经济方面来看，农民都是可以接受的。

(二) 扩宽农机的服务领域

对于农机的服务目标来说，不一定只应用于农、林、牧、渔等行业，还可以是建筑、运输以及园林花卉等各种扩展项目，为实现农业的全方位机械化做出贡献而努力。

(三) 实现农机股份制合作经营模式

不管在农村发展什么，只要是保证农民利益和合法权益的政策，农民都会对此产生浓厚的兴趣。在这里提出的实现农机股份制合作经营模式既保证农民的利益，又造福了农民。采用农机股份制合作，可以有效解决无机户生产中的困难，降低了农民使用机械的要求，同时扩宽了农机的合作要求。

(四) 兴办大型农机站

大型农机站是改革开放以来，随着市场经济的不断发展，由县级组织的一种专门从事于农机化作业的一个新的机构，它可以由当地的农机主管部门投资兴办起来。在整个农机站中，需要配备较多的大型农作机械。例如，大型的推土机、整地机、播种机、收获机等配套工具，可以对当地的机械发展起到模范带头的作用。

我国是世界上最大的农业国，实现农村的机械化，促进农村的迅猛发展已是刻不容缓的一件事情。而如今，随着农业机械化的迅速发展，可以通过市场和有效组织实现农业机械的公有化、共同利用，减少低效率的自购行为。在实现农村机械化的工作中，建议国家把政策的重点放在鼓励和发展农机合作上，配套完整的合作体系，合理地改善农机的经营环境。把更多的精力放在如何发展农村实现机械化的同时，还要更加合理地保证农民的利益和合法权益。

三、我国农机经营形式的发展方向

我国农机经营形式的发展方向，经过近些年的经验证明了只有采取农机公有、承包经营和农民私有私营等多种经营形式并举的办法，才能促进农业机械化的顺利发展。

在过去的20多年，我国在农业机械经营形式上的反复问题始终未能解决，其根本原因在于，片面强调农业机械是基本生产资料，因而必须由国家或集体所有和经营。所以其反复变化，也始终只是在国家或集体经营的圈子里打转，既未敢提出公有私营，又未敢提出农民个人所有、个人经营的设想。而实际上，正是这两种经营形式才是解决问题的真正关键。

这两种经营形式，是近些年在我国农村经济体制改革中逐步形成的。所谓农机公有、承包经营，就是农村各级集体经济组织公有的农业机具，根据合同规定，承包给职工或农民，要求他们在完成合同义务的前提下，自负盈亏的自主经营。所谓私营就是允许职工或农民个人拥有农业机械，从事更加独立自主的经营。现在这两种经营形式已经在全国各地得到广泛实行。凡是实行这些经营形式的地方，都显示了多方面的优越性：首先是农机的利用率提高了，农机作业的质量提高了；其次是农机经营由亏损变成了盈利，农民使用农业机械的积极性大大提高了；最后是国家和集体在农机经营上的负担大大减轻了，农业机械化上的瞎指挥和强迫命令再也行不通了。所有这些使我国农业机械化的发展出现了前所未有的好形势。这些年，我国很多经济发展较好的地区已经家家户户都有了自己的小型农业机械，农用汽车也进入了农户的家中，现在的农民也真正认识到了农业机械的高效能。再加上近几年的农机直补，让农民得到了更大的实惠，使农民购买农用机械的热情进一步提高，同时更促使了农机经营形式的不断创新和改进。

在农机经营形式的改革上之所以能够取得这样巨大的成效，其根本原因在于：它把过去由上而下的"官办"农机，变成了广大农民自主经营的事情，使农民在农机经营上的权、责、利得到了密切结合，彻底打破了层层吃大锅饭的局面。现在，可以说已经找到了一条适合我国国情的农业机械经营形式的路子。我们应当在今后把它进一步完善、发展和坚持下去。

为了使我国农业机械的经营形式沿着这条路子发展下去，要打破农业机械是基本生产资料，不能为农民个人所有、个人经营的旧观念。为此，要明确经营形式是生产关系的体现，它必须适应生产力发展的要求，不适应就应当改变。还应当明确，过去习惯上所认为的，社会主义农业必须坚持农业机械完全公有，否则就不成为社会主义的观点也是不正确的。

此外，还有一种习惯上的认识，即认为农业机械是先进生产力，它所适应的生产关系不是资本主义私有制的，就是社会主义公有制的，决不应是农民个人所有、个人经营，并认为这样有利于生产力的发展，是不可思议的。对于这个问题，根据多年来的实践，应当说过去的那种认识是不全面的。必须看到历史现象是曲折复杂的，根据过去历史长期发展的规律所概括出来的原理，不可能完全适合历史发展每一个具体阶段的细节。

第二节　农业机械管理

农业机械的应用能够提高农业生产效率，满足当代农业发展的需要。但中国农业机械发展迟缓，对机械设备管理认识不足，存在诸多安全隐患，容易造成生产安全事故，降低农业机械管理效率，严重影响农业的可持续发展。农业人员应认识到现如今农业机械和工程机械设备管理中存在的难点，并采用有效的对策进行机械管理。

一、农机管理发展趋势

现阶段，农机设备应用范围不断扩大，农业生产开始由传统人工作业朝着机械化方向发展，农业生产机械化能够充分节省劳动力以及劳动时间，提高农业生产效率。另外，中国生产的中小型农机装备，如手扶拖拉机、中小型柴油机及农副产品加工机械，价格低，质量好，更适合国内目前的农业生产规模，农艺要求和投资能力以及运行维修水平，因此，要分析农业和农村经济结构调整的需要，发挥各地区的比较优势，形成具有自身特色的农机化区域，满足农民对中小农业机械设备的多样化需求。大型先进农机发展符合现代社会的发展趋势，主要是由于中国大中型农场数量多。农场不断朝着机械化方向发展，购买大型先进机械设备的需求持续提升，所以要提高大型先进机械设备应用效率，加大对大型先进农机的研发力度，满足农场对大型农机设备的需求。

二、农机工程机械设备管理的意义

（一）改进农业产业结构

我国是农业强国，农业产业是我国国民经济的重要支撑产业。提高农业机械和工程机械装备管理水准，能有效提高我国农业生产水平，推动农业发展，改进农业产业结构，提高我国国民经济发展水准。

（二）提高农业机械工程机械设备的使用率

提高农业机械设备管理水平，加强宣传，同时提高农户对农业机械设备的认知能力，实现农业机械工程机械设备的普遍应用；提高农业机械的使用效率，最大限度地运用农业资源，进而提高我国农业生产水准。

(三) 推进农业机械工程机械设备管理制度化

通过改进农业机械设备管理，调节和健全农业机械设备管理体系。现阶段，我国农业及农业机械发展存在的问题需从制度建设和法律建设两个层面来健全，从而推动我国农业机械化发展。提升农机安全管理，推动我国农业产业自动化技术高效发展，缓解农户工作生产压力；提升农业安全生产管理，减少农业机械安全事故的发生，科学维护、保养、保护各种各样农业机械，增加各式各样农业机械的使用寿命，为农业经济的可持续发展给予有效的技术支持。

(四) 推动农业现代化发展

农业机械化使传统刀耕火种的耕作方式发生转变，劳动的生产效率得到改善，促进了农业持续发展。由于农业机械设备的制造在我国起步较晚，可靠性、稳定性上仍有待提高，特别是机械设备，在运行的过程中产生各种各样的问题，且影响因素众多，使用者难以察觉。对此，要强化农业机械的管理，不断地对农业机械设备进行优化与革新，从而促进农业现代化发展。

(五) 促进地区协调发展

传统农业作业方式经济效益相对低下，城乡间收入差距在逐步拉大。在采用农业机械设备后，提高了劳动生产效率，增加了农民收入，缩小了城乡收入差距，为促进社会可持续发展做出贡献，在推动区域经济发展中同样发挥着重要的作用。

三、农机工程机械设备管理策略

(一) 创建科学的农机工程机械设备管理制度

创建相应的科学管理组织，制定有关的管理规章制度，使管理层有章可循，实行底层管理和监督机构的工作。提升农机技术情况检验，采用各种各样优秀的监测方式和对策，持续提高农机设备管理水准。农业机械管理部门应定时开展技术情况检查工作，全方位检查农业机械的技术情况，评定其技术水准，给定相应的标示。全面加强大型工程机械设备安全监督管理工作，预防和减少事故的发生，保障人民群众生命财产安全和公共安全，重点着手创建科学的农机工程机械设备管理制度。

(二) 健全农业工程机械设备管理服务体系

健全农业工程机械设备管理服务体系，积极正确地对待有关机构构建服务平台，采用有效的管理对策。如农机部门能够选择线下和线上双模式管理方式，向村委会和大城市有关人员寻求帮助；当农户碰到售后服务问题时，能够在网上办理申请注册，联系专家处理农机质量安全问题，为农户给予更直接的服务。

(三) 重视后期服务体系的完善

在选购农业工程机械设备之前，必须将所购机械设备列入检验和维护保养范围内，记录设备数据，制定设备管理方式和对策。重视创建和健全农机设备维护保养网站，通过信息技术逐步完善网络维护保养系统和体制，为农机维护保养给予技术和人员方面的保障，进一步提高机械设备管理水准。

农业工程机械设备中，易毁坏、易受损的和零配件应由生产厂家纳入包装明细，如设备的初始构件因设备的不正常运作而毁坏，必须保证充分的易耗构件可以备用替换，从而为安全使用保驾护航。重视农机安全事故的管理，如农业机械和设备发生问题，产生安全事故，农业机械工人必须立即开展应急处理，保护和检修设备。

(四) 提高管理人员综合素质

农机工程机械设备管理人员要真正认识到农机设备管理的必要性。在我国农业机械化发展的现状下，土地资源改革后，我国农业发展速度特别快，农业机械化水平也在持续提高。但与发达国家对比，我国农业机械化还处在水准低、技术成分不足的阶段。比如，在农业生产中，使用了水稻收割机和玉米剥皮机，但在使用中，许多状况下玉米粒被抛弃并去皮。因此，农业人员不但要创新机械设备技术，还需要搞好管理工作，提高机械设备的使用效率。农业机械、工程机械设备管理人员的资质证书直接影响农业机械设备的预期管理效果。为有效提高农机设备管理质量，需提高管理人员的综合素质，进行专业的管理知识培训，持续创新管理理念和方式，帮助管理者能够更好地管理农机和设备，进一步提高管理能力和知识素质，为农机设备管理的长期性发展打好基础。需要注意的是，培训师应依据农业机械设备的特点指导培训，真正提高管理者的能力。

(五) 提高农业机械工程机械设备管理意识

通过持续加强管理者的安全观念，提高农业机械、工程机械设备日常安全管理能力和安全生产管理水准，保证各种农业机械的安全运作，减少生产安全事故的发生。农机安全生产管理部门应依据管理人员的具体工作状况，按时组织安全生产活动，在提高管理人员安全管理能力的同时提高责任感，有效清除农机安全隐患。针对安全生产管理工作人员，依据农机的使用状况，预测分析农用机械运作中可能发生的安全故障，提升应急管理效率，清除农用机械设备的安全隐患。在具体工作中，农机操作人员应贯彻落实各类预防措施，避免大规模生产安全事故，保证自己的生命安全。通过对农机操作人员开展农机安全生产培训，降低了农机安全事故发生的概率，提高了农机的使用效率。加强农业机械安全生产宣传，显著提高农业机械设备的运行效率和农业机械设备的智能化、系统化水平。完善日常维修保养工作制度，提高农业机械设备的运行效率，推动我国农业经济的迅速发展。在设备的实际管理过程中，培养职业经理人和工程施工人员的专业管理素质，将设备的使用、运作和将来的维护保养管理密切联系起来，以便提高设备的使用率和使用寿命。

随着我国农机技术与全球新技术的结合，农机工程机械设备管理方式体系也应制定出相关的政策。以创新、高薪、科技和专业管理知识来武装管理者，健全开发管理组织体系，参考海外优秀理论和实践经验，保证管理和产业同步发展。实际操作人员应了解设备操作流程，实行科学的维护保养程序，妥当维护保养，科学管理资产，搞好详尽确切的记录；降低设备耗费，提高工程施工效率，减少工程施工成本。通过健全有关法律法规政策，增强安全管理观念，加强安全生产宣传，确保农业机械安全管理水准和农机工程机械设备安全生产效率，降低农机工程机械设备安全常见故障的产生。

第十章 农机社会化服务发展

第一节 农机服务组织形成机理

一、我国农机服务组织概况

农机服务组织的建立和发展是实现农机服务社会化的重要途径和手段。对促进传统农业向专业化、社会化、现代化农业转化具有巨大的推动作用，对加快农业产业结构调整和提高我国农业的国际竞争力具有重要意义。世界上农业机械化水平发展较高的国家都建立了符合本国国情的农机服务组织，并通过农机服务组织提供的农业生产机械化作业服务，实现了提高农机作业效率、降低作业成本和增加农业生产效益的目标。同时，有关部门也在考虑加大对农机服务组织的支持和扶持力度，这就为降低作业成本和提高服务效益创造了条件。

目前我国共有农机服务组织19.48万个，其中农机合作社7.54万个。农机合作社等农机服务组织能够有效整合劳动力、装备、技术、人才等生产要素，不断创新服务模式，以农机为载体加快先进生产方式普及应用，推动解决"谁来种地""怎么种地"的问题，成为发展农业社会化服务的中坚力量以及推进农业现代化进程的重要引擎。

二、组织形成的形成机理分析

在农机服务组织形成与发展中，组织内生的合作机制起着重要作用。现实中各成员的合作不完全是基于利他，而主要是利益主体（组织成员）自利需要伙伴。合作能把成员的自利整合成实现各成员目标的联盟，而竞争则把成员的自利推进为你争我夺的斗争，从而损失效率。因此，在合作的情景下，组织成员会把其他利益群体的活动视为其正外部条件，而在竞争情景下，利益主体则视其他利益群体的活动为负外部条件，这也是成员选择合作并组建农机服务组织的主要动机之一。在农机服务组织形成与发展中，共有三种内生的合作机制发挥着重要作用，分别是理性机制、利益转移机制和协商机制。

（一）理性机制

只有参加农机服务组织的各成员收益大于或等于不参加合作的收益和参加合作

的机会成本时，组织发起人（主要指农机大户）才有发起或组建农机服务组织的动力，普通成员（主要指普通农机手和其他参与组织的农民）才有参加农机服务组织的外在激励，农机服务组织成员间的合作才能得以发展和壮大。这符合经济学中"理性经济人"的假设，即假定发起人和普通成员在逐利决策中均为完全理性的。虽然在现实生活中人不能像经济学中所假设的那样完全理性，但任何一个人（包括农机服务组织的发起人和普通成员）做决策之前，都会尽量根据自己的理性去判断风险、成本、收益等，因此农机服务组织成员间的合作机制首先应该是理性机制。在自利的心理驱动下，理性机制是农机服务组织得以产生和发展壮大的前提。

（二）利益转移机制

由于参加农机服务组织的成员综合实力各异，其对参加农机服务组织的预期收益也各不相同。预期收益较多而实际收益较少的成员如果得不到合理的利益补偿，其合作是难以展开的。因此，在农机服务组织的合作中应该存在成员之间的利益转移机制并促使收益分配的公平性。也就是说，在合作中获益较少的成员应从合作中获益较多的成员那里得到补偿。公平的组织利益分配构成了农机服务组织成员奋斗的前景和动力，在共同利益的驱动下，组织成员间能形成一定程度的融合，增进彼此间的信任感和亲密感，从而较易出现正反馈现象。

通过效用转移机制的运行，可以充分发挥农机服务组织成员合作过程中的激励和约束的双边效用。利益补偿机制对于农机服务组织这样的非完全共同利益合作群体的合作形成是必需的，通过该机制的作用可使各利益主体获得合理的收益，促进农机服务组织的产生和发展，这也是群体合作实践的内在本质，即"双赢"。

（三）协商机制

在农机服务组织的作业过程中，达成合作各方共同认可的具有约束力的协议，对实现成员之间的有效合作是十分重要的，而约束协议的达成必须通过各合作成员之间的有效协商来实现。合作成员进行有效协商是指如果合作成员各自策略的一个可行变化可以使合作成员从中得到合理的效用，那么其他成员就会同意做出这样的一个策略变化。除非参加合作的某些成员与没有参加合作的联盟内成员达成协议，形成同样有效的合作，或是某些成员存在非理性行为如恶意的破坏与报复等。

通过有效的谈判协商，农机服务组织中各成员可建立一种利益平衡机制，使得合作中获益较少的成员确信暂时的收益受损可以从长期的合作中得到补偿，而获益较高的成员会自愿在某些方面为其他成员的利益作出一定的让步。也就是说，从长期来看，一种稳定的合作会使农机服务组织中所有的合作成员分得大致公平的利益。

由此可见，有效的协商机制是在理性机制的基础上，保证利益转移机制发挥效用的必要条件。

（四）三种机制的耦合作用

农机服务组织能否形成的关键是如何解决利益分配问题，利益分配方案不仅要满足个体理性和集体理性，而且要满足组织的群体理性。为了保障农机服务组织成员的顺利合作，上述三种机制缺一不可，它们并不是单独作用的，而是相互作用与影响，形成一个合力，共同促进农机服务组织的形成和发展。

理性机制是农机服务组织形成的基础，成员的个体理性必须与组织的群体理性大致相符，才能促进合作。对农机服务组织各成员的合作，虽然在作业过程中尤其是利益分配上存在诸多矛盾和冲突，但至少存在一种使各方均能接受的利益分配方案，这就要求组织内各成员均参加合作，并且在合作中获益较多的成员应该给获益较少的成员一定的利益补偿，即效用转移机制可以在一定程度上解决这种利益分配上的冲突，使组织内各成员均能得到满意的效用，以避免不公平感的产生并对农机服务组织的发展起逆向作用，使农机服务组织作业效率和经营绩效遭受损失。在一定的假设条件下，利益转移机制是通过利益转移量确定的，并且这种利益补偿机制有可能吸引那些综合实力较强、对其他成员有较大正外部性的成员的参与。因此，农机服务组织成员追求自身利益最大化的行为本身会促使这种正外部效应的内部化，这不但可以使具有这种正外部效益的参加者获得良好的效益，也能使其他参加者获得更大的合作效益。同时，在一般情况下，农机服务组织成员之间是通过协商谈判来解决利益冲突的，通过有效协商及谈判，各合作方可以建立一个被普遍接受的利益平衡机制，以使所有合作成员分得大致公平的效益，从而促进各成员间的相互合作。在三种机制的共同作用下，原本独立的各成员才有可能形成合作群体，即农机服务组织，在实现"双赢"的过程中追求自身利益的最大化。

第二节　农机社会化发展理论基础

一、产业化经营理论

（一）产业化概念

"产业化"的概念是从"产业"的概念发展而来的。所谓"产业"，本意是指国民经济的各种生产部门，有时也专指工业。后来随着"三次产业"的划分和第三产业兴起，泛指各种制造提供物质产品、流通手段、服务劳动等的企业或组织。"产业"是属居于微观经济的细胞与宏观经济的单位之间的一个"集合概念"，它是具有某种同一属性的企业或组织的集合，又是国民经济以某一标准划分的部分的总和。

"化"是指要形成社会普遍承认的规模程度，通行法则在全社会范围内达到通变，彻头彻尾地从质的规定性上达到提倡的目标。"产业化"是指具有同一属性的企业或组织集合成社会承认的规模程度，以完成从量的集合到质的激变，真正成为国民经济中以某一标准划分的重要组成部分。

(二) 农业产业化

农业产业化（agriculture industrialization）是以市场为导向，以经济效益为中心，以主导产业、产品为重点，优化组合各种生产要素，实行区域化布局、专业化生产、规模化建设、系列化加工、社会化服务、企业化管理，形成种养加、产供销、贸工农、农工商、农科教一体化经营体系，使农业走上自我发展，自我积累、自我约束、自我调节的良性发展轨道，形成现代化经营方式和产业组织形式。实质上是指对传统农业进行技术改造，推动农业科技进步的过程。这种经营模式从整体上推进了传统农业向现代农业的转变，是加速农业现代化的有效途径。

农业产业化的基本内涵是以市场为导向，以效益为中心，依靠龙头带动和科技进步，对农业和农村经济实行区域化布局、专业化生产、一体化经营、社会化服务和企业化管理，形成贸工农一体化、产加销一条龙的农村经济的经营方式和产业组织形式。农业产业的基本思路是确定主导产业，实行区域布局，依靠龙头带动，发展规模经营，形成市场牵龙头、龙头带动基地、基地连农户的产业组织形式。农业产业化的基本类型主要包括市场连接型、龙头企业带动型、农科教结合型、专业协会带动型。我国是以龙头企业带动型为主，多种形式相结合。

农业产业化的基本特征是：面向国内外大市场；立足本地优势；依靠科技的进步形成规模经营；实行专业化分工；贸工农、产供销密切配合；充分发挥"龙头"企业开拓市场、引导生产深化加工、配套服务功能的作用；采取现代企业的管理方式。

农业产业化的实现方式和目的：①使农民真正得利，这是实行农业产业化经营的核心。实行产加销一体化使农民不仅获得生产环节的效益，而且能分享加工、流通环节的利润，从而使农民富裕起来。这是推进农业产业经营的宗旨。②土地产出率和农产品转化为商品率得到最大限度的提高，这是实行农业产业化经营的目的。③农业科技贡献率有较大幅度的提高，这是实行农业产业化经营的关键。④农产品的生产与市场流通有效地结合起来，这是实行农业产业化链条的首要环节。⑤以"龙头"企业来内联千家万户，外联两个市场为引导，带动、辐射农业产业化的发展，这是实现农业产业化的中枢。⑥有一批主导产品、一批"龙头企业"、一批服务组织、一批商品基地。

农业产业化经营实质就是用管理现代工业的办法来组织现代农业的生产和经营。它以国内外市场为导向，以提高经济效益为中心，以科技进步为支撑，围绕支柱产业和主导产品，优化组合各种生产要素，对农业和农村经济实行区域化布局、专业化生产、一体化经营、社会化服务、企业化管理，形成以市场牵龙头、龙头带基地、基地连农户，集种养加、产供销、内外贸、农科教为一体的经济管理体制和运行机制。从农业部产业化办公室调查情况看，中国各地区农业产业化经营目前多以"公司加农户"为主要发展模式。支持农民组织化走合作制之路，是中国发展农业产业化经营，实现农业现代化不容回避且必须切实解决的问题，也是21世纪头十几年来农村深化改革与发展的一大战略。

(三) 产业化理论与农机社会化服务

产业化理论对提升农业的现代化、发展现代农业具有积极的指导意义。对于农机社会化服务也同样具有积极的意义。首先，在农机社会化服务的组织方面可以借用产业化理论的指导，提高农机社会化服务的组织程度；可以用引导农民组建农机专业服务合作社、培育壮大农机大户、在农业产业布局重点区域引导社会力量组建骨干农机服务企业等方法，提高农机社会化服务的组织规模和程度，改变个体农机数量多、分布散、装备差、综合服务能力弱等缺点，形成规模合适、综合服务能力强的新型农机社会化服务组织体系。其次，用产业化理论来指导农机社会化服务的管理和运作，研究合理的农机社会化服务政策、制定农机服务行业进入和退出机制、科学布局农机社会化服务、协调农机社会化服务标准和价格等，提高现代农机社会化服务的效率。最后，用产业化理论来延伸和扩展农机社会化服务，不断丰富农机社会化服务的内涵和实质内容。

二、公共服务理论

(一) 公共服务的三种含义

1. 公共服务的第一种含义

国家是公共服务型国家，所以其所作所为就是提供公共服务。关于国家，有很多定义。在每个国家，都存在着社会整体的权力，它是垄断的和最有权威的，并以强制性力量为依托。在现代社会中，这种社会整体的权力是由决策或立法、审判或司法以及行政执行机构构成的权力体系。本文中所谓的国家，即是指这一社会整体的权力体系。当国家是由全体社会成员共同所有的时候，就具有公共性质，国家存在的目的和职能，就是为全体公民的利益和需求所服务。在这个意义上，由国家的公共性质所决定，国家体系中的所有机构，如立法机构、行政机构和司法机构等都是提供公共服务的机构，在这些机构中任职的人们的工作都是在提供公共服务。在中国，这意味着在人大、法院、国务院以及各地方政府等国家机构中的工作人员都是在从事公共服务，上述机构也都是或者都应是公共服务机构。

2. 公共服务的第二种含义

政府是公共服务型政府，所以其所作所为都是提供公共服务。本文中所谓的政府，是指国家的执行机构。虽然有人将国家称作广义的政府，但从逻辑关系和实际运用的角度看，将国家的行政机构或者国家意志的执行机构视为政府将更明确和易于理解。国家是一种社会权力体系，而政府则是一种组织机构；国家确定权力运作的方向和重大决策，政府则负责实施贯彻。政府是国家体系中的一个组成部分，国家的性质决定着政府的性质。当国家权力体系具有公共性质的时候，作为国家主要执行机构的政府应该成为公共服务型政府，通过贯彻国家意志、执行公共职能，从而提供公共服务。在这个意义上，各种形式的政府部门和机构都是公共服务机构，政府的各项职能都具有公共服务的性质，政府的工作人员也都是在从事公共服务。

3. 公共服务的第三种含义

公共服务是政府的主要职能之一，有其具体的内容和形式，并且可与政府的其他职能相区分。在这个意义上，即使在公共服务型国家和公共服务型政府的条件下，国家公职人员和政府工作人员所从事的并不都是公共服务，他们中只有部分人从事公共服务活动。近年来，在政府职能转变的改革中，通常提到"中国政府的职能应转变到经济调控、市场监管、社会管理和公共服务上来"。在这里，公共服务是同其他三项政府职能相并列以示区别的。

(二) 公共服务的性质

公共服务具有具体性、直接性和公共性。具体的、直接的公共服务，能使公民及其组织的某种直接需求得到满足的同时，在某种程度上使用了公共权力或公共资源的社会生产过程。公民作为人，有衣食住行、生存、生产、生活、发展和娱乐的需求。这些需求可以称作公民的直接需求。至于宏观经济稳定、市场秩序和社会秩序等虽然也是公民活动所需的，但那都是间接的，不是满足公民特定的直接需求的。能够满足公民直接需求的，除衣食住行外，还有教育、医疗保健、社会保障以及环境等。

(1) 公共服务一定是公民所需的，能够使公民的某种直接需求得到满足的，使公民受益和得到享受。譬如，教育是公民及其被监护人所需要的，他们可以从受教育中得到某种满足，并有助于他们的人生发展。

（2）公共服务的对象是公民及其组织。公民的各种直接需求，在很多情况下是通过组织起来的方式表达出来的。公民的经济组织和社会组织分别表达了公民的经济需求和社会需求。公民的经济组织即各种形式营利性的企业，公民的社会组织即各种非营利性的非政府组织，这两种组织形式构成了民间的组织。在中国分别被称作民营企业和民间组织。政府为满足公民及其组织的直接需求所开展和介入的活动，即为公共服务。如果某政府机构是在为政府本身的需要而工作，其服务对象是政府机关和政府工作人员，那么就不属于公共服务。

（3）公共服务满足的是公民及其组织的基本的直接需求。在一个社会中，公民及其组织对服务的需求可以是无限的，但不能要求由公共服务去满足所有需求。公共服务只需保障公民及其组织的基本的直接需求的满足，而其他部分的直接需求则由民间服务供给机制去决定。譬如，公共服务应该对每一个公民及其被监护人保证基础教育和基本社会保障的供给，除此之外的教育和社会保障可以留由民间服务供给机制决定。也就是说，保障社会弱势群体或者穷人的基本生存和发展权利是公共服务的目标，富人则可以通过民间供给机制去满足其更多的或更高的需求。在一个社会中，公民及其组织的基本的直接需求以及公共服务水平和优先事项安排是由该社会的发展水平、文化传统、价值取向、社会经济体制以及发展战略等多方面的因素决定的。

（4）公共服务的种类可以根据其内容和形式分为：基础性公共服务；经济性公共服务；社会性公共服务；公共安全服务。基础性公共服务是指那些公民及其组织从事经济和社会活动，或者生产、生活、发展和娱乐等活动都需要的、有某种政府行为介入的基础性服务，如供水、电、气，交通与通信基础设施，邮电与气象等。经济性公共服务是指通过某种政府行为的介入为公民及其组织即企业从事经济或生产活动所提供的服务，如科技推广、咨询服务以及政策性信贷等。社会性公共服务是指通过某种政府行为的介入为公民的生活、发展与娱乐等社会性直接需求提供的服务，如公办教育、公办医疗、公办福利以及环境保护等。公共安全服务是指通过某种政府行为的介入为公民提供的安全服务，如军队、警察和消防等。

（三）公共服务与农机社会化服务

提供公共服务是政府的责任，必须有政府介入，但是不一定必须由政府直接提供。公共服务的实现形式与手段是多样的，其所依托的组织机构也是多种形式的。譬如，提供公共服务的机构可以是公共行政机构，即正式的政府机构，可以是专门的公共服务机构，如公立学校和公立医院等，在中国称作事业单位；也可以是具有公共性的民间服务组织。所谓公共性的民间组织，是指私人企业和各种形式的社会组织，如非营利组织和社区组织等。私人企业和社会组织的共同特性是非政府，它们都不属于公共组织。如果有了政府行为的某种介入，如政府通过特许经营、合同承包、无偿资助或者优惠贷款、共同投资等方式介入了民间组织的活动，那么这些私人和社会组织在保持其民间性质的同时具有了一定的公共性，成为贯彻国家意志、提供公共服务的组织工具。在实现公共服务的整个过程中，政府必须承担最终责任，以保障公共服务的提供和绩效，但提供公共服务的方式，可以根据情况灵活选择和组合。

中华人民共和国成立70年以来，弱势的农业很长时期，一直在服务着城市、服务着工业。进入21世纪，"工业反哺农业、用现代科技装备农业、加强财政扶持农业"等措施越来越具体，范围不断扩大、力度逐渐加大。国家和地方财政对农业机械的购置补贴范围和力度也在不断加大。在发展农机社会化服务时，应当把农机社会化服务看作整个现代农业服务的公共服务，用公共服务的理论来指导农机社会化服务的发展。主要表现在：尊重、调动农民、农机人员的积极性；从公共政策的制定方面积极鼓励、引导相关各方对农机社会化服务的投入；加强政府职能部门对农机社会化服务的公共服务。如新农机新技术的推广、技术培训、农机产品质量的监督和保证等；用公共服务的理念研究制定农机社会化服务政策，提高农机社会化服务水平。

运用产业化的理论，可以把上海分解为小规模的农机服务单位、农机户，通过农机服务产业协会、农机合作社等组织方式整合并组织起来，通过提高农机社会化服务组织化程度，形成强大的农机社会化服务能力。同时，运用产业理论，密切农机社会化服务的有机组成部门，形成上海农机社会化服务的产业链。运用公共服务的理论，转变上海农机行政部门的理念，对提高上海农机社会化服务体系综合服务能力和服务效率起到十分重要的政策、科技、信息等保障作用。

第三节 我国农机社会化服务发展趋势

一、目前农机社会化服务发展的特点

（一）发展速度快、势头猛

按照各级农机主管部门的要求，农机社会化服务采取政策支持、资金扶持、项

目实施等多种方式，积极引导有条件的乡镇农机站、农机协会、农机联营户和农机大户，按照依法、自愿、有偿的原则，走专业合作社发展的路子，呈现出速度快、势头猛的特点。

(二) 投入创建多元化

国家农机购置补贴资金大幅增加后，农村成立农机合作社的积极性明显提高。以农机购置补贴资金、合作社标准化建设补助资金等项目为依托，社员以现金、土地、机械等形式入股，逐步形成以国家资金为引导、农民个人投资为主体、社会投入为补充的多渠道、多层次、多元化投入机制。

二、农机社会化服务发展面临的形势

第一，在今后，各级财政部门将进一步加大对农机社会化服务的扶持力度，对农机专业户、农机大户和农机合作组织购置大型机具给予财政补贴、低息或贴息贷款，进一步增强从事农机化服务的组织及其经济实力。

第二，随着农民对机械化生产的迫切需求，农机服务的领域和空间将继续扩大。

第三，农机社会化服务发展的政策、法治环境均有了较大改善，服务体系建设中的体制性障碍将进一步突破，为农机社会化服务提供了良好的政策法制保障。

第四，根据农村综合配套改革的要求，要加快农业技术推广体系的改革和建设，积极探索对经营性服务与公益性职能实行分类管理的办法，完善农机推广社会化服务机制，同时为农机社会化服务发展带来了新的机遇和挑战。

三、农机社会化服务发展的目标

（1）建立健全新型农机社会化服务体系。以市场为导向，形成一个以农机大户为主体、以乡镇和村级农机服务组织为龙头，以农机经营户为基础、以农机作业协会（公司）为纽带，功能完善、结构优化、布局合理、管理科学、规模适度的新型农机社会化服务体系，为农业生产提供全方位的服务，以促进粮食增产并提高农民收入。

（2）建立和完善农机跨区作业市场信息的互通机制、服务保障机制及风险调控机制。持续发挥农机跨区作业服务品牌的引导功能，进而扩大农机跨区作业的规模和范围，提高组织化程度，形成农机服务的新的增长点，此外，要不断提高农机作业的质量、服务水平及使用效益。

（3）逐步完善农机管理、推广和培训等服务支撑职能。加强基层农业机械技术推广机构的建设，通过区域性中心站试点的建设，为农民及农业生产经营组织提供公益性农业机械化技术示范、推广和培训服务。推进农机标准化的进程，建立农机作业质量的标准体系，加强农机标准化生产作业，提高农机化生产质量和效益。

（4）推进农机社会化服务信息平台建设。以信息化推动农机社会化服务发展，通过农机社会化服务信息平台建设，使农机销售、农机维修、农机作业服务等单位之间的网络连接和信息实现有效传输，农机供给主体、管理服务、服务对象的信息服务实现有机衔接，进而实现全国省、地和县联网，实现信息平台的有效运行。

（5）健全并完善农机维修体网络，严格农机维修行业行政审批，杜绝无证经营现象，切实保护农机使用者的合法权益，并保障农机安全生产。

第四节 农机社会化服务发展的建议

农机社会化服务推动了农业生产过程的专业化、标准化、集约化，是促进农业节本增效、农民增产增收的有力措施。

一、提升农机社会化服务水平的重要性

农业机械化是农业现代化不可或缺的重要支撑、重要内容和重要标志。当前，全面实施乡村振兴战略、加快农业农村现代化，对农机化发展提出了新的更高的要求。

（1）农机社会化服务水平提升是实现中国特色农业现代化的必然选择。按照发达国家经验，农业机械化一般要先于农业现代化15年左右，当机械化大于50%时说明农业进入机械化的通道，达到70%才能基本实现农业现代化。国情以及农情决定了我国不可能短期内通过流转土地搞大规模集中经营，也不可能走一些国家高投入、高成本，家家户户设施装备小而全的路子。当前，最现实、最有效的途径就是通过发展农业社会化服务，将先进适用的品种、技术、装备和组织形式等现代生产要素有效导入小农户生产，帮助小农户解决一家一户干不了、干不好、干起来不划算的事。

（2）农机社会化服务水平提升是保障重要农产品有效供给的重要举措。通过农机社会化服务主体统一开展规模化机械作业，引进和集成应用先进技术，开展标准化生产，可以提高农业生产效率、提升农产品品质和产量，从而实现优质优价。

（3）农机社会化服务水平提升是促进农业高质量发展的有效形式。社会化服务的过程是推广应用先进技术装备的过程、改善资源要素投入结构和质量的过程、推进农业标准化生产和规模化经营的过程，也是提高农民组织化程度的过程，有助于转变农业发展方式，促进农业转型升级，实现质量兴农、绿色兴农和高质量发展。与加快推进农业现代化的要求相比，农机社会化服务还面临产业规模不大、能力不

强、领域不宽、质量不高、引导支持力度不够等问题，迫切需要加快发展，不断提升服务能力和水平，进一步引领小农户进入现代农业发展轨道。

二、提升农机社会化服务水平的必要性

农机社会化服务水平和质量的提升是实现农业现代化、生产机械化的必然选择。在现阶段，实现农业现代化、生产机械化最为可行且效率最高的方式便是依托于农业社会化服务的优化，适时引入更多前沿性的技术手段、优质良种、组织模式等现代化要素，助力基层农户突破单家单户没法干、可行性太低的困境。

农机社会化服务水平和质量的提升同样是助推农业高效稳定发展的重要途径。农机社会化服务是利用前沿机械设备、优化生产要素投入构造、助推农业集约化生产、强化农户组织化水平的过程。在助力农业发展路径创新，助推农业产业转型优化，达成品质兴农、生态助农等方面，农机社会化服务使得农业生产正由以往的粗放式和低效率生产向着集约化、高效率方向快速迈进。当下，农机社会化服务仍陷于规模有限、水平不足、领域较窄、品质较低、引领力缺乏等困境，必须尽快推进发展进程，继续优化服务质量，扩大服务范围。

三、提升农机社会化服务水平的具体路径分析

(一) 致力于新型农机社会化服务体系的优化

要继续健全以政府为核心的农机公益性服务体系，多元手段营造以农机、农艺新技术引领现代化新农业的优良氛围，活跃农机市场环境，致力于助推农机服务机构的创新化进程。关注公益性农机装备品质的提高，农机新技术、新机具的应用，农机专业人才的管理培养，以及农机社会化服务模式的优化等，打造全面细致、严谨可行的农机公益性服务体系。各相关部门积极出台农户购机帮扶引导政策，给予基层农机服务组织更多信贷经费方面的优惠和支持。农机经营者应深入农业生产前线，加强与农户交流，明确作业标准应该符合哪些要求，搞清楚作业的流程及面积。

(二) 致力于强化基层农机服务组织的建设

1. 提前拟定规划，加大引导力度

农机服务组织在农机社会化服务进程中承担着主导者和支撑者的角色，因而应当秉持"因势利导、多元创设、措施帮扶、部门引领、市场运转"的组织原则。拟定农机专业合作社发展规划，推行经费补助、优惠倾斜、项目引领、推广引导等有效策略，给予合作社更多的帮扶和鼓励，推动农机产业化发展步伐。争取国家政策支

持,加大购机补贴优惠力度,将补贴向农机服务组织倾斜,加快更新现有陈旧设备,提高服务功能,实行项目引领、园区设置等帮扶手段,让农机服务组织有更多活可干、有更多钱可挣。基于农机利用现状,拟定细致全面的农机服务组织发展方案,引导社会能人、种粮大户创办农机作业服务组织,促进村企协同合作,创建农机化作业示范基地,为农村土地集约化经营保驾护航。

2.强化日常监管,做好组织引领

各级农机管理部门应继续致力于各项管理机制的完善,畅通运行流程,为农机社会化服务的良性稳定发展提供针对性引导和多元化服务。秉持前沿管理理念,设置周密细致、严谨规范的监管流程,将监管工作的整体目标、阶段任务、进度规划、相关要点、具体标准等细化到位。立足于地域农情,拓展包括农技宣传、农机应用、售后管理等在内的服务主体,凸显农机服务组织的引领示范效力,借助于先进、便捷的农机,帮助农户提高生产效率,逐步增收致富。注重同科研院所、高等院校的密切交流。结合本地农业产业发展及种植结构实际情况,促进相应产品的不断创新和改良,由专业人员管理农机服务组织具体事务。注重在能人、种粮大户中培育新的农机化服务组织,优化服务组织结构,对条件发展成熟的及时提供登记管理业务指导,帮助其办理好登记,推行技术人员专项负责机制,深化信息交流,最大限度地提高服务组织机具利用率,降低生产成本。

(三)致力于强化"互联网+农机作业"的推广应用

农机主管部门要推动农机社会服务组织在服务业方面有所创新,充分利用新时代互联网信息技术手段,拓展农机服务领域,推进农机服务向农业生产全过程、全产业链延伸,努力为农业生产、生态环保、农村能源等多方面提供全方位机械化服务,促进农民增产增收与服务组织提质增效实现双赢,推动农机社会化服务组织高效率、高质量发展。引导社会化组织及种植大户着力于收获后产品精深加工及包装提升,加大农产品质量认证力度,打响品牌,充分运用抖音、淘宝等运营手段,积极开拓农产品销售渠道,线上线下齐头并进,提升农产品附加值从而提高经济效益。

第十一章 我国农业机械化发展

第一节 我国农业技术装备需求分析

目前,我国要紧密围绕农业结构调整的主攻方向,针对当前和长远影响可持续发展和农业竞争力问题,从生产可持续性、经济可持续性、生态可持续性、社会可持续性,确定关键技术装备和优先发展的战略,未来10年到20年,我国在农产品安全生产与精深加工技术、农业高效用水与设施农业技术、主要粮食作物薄弱环节机械化技术、草业畜牧业关键技术、经济作物生产机械化关键技术与精准农业装备等关键技术领域有着巨大的市场需求。

一、种植业生产技术装备

(一) 耕作技术装备

根据我国国情,提高耕地质量、科学施肥、合理用水,是我国农业可持续发展的最重要内容,也是农业技术装备最易发挥作用的领域。研制科学的旱地、水田耕作法和基本耕作机具、表土耕作机具;为充分利用我国丰富的有机肥料资源,必须开发有机肥专业化生产和产业化的技术装备;为提高化肥利用率,生产复合颗粒肥料,发展化肥深施机具。培肥地力、增厚熟土层、提高蓄水保墒能力和化肥利用率,都必须建立技术装备支撑体系和配套服务体系。力争在10~20年内实现土肥先进技术的到位率和普及率达到90%以上,肥料的利用率达到发达国家水平,实现沃土工程,满足农业可持续发展的基础要求。

目前我国农业还存在大量的不良耕作,其是造成水土流失、土壤沙化、土质板结、有机质含量降低、熟土层浅、墒情差等的重要原因。

1. 加快发展大中型拖拉机

为实现科学耕作,首先必须解决大中型拖拉机和小型拖拉机比例不当的问题。我国实有耕地有1.3亿公顷,而且有一定的复种指数。加快发展大中型拖拉机的主要原因是小型拖拉机动力太小,用这样的动力耕地,一般也只能耕到12cm左右,而且速度低,压地次数多,不但耕地质量差,而且破坏土壤结构。此外,小型拖拉机不适合深松深耕、免耕播种、复式作业及开展农田其他作业。因此，必须尽快改变小型拖拉机比例过大的问题，加速研制生产 18.4～29.4 千瓦的中型轮式拖拉机及其配套农具；对 74～118 千瓦轮式拖拉机进行二次开发，研制低比压橡胶履带拖拉机等。拖拉机向系列化、多品种、大功率、高性能、多用途的方向发展，与各种农机具配套，进行高速、高效、复式作业，低能耗农用耕作。

2. 耕地保护机具

我国耕地仅占土地总面积的 10%，但是荒漠化、风蚀和沙化恶化趋势仍在继续发展，三项合计占国土面积的 54%；每年自然灾害毁损耕地约 14 万公顷，导致耕地质量下降，因此必须对农业耕地采取有针对性的保护措施。我国的山区、丘陵、高原面积，占国土的 2/3，水土流失面积每年有 180 万平方公里，年流失水土 48 亿～50 亿吨，约占世界的 1/5。在对耕地采取保护性措施的同时，必须采取治理和控制水土流失的各种措施。要加紧研制生产坡地改梯田、山区小流域治理、平原的沟作垄作、抗旱排涝工程、植树造林种草等各种技术装备（如与拖拉机配套的农田工程土石方机械）。

3. 少耕、免耕、联合作业，秸秆还田技术装备

传统耕作方法是在秋耕、春耕、秋耙、春耙时，拖拉机只配犁或耙单项作业；由于缺少适合的秸秆粉碎机和灭茬机具，秸秆和残茬只能就地焚烧掉。这些方法往往造成土壤结构破坏、土质沙化、减少土壤含水量等不良影响，同时农业生产成本和环境污染还将增加。加紧研究开发少耕免耕技术装备，各种联合作业机具和破茬、秸秆粉碎还田机具，是农田科学耕作的重要内容。如深松作业机具、秸秆粉碎还田机、驱动型耕整地机具、深松施肥精播机、免耕水稻插秧机、侧深施肥施水播种机、整地播种联合作业机、清膜整地联合作业机等。

4. 科学施肥技术装备

我国的耕地质量下降严重，主要表现在土壤有机质含量下降，化肥、农药、残膜等残留污染严重，土壤板结、保水通气性降低等。为提高耕地质量，进行科学施肥是当务之急。

（1）研制土壤、作物营养成分测定仪器，通过机载快速测试方法简便、快捷地推荐施肥规范，按土质和作物需要施肥，以提高肥效、促进增产。

（2）研制与各种拖拉机配套的深施化肥、分层施肥的播种肥、施肥联合作业机具。

（3）有机肥生产技术成套设备，如各种搅拌器、干燥机和发酵设备，实现有机肥厂工厂化生产和产业化经营。

（4）机械化旱作农业技术装备，我国有 5000 万公顷旱地，不能菲提水港，只能

靠雨水汲养。为了提高抵御干旱的能力，研制各种机具及联合作业机具，完成深耕、深松、虚实耕作、秸秆还田、沟播、重镇压、覆膜等作业，增强蓄水保墒能力，充分利用天然降水。

(二) 主要作物生产关键技术装备

实现我国的农业机械化和农业可持续发展，必须在主要作物生产的关键技术装备上有所突破。水稻、小麦、玉米和棉花，在我国分布最广、产量最大，这些作物的机械化生产技术装备，在发达国家比较成熟，而解决我国这些作物的田间机械化作业，主要是研制适合我国国情的机具。如发展中等功率的拖拉机及各种配套机具，重点解决水稻生产全过程中工厂化育秧、降低生产成本、提高可靠性的水稻高速插秧机技术；攻克机具作业可靠性的半喂入水稻联合收割机制造技术；适应多个地区、不同行距的不分行玉米联合收割机技术和适合可持续发展的旱作农业保护性耕作机具技术及提高竞争优势的棉花生产机械化关键技术。

1. 水稻生产全过程机械化技术装备

水稻是我国具有相对优势的主要农作物，种植面积3000hm²，占世界水稻种植面积的1/5，产量占世界水稻总产量的1/3。我国的水稻田分散、地块小、地块不完整，又多处在人口密集区，对机器的适用性、可靠性、作业成本等要求较高。因此，水稻生产的机械化技术装备，首先要解决育秧过程中的机械化生产，其次要开发中等功率的水旱田轮式拖拉机及配套的常规、少耕、免耕及种植、管理机具，如水旱联合耕种机、水稻轻型高速插秧机、纵向轴流自走式稻麦收割机、水稻半喂入联合收割机、橡胶金属履带式11.7~44千瓦中小功率联合收割机、小型水稻烘干机、精米加工成套设备及水稻工厂化育秧成套技术装备。

2. 小麦生产全过程机械化技术装备

我国小麦的主产区在北方，多数为旱地作业，地块又较大，机械化作业的历史悠久，基本上实现了田间作业机械化。小麦生产的技术装备比较成熟，发达国家的拖拉机、播种机、联合收割机大量应用液压、电子技术，操作人员可以在驾驶室观测整机状态、调整工作参数等。小麦生产的技术装备，首先，要跟上先进技术的推广应用，如覆膜机具、残膜回收机具、节水技术装备、复合肥料加工、旱作农业成套机具等。其次，要研制各种联合作业机，提高作业质量和效率，减少作业成本，如铺膜播种联合作业机、深松分层施肥精播机、免耕施水播种机等等。最后，要对现有小麦联合收割机抓紧技术改造，尽可能应用机、电、液、信息技术等先进技术，提高机具的可靠性和智能化水平。

3. 玉米生产机械化技术装备

随着农业机构的调整，玉米种植面积相对有所减少。我国的玉米产量占世界总产量的20%左右，居世界第二位。我国玉米生产机械化的主要问题是收获机械化程度低，各环节作业机具配套性差，产品成本高。10~20年内在我国玉米生产用工量最大和降低成本最显著的一些环节实现机械化，是十分必要的。如用机械铺膜、灭茬和秸秆粉碎、各种联合作业机具、玉米移栽机具、青饲收获机、玉米收获机、玉米烘干机及各种加工设备。其中最主要的是突破全幅割台自走式玉米联合收获机、青饲料收获机、免耕施肥精量播种机及玉米工厂化育苗和移栽机具。

4. 棉花生产技术装备

我国是棉花生产和出口大国，棉花总产量占作物面积的3.09%，占世界棉花总产量的1/4。棉花生产比粮食生产用工量大，摘收和加工都较复杂。目前在棉花生产中用工量最大的摘收环节的机械化至今尚未解决。近40年来我国也投入少量经费和人员研究设计采棉机，但至今没有投入生产。棉花生产的技术装备，除与粮食作物同样要求的耕整地机具外，还要研制工厂化育苗生产设备、移栽机具、高地隙中耕拖拉机及配套农具、精密施肥播种机、采棉机及各种烘干、轧花等加工机具与设施。

二、畜牧业生产技术装备

发展畜牧业是我国21世纪农业结构调整的重要战略之一。发展畜牧业技术装备，重点是草原治理改良，建设优质草场，提供优质饲料和畜产品加工的技术装备。如草场改良保护性耕作的牧草混播、深施肥机具；割草调质机、饲草压捆机及青饲机具；牧草干燥、草粉、草颗粒、草块、叶蛋白提取等饲草加工设备；自走式豆科牧草联合收割机、牧草快速干燥与制粒成套设备、牧草种子收获机和牧草种子丸粒化加工机具；围栏制作及太阳能、风能发电设施；机械式及激光聚焦的热效应剪毛机等。根据畜牧业提高出栏率和饲料转化率、大力发展节粮型家禽和草食动物养殖业的战略措施，开发设施畜牧业生产配套技术装备、环境控制设备与机具；集约化防疫机具设备和草食动物全日粮的生产设备，实现畜牧业生产过程机械设备的成套化。研制带有采暖、通风与鸡粪风干多功效环境保持系统、自动化清粪装置的全阶梯式超高密度养鸡成套设备。开发食草动物机械化养殖成套设备，研制青贮饲料贮存和取饲、搅拌、喂料成套机具；牛羊配合饲料加工成套设备。鸡、猪及水产品养殖主要解决饲料的热化灭菌及微量元素精确添加技术装备。开发研制集约化设施养殖业常温烟雾、粉尘、管道化喷淋防疫设备。

三、加工业生产技术装备

(一) 种子工程技术装备

种子生产、加工的技术装备是提高种子质量的保证。我国目前主要作物的商品种子近40亿公斤，种子加工量约占60%，大多数种子只经过简单的初加工。法国耕地仅1800万公顷，不到我国的1/10，但年生产商品种子10亿公斤，年产值100亿法郎，占植物生产总值的6%~7%；美国是世界第一大种子生产国，年产50亿美元的商品种子。我国的种子生产比发达国家至少晚30年。因此，必须加紧研制种子生产、检测、加工、包装的技术装备和成套设备。

(1) 种子田小区耕整地、精密播种、收获机具。由于种子生产的特殊要求，必须开发研制小区耕整地机具、小区精密播种机和小区收获机具。目前，我国的种子小区精密播种和收获机具完全依赖进口。

(2) 种子精选、贮藏技术装备。种子精选加工包括筛选、烘干清洗、精选、分级等多道工序及种子包衣等，每道工序都离不开装备。种子精选机、烘干机、包衣机等机具虽然目前我们都有生产，但必须切实提高技术性能、产品质量、自动化程度、成套性，才能保证种子产业需求，提高市场竞争力。

(二) 农产品加工业技术装备

缺少农产品加工业的农业，不可能具有商品优势和经济优势；缺少先进技术装备的农产品加工业，只能依靠手工小作坊式的简单生产，产品不可能具有竞争优势。我国农产品加工业发展的主要任务，一是提高农产品加工转化率，实现农产品增值，为农民增收开辟新途径；二是提高产品质量，优化结构，增强竞争力；三是增加产品种类，发展精深加工，延长加工产品链。在近5年内整个农产品加工业总产值年均递增30%，整个农产品加工转化率（二次以上加工的产品占其产量的比例）由目前的25%提高至35%以上，其中粮食由目前的45%提高到50%，水果蔬菜由10%提高到20%，肉类由3%~4%提高到8%，水产品由20%提高到40%。加工及制成农产品向多样化、营养化、方便化、安全化、优质化方向发展，主要产品质量总体水平达到发达国家目前水平，部分达到国际先进水平。

(1) 粮食加工业。粮食类产品加工，是从粗加工向精深加工、从单一品种向多品种、从简单产品向深加工产品、从传统落后工艺向先进工艺技术装备方向发展。重点是玉米、薯类、稻米和小麦的加工。

(2) 经济作物产品的加工技术装备。我国经济作物品种很多，主要有棉花、油料、茶叶、菌类、丝麻、糖料、烟叶、橡胶、香料等。不少经济作物产品数量和品质都名列世界前茅，积极采用新技术和先进加工工艺、技术装备，将许多经济作物进行深加工，均可获得较高附加值的产品。

（三）畜禽加工技术装备

我国肉类生产总量已超过美国居世界第一位，占世界总产量的1/4左右。我国也是世界上最大的肉类消费大国。在肉类总产量增长的过程中，肉类结构也在不断调整，猪肉比例下降，牛羊禽肉比例增加，其中禽肉增长最快。我国的禽畜屠宰大型成套设备、屠宰的关键技术设备及熟肉制品关键设备领域需研制生产大型屠宰加工成套设备及致昏、胴体分割、骨肉分离、自动宰杀、内脏摘取、熟肉制品的一些关键设备，进而减少进口，提高我国肉制品的质量和加工能力。

（四）果蔬加工技术装备

我国是果蔬产量大国，但不是生产强国，与发达国家相比，我国的果蔬加工、贮藏技术还相当落后。我国水果90%以上是鲜销，发达国家40%~70%进行加工，个别国家加工量占水果产量的70%~80%。我国水果品质不高，不适合进行加工，出汁率低，品质口味不佳，从而影响加工业的发展。果汁加工在果品加工中占的比重最大，我国果汁生产因果汁褐变、营养素损耗、芳香物逸散及果汁混浊沉淀等问题没有很好地解决，与国外先进水平还存在很大差距，长期以来困扰着果汁加工业，这些技术难题并没有因引进国外果汁加工生产线而得到解决。我国蔬菜产量虽然很大，但加工量所占比重不大，以鲜销为主。蔬菜汁在国外品种很多。蔬菜罐头加工是我国罐头出口大宗产品之一，仅次于水果罐头，我国蘑菇罐头出口占世界蘑菇罐头出口量的1/4，达25万吨/年。受日本等国市场需求的影响，我国速冻蔬菜、脱水蔬菜发展较快，产品几乎全部外销。净菜生产加工采用人工多于机械，除清洗、包装工序采用机械外，分拣采用人工。由于果蔬生产季节性和地域性很强，但我国加工能力弱，每年采收后腐烂的损耗高达20%，因此如何减少损失受到人们的关注。目前果蔬保鲜方法有机械冷库、气调库、化学保鲜、涂膜保鲜、减压贮藏、高压保鲜、辐射保鲜、预冷保鲜等，我国果蔬保鲜以冷库气调库和广大农村使用的窖藏方式为主。气调库保鲜技术水平提高很快，但发展速度还不快，发达国家采用气调库贮藏鲜果占鲜果总产量的25%~30%，而我国只占0.2%，差距是很明显的。蔬菜加工的发展重点是推进净菜上市，提高采后清洗、分级和包装的技术装备，对传统的蔬菜加工制品要改进工艺、提高质量、更新设备，发展新技术装备生产蔬菜汁、蔬菜粉和冷冻、脱水蔬菜。水果加工的重点是建设贮藏库，开发保鲜技术，加工冷藏等基础设备，采用高新技术重点开发果汁、果酱、果酒等产品。

(五) 水产品加工技术装备

我国人均水产品占有量 34.3 公斤，超过世界人均占有量的一倍，为世界之最。虽然我国水产品总量增长速度很快，尤其是人工养殖增长更快，是世界唯一养殖产量超过捕捞产量的国家。但水产品加工产量增长速度缓慢，其产量只占水产品总产量的 30% 左右，远低于美、欧等发达国家 70%～80% 的水平。目前水产品加工虽有一些鱼糜、鱼片、烤鳗、紫菜、干制品、盐渍海带、裙带菜生产线，但仍以冷冻加工为主，占加工品的 56% 左右。水产品业是 21 世纪的重要支柱产业之一，在水工方面实施精、细、高的战略，重点研制开发淡水鱼加工和废弃物综合利用的成套加工设备。海水鱼重点开发鱼粉、鱼糜及调理和杀菌技术装备、贝类净化加工设备及海洋生物加工技术装备、海水制冻冰技术装备等。

四、资源保护与利用技术装备

(一) 节水工程技术装备

我国人均年占有淡水量仅为 2243 立方米，不足世界平均水平的 1/4，到 2030 年前后人均占有将会比目前减少 1/5，降至 1700 多立方米，而且生活用水、工业用水、农业用水会增加更多，水的供求矛盾也会不断加剧。我国不但缺水而且水的分布极为不均，如 2/3 的耕地分布在年降雨量少于 800 毫米的干旱、半干旱或半湿润地区；82% 的水资源集中在耕地仅占全国 20% 的地区。因此，灌溉农业是我国农业的主体，但灌溉水利用率仅为 40%，比发达国家低 40%～50%，水分生产率仅为世界先进水平的 60% 左右。无论是水资源短缺，还是提高水的利用率，降低农业生产成本，节约水资源都是中国农业可持续发展的重中之重。

1. 输水技术装备

输水技术装备主要是推广低压管输水（混凝土管、金属管、塑料管以及复合管等），防漏、防渗渠道输水及配备合适的动力、水泵，达到省力、省地、省动力（电、油）的目的。要开发研制各种价格便宜、安装方便、使用持久的低压管制造加工设备，重点是开发研制高效排灌设备，如大型双向轴流泵、大型耐磨损双吸离心泵、大型潜水轴流泵、混流泵、小流量高扬程水泵。实现灌溉系统自动化的技术装备，采用先进的闸、阀自动配水技术，运用电动闸门、电磁阀，根据计算机设定的定时、定量实时检测到的信息来实现系统的闭环控制，达到最佳的配水、节能、节水的全部性能。

2. 灌溉技术装备

目前，发达国家大量应用的节水灌溉技术装备主要是喷灌、滴灌和渗灌。我国在今后五年内必须解决喷灌机械成套技术装备和滴灌、渗灌机械成套装备的批量生产，解决大田农业高效用水设备的技术难题，包括轻小型移动式高效排水、用水设备、大型圆平移式高效作业喷灌机、行走式多功能抗旱灌溉机具、大田微灌系统关键设备。喷灌的技术装备还要解决喷灌机的综合利用，使喷灌机既可以喷灌又可以施化肥、农药；提高喷灌质量，如采用缓慢、间歇、脉冲喷灌及喷雾灌溉，采用自动化措施，如半固定式喷灌系统活动管道的移动、固定式喷灌系统竖管和喷头的自动伸缩等，9~37千瓦拖拉机悬挂式远射程喷灌机及过滤器、地埋式喷头、施肥装置、雨水集蓄及小型喷灌成套设备等。

3. 灌溉控制技术装备

对作物何时灌水、何时停灌、灌多少水，这是节水的关键环节之一。用传感器测出作物需水信息，掌握作物不同生长期需水量，按作物需水供水，则可最大限度地节约用水，增加作物产量。通过研制各种作物需水量测定器、传感器与计算机配合，运用无线电遥控装置控制电动机、水泵和喷灌机，组合成自动控制系统，实现节能、节水。

（二）动植物保护技术装备

农产品质量安全是决定竞争力的一个主要方面，随着集约化程度的提高和受到全球气候异常、生态环境恶劣等因素影响，我国动植物病虫害在种类、危害面、发生频率等方面有更为严重恶化的趋势。发展动植物保护技术装备是防治病虫草害、稳定生产、实现高产高效并保护环境的重要措施，在今后相当长的一段时期，化学防治仍是世界各国病虫草害防治的主要手段。事实表明，农药非但不能停用，而且迫切需要在品种、生产质量、数量、施用技术设备等方面不断向深层次、高水平方向发展。要研究开发适合我国国情的施药技术装备，改变使用了三四十年的手动喷雾器为主的低水平状况，任务相当艰巨。在近15年内应分阶段推进：第一，对于量大面广的手动施药器具，进行技术改造，改进原材料和加工工艺，提高可靠性和喷雾、迷雾质量，提高施药速度和效率；第二，研究粉尘和油雾的运动特性和规律及控制技术，推广在大田作物中用喷粉法和油雾法的施药技术；第三，研制多样性的机动小型施用技术设备，争取在15年内能在1/3~1/2的农村使用机动植保机具；第四，发展大型机动植保机具，如大型喷杆风幕式植保机等，建立专业化植保队伍，承担防止爆发性病虫害的应变任务；第五，发展低量、超低量施药技术和装备。

(三) 生态农业、工厂化农业技术装备

根据我国农业机械化发展水平仍然较低，常规农业技术向生态农业技术的转变刚刚起步，农业机械装备尚不能满足常规农业技术措施机械化要求的现实基础，生态农业工程技术装备的开发工作应分两个阶段进行。第一阶段是生态农业系统内各项资源的保护利用和再生工程技术装备的研制开发。要突破单项资源保护、转化再利用的技术、装备瓶颈，为生态农业系统的整体、协调运行创造支撑条件。重点在土壤保护性耕作、节水灌溉、测土配方施肥、高效低残留病、虫、草、鼠害防治、生物质能源转化、有机废弃物处理、有机肥料和微生物菌肥制作及施用技术等技术领域，开发一批符合现实需求和技术发展方向性，兼容于常规农业技术发展和生态农业技术要求的资源保护利用和再生工程技术装备。第二阶段是生态农业内各环节间的信息交换、能量交换、物质交换的接口技术装备的开发研制。把种植业、养殖业和加工转化各环节有机地结合起来，形成良性循环的具有机械化、自动化程度的资源利用系统。应建立生态农业、工厂化设施农业装备实验研究基地，重点研究种植、养殖、加工转化各环节规模的适配、效率的协调、物质能量交换的优化、状态参数的调控工程装备。为生态农业向全过程机械化、自动化奠定技术和物质基础。

工厂化农业生产，能摆脱自然灾害，人为地有效控制环境，充分利用土地、水和阳光，高效率生产农产品。目前大量推广应用的有工厂化育秧设施设备，塑料大棚种植蔬菜水果的设施设备，塑料畜棚饲养畜禽、猪及蛋鸡、肉鸡工厂化饲养及鳗鱼等水产品饲养设施等。我国地域广阔，应充分利用各地不同的条件，发展工厂化农业。在工厂化农业方面应重点研究：

(1) 设施农业和畜禽工厂化饲养的环境监测与控制技术。

(2) 规模化养猪场、奶牛场现代化生产、管理成套设备。

(3) 畜禽粪便加工成有机肥技术装备。

(4) 饲料精深加工设备如 20～40 吨/小时大型高效节能配合饲料加工成套设备，灭菌、熟化饲料加工成套设备、水产品养殖颗粒饲料加工成套设备等。

(5) 高密度笼养蛋鸡设备，如舍饲密度为每平方米 25～60 只的高效叠层笼养蛋鸡成套设备与鸡蛋采集、分拣、包装成套设备。

(四) 农村能源工程技术装备

我国拥有丰富的可再生能源资源。据测算，水能可开发资源量为 3.78 亿千瓦，目前仅开发利用了不到 10%；生物质能主要指秸秆、薪柴和各种有机废弃物，农村

70%的能源取自生物质能，但主要用于直接燃烧，利用效率低；在国土面积上，太阳能辐射总量平均每平方厘米超过60焦，利用前景广阔；风能资源总量为16亿千瓦，有10%可供利用；地热储量约30亿吨标准煤；海洋能源可开发的潮汐能在2000万千瓦以上。在技术装备上开发并提高转化效率，降低成本，大规模集中利用可再生能源，对经济发展和改善环境影响巨大。

  1. 生物质能源技术装备

  生物质能指来源于动植物的可再生能源，如秸秆、薪柴及林业加工剩余物、粪便和其他有机物、城市垃圾和污水等。我国农作物秸秆年产6亿吨以上，除直接作为燃料和饲料、肥料、综合利用外，大部分可作为生物质能源，即将秸秆裂解后的液化产品，不仅可作为燃料，还可以进一步提取化工原料；气化秸秆，农民使用方便、清洁、省钱，气化中的沼液可喂猪、养鱼，沼渣可肥田；固化秸秆，易贮存热效高。利用玉米秸秆、玉米芯及其他农产品生产乙醇替代燃油是重要的可再生能源。研制气化器和汽轮机混合系统，使生物质气化后直接推动汽轮机运转发电。发展生物质能转化，在许多关键技术方面尚待突破，如沼气的发酵及工艺、常压液化技术及各种催化化学转化技术等，尚须研究。在装备方面也是适应技术的发展，研制高效、可靠的秸秆切碎机、气化装置等。

  2. 风能利用技术装备

  风能是一种低成本无污染的优质能源，为了减少烧煤、烧油给环境带来的影响及提高边疆、少数民族地区农牧民的生活水平，要大力发展风力发电机组。

  3. 太阳能转换技术装备

  太阳能在21世纪能源、环境和可持续发展进程中具有重要地位，据有关专家预测，在21世纪中叶，太阳能将占全部能源的一半。太阳能转换热能、电能，在世界、在我国都开始推广应用。如应用采暖、热水、干燥、降温、海水淡化等方面，取得显著效果。要想提高太阳能装置的转换效率、降低装置造价和供能成本，研究各种太阳能电池和光伏系统，充分发挥太阳能的潜力，扩大应用范围，必须多学科共同攻关，多部门共同推广。

  4. 微水电利用技术装备

  研究开发水头在1.2~3米，流量在每小时10~400立方米，功率在0.15~10千瓦的微水电机组，潜力巨大。微水电开发具有资源广泛、不破坏环境、可储存能量、成本低等优点，适合农村能源建设。微水电开发的技术装备研究主要是微水电发电机、水轮机及转动系统、控制器的研制。

五、精准农业技术装备

精准农业是一种将现代信息技术、生物技术、农业科学技术和农业工程装备全面结合的新型农业技术。应选择对我国农业未来发展有重大影响和重大应用前景的技术为突破口和切入点，进行开发和研究，按照"有限目标、突出重点、逐步发展"的思路，通过成果集成，推动信息技术、电子控制技术在农业装备上的广泛应用。重点研究土壤成分、作物营养、作物生长状况信息获取技术；空间变异信息采集、变量播种、变量施肥、精准喷药和智能控制关键设备，逐步进行示范、应用。

第二节　区域农机化发展重点选择

一、区域农机化发展战略选择

我国不同地区的条件、实力和机械化水平等有很大的差异。因此，发展农业技术装备应当制定不同的措施，因地制宜。

在我国的东部，人均耕地1亩以下的省市有6个；一、二等耕地除海南均在80%以上，农民人均收入最高，可持续发展总体能力强、农业物能投入指数高，机械化程度相对较高。但是该地区虽然物能投入高，机械拥有量所占比例大，机械化程度并不比中、西部高很多，主要原因是东部地区水田面积大，就目前我国农业机械化发展水平而言，水稻生产过程机械化（机耕、机播、机插、机收等）水平相对较低。因此，在东部地区依靠其较强的经济实力和可持续发展总体能力较强的支持，农业技术装备优先发展的重点应放在水稻生产全过程机械化、工厂化农业、养殖工程、农产品加工业及高新技术在农业技术装备的应用方面。要进一步提高农业机械化程度，提高农民的收入，改善农业生产条件。

在我国中部，地少人多，农业人口多，人均产粮高，拥有大量农业机械，尤其是小型拖拉机和农用运输车分别占全国的58.5%和56.1%。农业技术装备如排灌机械、耕种机械及植保机械、农业运输等在农业生产中发挥了重大作用，虽然农民人均收入不高，但有较强的购置农业技术装备的欲望。所以发展的重点应当是沃土工程、节水工程、种子工程、动植物保护和农产品加工业所需的机械。

我国西部地域辽阔，人均耕地高于东部、中部1亩多，但水土流失严重，自然环境逐年恶化，工业发展缓慢，农民人均收入不足东部地区农民人均收入的一半。开发西部已经成为党和政府的国策，开发西部的重点是保土、保水、种草、种树和交通、能源等基础建设。发展农业尤其是畜牧业是开发西部的基础。我国39.91亿亩牧草地，基本集中在西部。因此，发展畜牧业生产技术装备是首要任务。另外，西部地域广阔、分散，发展大中型机具、农业运输机具，也是西部的迫切需要。在西部有丰富的水力、风力和太阳能资源，若充分利用这些资源，对发展畜牧业、农业相当重要，不但可以促进畜牧业和农业发展，而且可以降低生产成本，提高农民收入。由于保土、保水、种草、种树和农牧业基本建设的需要，农业土石方机械如推土、运土、挖土、挖树坑等机具，能发挥很好的效能，加紧研制生产与拖拉及配套作业的农业土石方机具，在开发西部将发挥重大作用。

二、我国主要农业地区农机化发展重点

针对不同地区的地域特点和优势农产品生产的需要，发展相应的农业技术装备，对我国农业的可持续发展会起到事半功倍的作用。

(一) 冀鲁豫平原地区农业装备的发展

冀鲁豫平原是中国最大的平原，地跨河北、山东、河南、北京、天津三省两市，占全国平原的30%，占全国耕地的1/6，粮食产量占全国的1/5。人口、经济、文化、商业发达，是中国经济发展的中间地带。

该平原属暖带半湿润季风气候，雨量中等，雨热同季；土层深厚，以灌溉为主，一年两熟，复种指数近160%，土地利用率高，是我国小麦、棉花等多种农产品的主产区，对水、土、植物营养综合管理，在中国可持续农业发展中具有重要作用。

由于全年雨量集中在6—8月，地势低，径流不畅，旱、涝、洪灾威胁严重；水源不足，亩均水源总量只相当于全国的1/5；由于长期超量开采地下水，地下水位显著下降，出现漏斗现象；人口密度大，人均耕地少，盐碱土、风沙土、砂礓土面积大，人地矛盾日益加剧；土地过载使用，有机质与养分严重下降，加之化肥、农药的不合理使用，土壤肥力与营养系统严重失衡，农田、农产品污染问题严重。

因此，在冀鲁豫平原地区适宜建立高产、优质、高效、资源节约的农业现代化技术体系，实现农业可持续发展，加速研制推广节水、科学施肥、科学耕作、农产品贮运加工、农村可再生能源开发等技术装备。

为实现此地区科学耕作，必须调整动力结构。该区域拖拉机功率太小，农机具配备太少。因此可以增加大中型拖拉机比例，实行宽幅作业和佩戴保护性耕作机具，避免小型拖拉机多次碾压耕地，减少不科学的耕作方法。

(二) 辽宁、吉林、黑龙江及新疆、内蒙古大平原地区农业装备的发展

辽宁、吉林、黑龙江及新疆、内蒙古大平原地区部分地区是我国小麦、玉米、

棉花的重要商品产区。农业机械化程度高，作物比较单一，适应大型机具作业，效率高、成本低。在这个地区，要重点发展大中型拖拉机的联合作业机具，降低机具作业成本，提高作业质量；研制生产大型、高性能小麦、玉米及青饲料及牧草收获机具；适当进口各种大型农业机具；发展大型饲料加工机械装备和畜牧业生产需要的机械。

(三) 长江中下游南方水稻产区农业装备的发展

四川、湖南、湖北、江西、安徽、江苏等省长江流域及浙江省是我国最大的商品粮水稻产区及白菜主产区，经济发达，交通便利，农民生活较富裕，对发展农业机械化要求迫切。但是解决水田耕作和栽植、收获问题难度较大，所以这一地区农田机械化水平不高。未来，必须解决水稻生产的全过程机械化技术装备的研究、生产和推广问题，使这一地区水稻生产基本实现机械化。

(四) 北方半干旱地区农业装备的发展

北方半干旱地区，主要指年降雨量在300~500毫米，干燥度在1.5~4的地区，涉及陕、甘、宁、吉、辽、晋、蒙、新等9省(区)，总耕地面积约13400千~20000千公顷，占全国耕地的10.3%~15.4%。这一地区，降水少而不稳定，没有灌溉，气候阴冷，生长期短，蒸发量大，土质松，风蚀水蚀严重，单产低，种植业、畜牧业均较落后，属半农半牧地区，草原过载而退化严重，水土流失最为严重，是依靠天然降水的农业，也称为旱作农业或雨养农业，有雨有收，无雨无收、少收。在该地区实施的旱作农业技术装备(旱作农业机械化)，取得了改土保墒，提高土壤水的利用率，增加单产的显著效果。因此要继续投入力量，研制推广旱作机械化所需的成套技术装备。

第三节 建立农机化发展投入机制

一、我国农机投资主体

经济体制不同，农业机械投资主体和投资机制也有所不同。投资主体不同，其投资动机和预期目标也有差异。经济体制可分为计划经济、市场经济、混合经济三类。投资主体可分为国家(政府)、集体(单位)、农民(农户)三类。在不同的经济体制下，投资主体、投资动机、投资机制的区别可用表11-1所示。

表 11-1　经济体制与投资行为

经济体制	投资主体	投资动机	投资机制
计划经济	国家、集体	国家战略目标 政府战略意图	行政手段 政府命令
市场经济	农民（农户）	满足某种需要 追求经济效益	经济手段 自由交易
混合经济	农民是主体 政府＋宏观调控	经济效益＋社会效益 经济社会协调	市场机制＋政府职能

中华人民共和国成立以来，我国经济体制经历了由计划经济向市场经济转变的巨大变化，现在也不是纯市场经济，实际是混合经济。随着经济体制的变革，市场经济的发展，农业机械投资主体也发生了变迁。大致的历程是：计划经济时期，开始农业机械完全由国家投资，人民公社化运动后向国家、集体三元投资格局转变，改革开放后，随着由计划经济体制向市场经济体制变革，农业机械投资逐渐形成农户、国家、集体多元化投资体制的发展格局，现以农户投资为主体。

随着改革开放的深入、市场经济的发展，农民突破了不能购置和拥有农业机械的禁锢，农民有了购买、使用和经营农业机械的自主权，农民加大了对农业机械的投资。这些都说明市场机制在起作用，客观经济规律在起作用，说明农民需要农业机械，向农业机械投资有效益，有利可图。近年来，我国农业机械购置费在调整中增长。在农机购置增长中，主要是农民投入增长，财政投入和单位、集体投入都有所下降。

二、构建以财政补贴政策为引导的农机投入机制

（一）通过补贴政策的实施，要努力实现四个目标

一是要调动农民和各类农业生产服务组织购买和使用农业机械的积极性，提高农机化水平，增强农业的综合生产能力。

二是要改善农机装备结构，解决目前"三多三少"问题：主机多、农具少；小型农机多、大中型农机少；一般技术水平的农机多、高性能农机少的问题。

三是要推动农机工业的技术进步，解决农机工业整体水平不高，一定程度上存在企业数量多，规模小，产品质量不稳定的问题。

四是要加快先进、适用农机具的推广应用步伐，通过加大对这类机具的补贴力度，推进一些关键环节的机械化水平的提高。同时，通过实施购机补贴政策的过程，按照"有为才能有位"的理念，加强农机化管理部门的建设，充分发挥推广、鉴定等系统的作用，提高社会地位。还要凝聚农机科研、教学、制造、流通等方面的资

源和力量，围绕上述目标，共同推进农机化事业的发展。这些目标能够得以实现的核心，是要制订出一个真正适合农机化快速、协调发展的补贴产品目录。

（二）在政策的贯彻实施方面，要坚持八条原则

一是在补贴的区域上，重点向优势农产品集中产区倾斜，兼顾其他地区。

二是在补贴机具的选择上，向重点作物关键环节的机具倾斜。

三是在补贴对象上，突出重点与普遍受益相结合，向农机大户、种粮大户倾斜。

四是在资金的配置上，中央资金和地方资金应适当联动补贴，集中配置，突出重点。

五是在补贴程序上，要科学、简明、高效。

六是工作的中心目标上，要最大限度地保障农民购机过程中的自主选择权。补贴购置的机具，农民是出资的主体，要充分考虑农民的利益和愿望，将适应性强、质量好的农机产品尽可能纳入补贴之列，让购机农民有充分的选择余地。

七是在实施方法上，要坚持统分结合、因地制宜、务求实效。要简化补贴机具的确定程序，避免各省重复选型，对于大中型拖拉机、联合收割机、水稻插秧机等大宗通用类机具，实行全国统一选型；对于地域特点明显的其他类机具，由各省农机管理部门利用竞争的机制和程序，制定补贴目录。

八是在监督管理上，把制度监督、日常监督和计算机信息管理系统的监督有机地结合起来，使监管更有力度，更可信赖。

（三）落实好农机购置补贴政策，要抓好几个关键环节的工作

1. "年度实施方案"的制订工作

要按照补贴政策确定的目标和实施的原则，制订可操作性强、可控性好的"实施方案"。

2. 补贴目录的筛选工作

按照《农业机械化促进法》的规定，纳入年度补贴目录的产品应是列入《国家支持推广的先进适用的农机产品目录》的产品，在《国家支持推广的先进适用的农机产品目录》出台之前，今年暂时从通过农机鉴定机构检测合格的产品中筛选。要引入竞争的机制，在企业自愿申请的基础上，对其产品进行择优竞争筛选，促使企业以优惠的价格和优质的服务承诺参与竞争。

3. 受益主体的确定工作

要按照优选的条件和申请的时序，公正、公开地确定受益主体，并进行张榜公示，接受各方监督。

4. 搞好投诉和企业售后服务的监督工作

要将目录和企业的售后服务挂钩。对于接到投诉过多或投诉问题经与企业协调不能及时解决，并给农民造成损害的，要取消其机具的补贴资格。

5. 计算机档案信息管理工作

要逐级建立项目档案，进行计算机管理，实现管理的规范化、信息化。

第四节　构建农机科技创新体系

我国近20年的科技体制改革确实极大地调动了科研人员的积极性，促进了科技的产业化，使科技与经济能更好地结合，但我国的农机科技体制仍然存在一些必须正视的问题。

一、我国农机创新体系存在的主要问题

（1）农业工程技术研究创新的公益性地位有待进一步明确和强化，农业工程技术装备作为农业投入品，面向的是经济收入水平最低的弱势群体——农民，其购买力严重不足。同时在种子、化肥、农药、农机等农业投入中，对农机的需求刚性相对较小而往往排在最后。因此农机的购买特别是大型农机装备的购买相当大程度上依靠政府补贴。由此产生的结果是目前我国的农机企业基本处于薄利维持的状态，难以在科技创新上做出大的投入。

（2）国家在农业技术装备领域的投入偏低，无法维持该领域技术创新的最低需求。在过去相当长的一段时期内，相对于农业其他领域，国家在农业技术装备领域的投入偏低，科研机构经费严重短缺，整体科研功能下降，特别是基础性、长远性、超前性项目难以开展，严重制约了我国农机科技创新能力的提高。今天我国农业正快速向现代化农业转变，生物技术、基因重组技术和农业信息技术等开始应用于农业科研生产领域，相比之下，农业工程技术装备的发展却严重滞后，创新能力每况愈下，使得我国农业工程技术装备水平不仅与国外的差距越拉越大，甚至无法满足现阶段农业生产的需求。

（3）科技人才缺乏，队伍不稳，影响了科技创新条件能力的发挥。与机电类其他行业相比，农业装备行业效益相对较低，是弱势行业。特别是农机科研院所，更是弱势中的弱势。现在从事该行业的人才，由于其专业技术基础与其他高收入行业是相通的，难以抵挡行业间收入差距的吸引，部门属公益类院所人均经费无法保证，科技人员的收入和工作条件较差，骨干人员特别是青年人才流失现象越来越严重。

因此,高学历的尖端人才和学科带头人缺乏,已成为我国农业装备科技创新能力建设中的主要问题。

(4)不同规模与性质的科研机构定位不清,都在同一层次上竞争,无法形成合力,使有限的科研资源不能得到高效充分的利用。同时,按照现有的投入体制,国家各部门、各行业都有科技计划,但问题是其中不少计划从策划、预算到实施完成,缺乏互相联系和协调,导致科研经费分散和重复使用,不利于国家目标的实现。

(5)基础研究、应用基础研究和应用开发的比例失衡。在农机科技要为农村经济建设服务的战略下,农机应用研究得到了比基础研究更多的重视。基础研究无人愿意投入,基础研究经费占科研经费的比例并没有随着经济发展水平的提高而有所提高,反而逐步下降。在农机科研行业中,应用基础研究严重滞后,已成为制约科学技术转化为生产力的重要原因。目前面临的主要问题不仅是如何将科技成果转化为生产力的问题,同时也存在还有多少科技成果可以提供用以转化为生产力的问题。如果不在强化基础研究的同时强化应用基础研究,势必出现基础研究和应用开发中间的断裂。

(6)农机化科技创新条件体系不健全。在农业工程装备技术领域,设计研究手段(包括高精度三维测量仪、三维设计工作站及软件等关键设备)、实验手段(包括数码高速摄影机、田间作业参数无线遥测系统等关键设备)、新品试制能力(包括数控加工中心、数字激光切割机等关键设备)和田间中试基地是四个关键条件环节,由于多年投入不足,目前,不仅与国外同行相比差距很大,与国内其他技术领域也远不能相比。

(7)农机化科技创新的面还比较窄。粮食作物机械化发展较快,经济作物、设施农业和农副产品加工机械化的发展比较缓慢。目前,粮食作物机械化水平提高很快,特别是小麦生产已基本实现机械化,而经济作物、设施农业、农副产品加工等农机化科技创新工作才刚刚起步,难以适应农业和农村经济结构调整的要求。

(8)现有的完全项目制的科技经费投入方式,只能适应短期的应急性的研究目标,无法满足科学研究中不断探索与长期积累两大特征的要求,因而难以在自主创新上取得重大突破。急需探索既能满足解决国家与社会的需求,又可以满足科研院所在本研究领域内对探索和积累要求的科技经费投入方式。

二、建设农机科技创新体系必须把握的原则

(一)必须紧扣"为经济建设服务"这个主题

当前我国农业与农村经济发展正处于一个关键阶段,急需科技的强大保证。因

此建设农机科技创新体系必须紧紧地围绕经济建设出现的难点，包括当前和下世纪前期农业持续发展所必须解决的重大科技问题，组织科技攻关（包括必要的基础研究）与推广；在为经济服务的过程中，以任务带学科，努力攀登科学高峰，赶超世界先进水平。根据有所为有所不为的原则，以重点科技领域作为建设我国农机科技创新体系的切入点。

(二) 必须做到体制创新、学科创新、机制创新和管理创新

体制创新、机制创新、管理创新是实现学科创新的保证。面向21世纪的国家农机科技创新体系与现有体系主要区别亦在于此，因此在建设过程中，必须坚持做到四个创新。

(三) 必须遵循农机科技发展规律

农机科技创新体系是全国的知识创新工程一个重要组成部分，它与其他创新体系一样，都必须遵照科技发展的客观规律，同时，亦要考虑到农业与农机科技自身特点与规律：一是由于农机科研难度大、周期长；二是农机科技成果有明显区域性、局限性；三是农机科技是社会效益型，其成果的推广与应用，主要体现为社会整体效益；四是目前我国农业产业化程度低，农机企业弱小。考虑到以上四点，我们认为国家的科技创新体系必须包括知识创新与技术创新两个方面。

(四) 必须与现有农业科技体制改革同步运作

我国现有100多个农机科研院所，这是我们建设农机科技创新体系的基础。创新体系的建设不应采取"另起炉灶"的模式，而应遴选其优秀者，加以支持和促进改革，并通过有机的组合和协调，从而形成精干、高效、高水平的国家农机科技创新体系。其他的农机科技单位，则进一步加大调整结构、分流人才的力度，或争取在滚动发展的建设过程中，成为国家体系新的生长点；或以多种形式逐步地进入经济建设主战场，最终建成一个崭新的农机科技网络。

(五) 必须吸引、联合全国科技界进行农机科技创新

农机涉及农机各个领域，随着农业现代化推进，农机发展需要多学科、多专业的科技保证。因此国家农机科技创新体系应面向全国，通过公开竞争方式，把最有水平、最有实力的科技单位吸纳进国家创新体系；同时还要采取各种方式吸引国内外优秀人才到农机科技创新体系中，使农机科技创新队伍的水平与素质有一个明显提高。

(六) 必须与国家已有的科技和教育的计划、项目相衔接

改革开放以来，国家通过实施各种项目与计划来发展科学，加强农机。如建设国家（部门）重点实验室、重大科学工程项目、科技攻关计划、重大基础研究计划、"863"计划、"211工程"以及部、省的攻关计划等，这些举措的实施，取得了很大的效益与成绩，但由于政出多门、相互撞车、重复不少，没有完全地达到预期的目的。建设国家农机创新体系，有助于理顺原有的关系，同时，创新体系的建设必须注意与这些计划、项目相结合，在评审、确定创新体系的组建单位时，要注意与原来的项目的衔接，并且把原有计划、项目纳入创新体系。

三、建设新型科技创新体系的思路与目标

(一) 基本思路

从我国农业的基本国情和农机科技基础出发，遵循农业生产、市场经济与农机科技自身发展规律，借鉴国际成功经验与做法，以投入加改革、投入促改革、改革强能力、能力促创新、创新求发展的思路。围绕我国现行农业发展的总体目标，通过共建、调整、协作、优化、整合资源、理顺结构、调整布局、明确分工、提升能力、优化环境、稳定支持、依托已有机构，以享受政府财政拨款的国家级农机科研、高等教育机构为主体组成的国家农机科技创新中心为核心，以我国大农业综合区划内的优势单位组建的区域农机科研创新分中心为支撑，以大农业综合区划内的省级农机试验推广站为基础，构建具有国际一流水平和较强国际竞争力的国家新型农机科技创新体系。

(二) 战略目标

以提高劳动生产率、农业产出率、降低农业生产成本和农机具作业成本，以保证农业高产、优质、高效、安全与可持续发展，以彻底解决"三农"问题、致富农民、早日实现农业的现代化为目标，用3~5年时间，完成我国农机科技宏观管理体制的改革和布局调整，形成中央和地方政府两级管理、分工负责，以中央政府统筹为主的新体制，构建主攻方向明确、核心支撑突出、布局结构合理、区域分工明确、资源优势互补、具有较强国际竞争力、管理科学运行高效、研究开发于一体的国家新型农机科技创新体系。

四、农机科技创新体系建设框架

(一) 国家农机科技创新中心

以现代农业工程学等现代农业科学技术体系的主导学科群为核心,依托已有的以享受中央政府财政事业费用的农机科研机构以及高等院校中农机科研机构,通过资源整合优化、基础设施建设与管理制度创新,选择适宜的地点建设国家农机科技创新中心;建设国际一流的科技基础设施、网络科技环境、研究实验基地,完善支柱学科创新的基础条件平台;建设数字化国家农机、农业工程图书馆、国家农机科研数据中心、国家农机科技信息中心、建设和完善全国农机科技基础服务体系;培养和招聘一批国际知名的首席科学家,配备创新力强、团结高效的科研团队,建立国际通行的评价体系,以人为本、按职设岗、动态聘用、目标管理。将现有的国家农机科研院所建设成为国际先进的国家农机科技创新中心、国际农机科技交流合作中心、国家农机高新技术产业孵化中心与高层次农机科研人才培养基地。主要负责战略性、全局性、基础性、前沿性、方向性的农机基础研究、应用基础、高新技术和应用关键技术研究开发工作,以知识创新、技术创新为主,并组织协调各分中心的工作。

(二) 国家农机科技创新区域分中心

依据全国农业自然资源与农业综合区域,围绕区域农业结构调整、特色优势农产品开发、农业生态环境保护与可持续发展等区域发展重大问题,以提高农业综合生产能力,提高农业现代化装备的科技水平,降低农业现代装备自身的能源消耗、制造成本,进一步提高完善现代农业装备自身的性能,不断探索、创新现代农业新的技术装备,以提高农机科技装备的综合效益为主线,通过区域内优势农机科研力量的重组与整合,配套基础设施与管理机制创新,依托具有明显科研优势的省级农机科研和推广单位为主体,整合区域内国家、部门、地方农机科技力量,在东北、华北、华东、华南、西南、西北等地建设区域性的国家农机科技创新分中心,负责区域农机科技创新工作,开展重大应用技术攻关和试验研究,以技术创新为主,为区域现代农业生产服务。

(1) 东北大区农机科技创新区域分中心,以玉米、大豆种植生产过程的产后综合加工利用现代化技术装备,奶牛养殖、牛奶加工等现代科技装备为主攻方向,以促使区域优势农产品产业带的形成,依托东北三省以及内蒙古等省区的农机、农牧机械的科研力量,建设国家农机科技创新中心东北区域分中心。

（2）长江中下游农机科技创新区域分中心，以水稻、油菜、小麦、棉花、茶、桑、果、麻等生产全过程中机械化作业及产后加工综合利用现代技术装备，水产品、生猪、家禽养殖加工现代技术装备为主攻方向，以促进区域优势农产品产业带的形成，依托华东、华中等省的农机、畜禽养殖机械化等科研力量，建设国家农机科技创新中心长江中下游区域分中心。

（3）华南农机科技创新区域分中心，以水稻、热带作物、热带水果等生产全过程机械化作业及产后加工综合利用现代技术装备为主攻方向，以促进区域优势农产品产业带的形成，依托华南地区的农机科研力量，建设国家农机科技创新中心华南区域分中心。

（4）西南山地农机科技创新区域分中心，以山地种植的经济作物如甘蔗、柑橘、烟草、土豆等优势农产品的生产过程关键机械化技术以及产后加工的工程装备技术研究为主线，为形成优势农产品的产业带打下坚实基础，依托西南地区的农机科研力量，建设国家农机科技创新中心西南山地区域分中心。

（5）北方旱作农机科技创新区域分中心，以小麦、玉米、棉花、杂粮、杂豆、瓜果、葡萄、牛羊等优势农产品的生产过程关键技术及产后加工工程装备技术研究为主线，为形成优势农产品产业带打好基础，依托河南、河北、甘肃、青海、新疆等地的农机科研力量，建设国家农机科技创新北方旱作农机科技创新区域分中心。

（三）国家农机科研试验站

国家农机科研试验站依托优势农产品布局，选择有代表性、科研实力强的省、地区级农机推广和大中型农业机械生产企业，建设50个左右的农机科研综合试验站，作为区域内优势。

农产品生产机械化技术的小区对比试验、技术开发、中试放大，引进示范与应用培训的基地，重点开展比对研究、适应性试验、实用技术示范，主要负责区域内优势农产品生产过程关键机械化作业技术和产后加工工程装备技术科技成果的试验、熟化、配套、示范与培训，直接服务当地农业生产。

第五节　提升农机产业水平

一、农机产业结构调整与企业竞争能力的提升

我国是农业大国，农业是国民经济的基础，农机工业是直接为农业提供装备的行业。随着我国农业的发展，农机工业从无到有，从小到大，已形成了一个完整的工

业体系。50余年来，农机工业为我国农业提供了大量的农业机械，为提高我国农业生产率、促进增产增收和多种经营、增加农产收入、增强抗灾能力发挥了显著作用。

21世纪初将是我国农业实现由传统农业向现代农业跨越的关键时期，同时也是我国加入WTO以后所带来巨大压力和挑战的关键时期。我国的农业经济结构正在进行调整，农业将由过去的土地密集型向劳动和技术密集型转变，农产品由数量型向质量型转变，以提高农业生产资料利用率和劳动生产率，提高农产品质量和总体效益，增加农产品收入为目标。

随着农业经济结构的调整，农机市场也发生了变化。农机工业能大批生产的产品，如小型拖拉机、农用运输车和农副产品加工设备等，由于市场需求不足，供大于求，不仅造成企业生产能力闲置，而且造成低价竞争，企业效益下滑。其中，拖拉机全行业近两年一直处于亏损状态，很多企业经营非常困难，有些企业甚至濒临破产。而农业结构调整需要的装备，如集约化农业需要的大功率拖拉机，产业化农业需要的精深加工成套设备，还有设施农业、节水农业、精细农业需要的设备等，农机行业又提供不了。这种"吃不饱，又吃不了"的"虚胖"现象是造成我国农机行业近两年来陷入困境的主要原因之一，这也充分反映了农机工业结构调整步伐落后于农业经济结构调整的步伐，农机工业行业必须紧紧围绕农业经济结构的调整，加快调整进程，尽快开发与生产出一批新产品，以满足"三农"市场的新需求。

根据我国农机工业存在的企业结构散乱、生产集中度低、分散重复严重，专业化协作水平低，生产效率和经济效益低以及产品技术水平与发达国家差距大、质量不稳定，可靠性差等问题，为迎接"入世"的挑战，农机工业结构的调整应在产品结构、行业组织结构、资本结构和市场结构等方面进行调整。

（一）行业组织结构的调整

（1）行业组织结构由大企业不强、小企业不专，一盘散沙的状态，向企业大而强、小而专、以大代小、以小保大、共同发展的行业结构形式转变。行业企业集团应该是资本雄厚、产品覆盖面较广、有较强的核心竞争力，能参与国际竞争，能稳定全局，成为带动整个农机工业前进的龙头企业。同时围绕这些大型企业集团形成一批"小巨人"企业。"小巨人"企业的特点是在某种或几种产品上具有市场与技术方面的明显优势，既能生产具有特色的产品，同时又能为大集团提供配套产品与零部件。

（2）企业内部结构由橄榄型向哑铃型转变。企业内部结构应为创新开发、生产制造、销售服务三大环节。过去，企业重生产制造，轻技术创新和市场开发，形成中间环节（生产制造）强，而前后两个环节弱，成为橄榄形。企业组织结构调整应当重点抓技术创新和市场开发两个环节。抓技术创新,形成了自己的创新体系,才能不断创造出核心技术,不断提供新的产品,这是发展的先导;抓市场销售,形成销售服务网络,才能保证企业产品市场的占有率,这是企业的命脉。生产制造可采用社会化生产方式进行组织,降低生产的成本和投资的风险。

(3) 要以跨行业、跨地区、跨部门、跨领域、跨所有制等为兼并联合及战略性改组的方向,通过工程成套、主配结合、横向联合、纵向延伸、多种经营、混合兼并等多种兼并联合的途径,实现企业低成本、超常规、高效率发展,迅速建成一批有一定国际竞争力的企业集团。根据农机工业的实际情况,以拖拉机、收获机械、农产品产后加工机械、农用车和配套动力设备行业为重点。组建5~8家以生产大、中型拖拉机、联合收割机、农产品产后加工机械和农用四轮车为主的跨部门、跨地区的大型企业集团,使之具备与国际市场竞争能力并成为行业的主导和中坚力量。培育1~2家企业形成综合性生产动力公司,为拖拉机、联合收割机、农用车、工程机械和汽车配套,最终在农机行业中形成8~10个龙头企业集团,改变我国农机行业中没有竞争力强的大型企业集团面貌。

(二) 行业资本结构的调整

改革开放前,农机行业资本均为一元化国有资本,随着改革开放的深入发展,这种一元化的资本结构在逐步发生深刻变化。一些大型国有企业通过改制上市,资本成分发生变化,成为股份制公司。一些中小型国有企业的国有资本退出,由经营者或职工买断成为民营企业;私人资本投入农机工业,扩大了农机行业民营企业的队伍。国外资本也逐步进入中国,一些国际公司相继来华投资,兴办合资或独资企业。据不完全统计,现在全国有70余家海外合资与独资的农机企业。股份制公司的产生,民营企业的出现,合资与独资企业的设立,使我国农机工业行业资本结构形成了多元化格局。但当前国有企业改制还未完成,国有资本还将进一步推出,民营资本特别是外资资本所占份额偏低,所以当前资本结构调整将继续进行,继续扩大民营资本、外资资本的份额,逐步形成各占合理份额的三元资本结构,使农机行业形成国有资本或国有控股的大型企业集团为主导,民营资本企业为主体,外资企业为补充的"三足鼎立"的格局。

我国农机工业充满中国特色,三轮、四轮、运输车辆、柴油机定位农机行业在其他国家很难发现类似情况。即便是拖拉机也不一定都用于农业,日本久保田公司生产的轻质拖拉机在许多国家的机场作牵引车辆。著名的约翰迪尔、菲亚特、凯斯的大型跨国公司在生产农机产品的同时也生产工程机械、建筑机械、矿山机械等其他行业产品,但中国的农机工业是为农业大国服务而发展起来的。随着中国经济的发展，农业占整个国民经济比重呈下降之势是理所当然的，更何况从整个工业发展演变规律看，农机行业将随着经济发展和农业结构调整以及技术进步逐渐升级与其他行业交融。近几年，巨菱集团在重点发展核心产业的同时，涉及相关行业发展，如石油机械、工程机械、液压机械、电力装备等产业，给发展主业提供了资金积累。

(三) 行业产品结构调整

产品结构的调整，必须与农业结构调整相适应，以满足农业产业化区域规划发展的重点目标需要，调整产品结构，彻底解决产品结构性过剩与有效供给不足之间的矛盾。对于适用的中小型农机产品，要保持较高的市场占有率，实现规模效益；对于技术含量较高，国内有较大需求的大型农机产品，要努力实现批量生产；对于产品性能比较落后、生产能力相对过剩的产品，要通过"走出去"向发展中国家转移部分生产能力和产品；对于适应我国农业结构调整急需的产品、替代进口产品和出口创汇型产品，要迅速投入人力、物力、财力引进技术和进行技术开发，进一步提高产品的市场占有率和用户满意率。

1.产品结构的调整

当前农业经济结构的调整，要求农机产品结构要实现以下五个转变。

(1) 由小型农机产品向集约化农业所需的大中型农机产品转变。我国由于耕地少、经营规模小及采用新技术少，造成农业生产率低、成本高、农民收入低。而集约化、规模化才是发展方向，因此需要生产率高的大中型产品。

(2) 由传统产品的粗加工机械向精深加工成套装备转变。农产品加工业已成为国民经济中最具发展活力和后劲的重要产业，传统的粗加工机械已远远不能满足产业化农业发展的需要，精深加工成套设备不仅能提高农产品的附加值，也能为农村劳动力的转移提供机遇。

(3) 由纯农业生产用的机械向农、林、牧、副、渔和"三农"所需的各种装备转变。牧草机械、饲养与饲料装备、育苗机械、农村用的小型工程机械和农村环境保护装备的市场日趋成熟，这些装备的提供将推动农业经济结构的调整。

(4) 由传统农业所需机械装备向设施农业、节水农业和精细农业所需装备转变。为了充分利用自然资源，实现可持续发展，近年来，设施农业、节水农业和精细农业等在国内外迅速发展，并对装备提出了越来越多和越来越高的要求。

(5) 农机产品生产由大批量、单品种向小批量、多品种转变。农机工业习惯于大批量、单品种生产，而"三农"需要的机械装备越来越多地显示出多样化、个性化和地域化需求，要求农机工业不断开发具有不同特点的、适应不同要求的产品，而批量则不会像小型拖拉机、小型柴油机那样大。

2. 农机市场的调整

农机市场的调整就是要实现由主要面向国内一个市场到面向国内、国际两个市场转变。我国农机产品的出口是有优势的，产品覆盖面宽，具有广泛的适用性和一定的先进性。特别是中小型农机产品，因为质量比较稳定，价格相对低廉，使用维修简单，比较适合广大发展中国家的购买力水平和维修能力，在国际市场竞争中具有较大优势。如发达国家拖拉机的价格为 340~408 美元/千瓦。在性能价格比上，我国的产品有较强的竞争力，非常适合发展中国家农民的需要。同时我国政府为了鼓励出口，还制定了许多优惠政策。当然也还存在一些不利因素，如产品可靠性不如发达国家，销售服务网络不健全，外贸人才缺乏等。因此必须同时调整市场结构，提高抗御市场风险的能力和国际化经营水平。国内市场要实现营销模式创新，紧贴市场做好营销工作；健全信用管理和风险控制机制，有效规避企业经营风险；充分利用社会营销资源健全企业营销网络，构建高效灵活的营销新机制，全面提高企业抵御市场风险的能力。

二、企业创新能力提高与行业竞争能力的提升

(一) 执行质量保证体系下的低成本战略

我国的农机产品生产成本低，因此在国际市场上有一定价格优势。随着国外资金的注入，国外控股公司的不断增加，我们已拥有的价格优势将受到很大的威胁。为了保持我们价格优势的地位，我们农机工业的相关企业，应继续学习、贯彻邯钢"低成本战略"的经验，继续改革挖潜，加强产品的成本核算，通过执行低成本战略，把我国农机产品具有的价格优势继续保持下去，进一步提高我国产品在国际市场上的竞争力。

(二) 加速科研成果工程化的进程

发达国家经济增长中，科学技术进步的贡献率一般在 70% 左右，而我国农业科技进步贡献率只有 42%，我国农机科研成果的转化率也只有 30% 左右。如果我国经济的增长仍然依靠劳动力和资源的投入，而不是靠高性能高效率装备的投入，那么我国与发达国家的差距将会进一步拉大。为了提高农机科技在国民经济增长中的贡献率，就必须关注农机科研成果转化率的提高，为了提高农机科研成果转化率，我们必须加强科研成果工程化研究开发这一环节。企业和政府对此项工作应给予高度重视和一定力度的支持。只有加速了这一进程，才能实现企业的技术创新和产品的升级换代。

(三)进一步提高企业技术创新能力

为了解决我国农机企业自身技术创新能力弱的问题,政府和企业可以共同努力,政府引导企业采取优良资产重新组合的办法,组建若干个行业工程技术研究开发中心,承担起本行业产品开发、工程化转化任务,提高自身技术创新能力,成为本行业的技术支撑和增强产品发展后劲的支柱。要不断跟踪国际农机先进技术发展动态,攻克关键技术难题,积极开发具有自主知识产权、领先于同行业的核心技术和能够引导市场需求的新产品;在不断的开发与农业农村经济结构调整相适应的新型实用技术和适销对路产品的同时,形成一批在国内外市场具有较高市场占有率和较大影响的知名品牌和知名企业。

(四)实施名牌战略

过去我国的农机产品在国内市场争创了一批名牌产品,有的已经打到国外,为国内外用户所认可,发挥了名牌效应和名牌效益的影响。我们应广泛推行实施名牌战略,采取有力措施,鼓励企业争创世界名牌,在国际市场上为我们的名牌产品争取一席之地。我们要把执行争创名牌战略作为企业的生命线来抓,要克服自卑感,树立雄心,长期把这项战略执行下去。

三、规范市场行为与行业竞争能力的提升

(一)制修订有关重点产品的技术规范和技术标准

为了满足不同用户的需要,各国农机企业都十分重视本公司产品的标准化、通用化和系列化,如约翰·迪尔公司、菲亚特纽荷兰、福格森等大型跨国公司的拖拉机、联合收割机,皆有大中小系列产品,以适应不同地区、不同作物、不同购买力和使用水平的用户要求。

为保护我国重点农机产品在市场竞争中,在技术规范和技术标准方面免受制约,我们要积极采用国际标准或贸易标准。在产品质量方面,尽快向WTO规范靠拢,完善、适应与贸易自由化相配套的产品等级标准。加快我国重点农机产品的技术规范、技术标准、产品质量等级标准与国际标准及WTO规范接轨工作,改善我国重点农机产品的软件环境。

(二)重点农机企业加速实施产品质量的国内外认证工作

有条件的重点企业要尽快实施产品质量认证工作,无条件的企业应抓紧时间,

即使创造条件也要开展这项工作，以利于我们取得更多地进入国际市场的通行证。

（三）尽快消除国内农机产品的价格大战

国内重点农机产品由于受到利益驱动，接连不断地出现价格大战，开始是农用运输车，现在是自走式联合收割机，这种市场环境如果不改善，则利于外商而不利于国人。为了改善这一市场环境，应通过农机工业协会、学会的协调和沟通，停止自相残杀，在产品价格上一致对外，以避免外商有机可乘，获渔翁之利。

（四）加速我国农机产品销售、服务的社会化、市场化、国际化进程

通过加速这一进程，完善我国农机产品营销、服务体系，不断缩小我国在产品营销和售后服务方面与发达国家的差距，为我国农机产品进入国际市场积累经验。首先要实现服务理念的创新，把以产品为中心的观念彻底转变到以用户为中心的理念上来，延长产业链，改进服务观念和手段，为用户提供配套的产品和周到完善的服务；其次要实现管理手段的创新，大力推进信息化管理和现代物流管理，结合实际不断优化，再造生产业务流程，实现管理的科学化和现代化；最后要实现营销管理创新，按照国际惯例和国际规则抓好国内外市场建设，实现由提供产品为主向提供服务为主的根本性转变。

（五）关于反倾销、反补贴的对策

在行业协会或行业分会中，设立由行业中主要成员单位参加组成的"反倾销、反补贴调查委员会"，负责反倾销、反补贴案件的调查及向WTO提出投诉，制止对方违约行为和向对方索赔经济损失，保护我国相关企业的权益。

（六）加快市场组织建设和市场中介组织的培商

通过加快市场组织建设和市场中介组织的培商这项工作，更便于向国内外企业提供优质的市场服务，进一步完善我国国内农机市场体系。

四、我国农机化发展的建议

我国农机化发展目前还存在一些问题：一是农机化宏观调控力度薄弱。突出表现为农机立法滞后，农机化发展调控资金如大型机具购置补贴、贷款等政策措施很少，农机化示范拉动项目立项难。二是农业机械化科技创新能力不足，满足不了农业生产需求；三是农机化服务模式和经营组织形式尚需进一步探索。因此，我国农机化发展应着力制定和完善以下几个方面的政策措施。

(一)宏观管理方面

一是认真贯彻实施《中华人民共和国农业机械化促进法》，为农机化健康发展提供法律保障。

二是加强农机化标准体系建设和农机质量监督。尽快完善农业机械化的检测、鉴定、监控和标准化体系，提高国家对产品标准、作业质量标准的管理水平；提高农机化标准实施单位的执行能力，建立有效的技术壁垒。一方面促进农机产品性能、质量和服务水平的提高，维护农机用户的合法权益，保证农机化事业的可持续发展；另一方面限制国外不符合质量标准产品的冲击性涌入，消除对国内农机市场造成的负面影响，保护农机工业的发展。

三是积极引导农机社会化服务体系建设，由政府提供公共服务，积极引导有一定规模的农机社会化服务组织建立现代企业制度。以市场和农机化结构调整政策为导向，提高市场竞争力，形成具有较大规模和较强竞争力的农机化企业集团，建立与国际规则接轨的现代产业体系。通过农机化管理部门的行政引导，利用政府补贴、部分出资、建立基金、提供优惠贷款等方式，鼓励新型农机化服务组织的发展。

(二)产业发展方面

一是用足用好WTO农业协议中的国内支持政策，加大对农机化的财政支持力度，提高政府宏观调控能力，包括对农业机械购置实行专项补贴；实施农机田间作业用油补贴；继续实施农业救灾用油补贴政策。

二是积极实施优惠的税收政策。包括继续执行农机田间作业免税政策，提高农机经营主体的市场竞争力；降低农机产品增值税和农机企业所得税，对农机新产品开发用关键零部件减免进口关税，减少农机化投入支出。

三是强化农机系统队伍建设，提高人员素质。充分利用现有的农机化教育培训体系实施政府公共服务职能。可以通过增加投入，加强教学基础设施建设，完善培训手段和设施，增强培训能力，同时制订培训计划，将培训费用支出列入部门财政预算，分期分批对农民机手、农机专业户和基层农机管理人员开展农机职业教育和技术培训工作。

四是加大农机化基础设施建设力度。目前我国可利用"绿箱"政策由政府出资进行机耕道建设。

(三) 科技发展方面

1. 加大投资力度，优化农机化科技资源配置

财政设立专项，将农机化科研、大型技术推广与培训、信息体系建设等生产服务支出列入年度预算。由财政列支农机科技开发专项支持重点产品的开发与推广。主要目标是保障我国食物安全；保证居民食品卫生；保护环境，实现农业可持续发展；提升我国农机工业技术水平。将现有的中小型农机产品的价格、数量优势转变为国际竞争优势，实现产品输出和技术输出，并加快大中型机具的技术引进和消化吸收。目前农机化急需解决、推广的关键技术问题包括：大马力拖拉机及配套农机具；以机械化栽植和收获为主要内容的水稻生产机械化技术；玉米收获及育苗移栽机械化技术；新型节能、节水灌溉设备；农作物秸秆还田及其综合利用技术；保护性耕作技术；粮食产地烘干机械化技术；设施农业工程机械化技术；棉花、油菜、花生、甘蔗等主要经济作物的播种和收获机械化技术；牧草加工机械化技术；农副产品加工、储运机械化技术；高效、低毒、低残留植保机械化技术等。

2. 切实加大农机化示范基地建设力度

加强农机化示范基地建设，通过农机化新技术推广，支持区域农业结构调整，带动农产品商品基地建设，促进农业的区域化、专业化、规模化发展，优化农业产业结构，提高我国优势农产品的国际市场开拓能力。

3. 以企业为主体，积极培育农机化创新体系

通过政策扶持、需求拉动，加强管理和技术改造，尽快扭转当前我国农机工业产销和效益下降的局面。通过政府搭桥，项目带动，整合企业和科研、推广等部门的农机化科技创新能力，逐步形成以企业为主体，科研、推广部门共同参与的农机化技术创新体系。

第十二章 农机工程发展探索

第一节 农机工程在农业节能与生产中的作用

农业作为我国各行业发展的重要基石，近年来也逐步朝着资源节约与高效生产的方向发展，传统农业生产中存在资源利用率低、生态环境污染严重等问题，限制了农业绿色、可持续发展。因此，如何通过农业工程建设，提高农业生产过程的效率，降低对生态环境的污染是当前农业相关工作者研究的热点。

一、农机工程基本概述

随着我国各行业的快速发展，农业发展也到了前所未有的改革期，低碳排放、快速高效的农业作业模式才能满足我国现有的各行业经济的发展，政府在农业改革升级方面也作出了众多的促进措施，如加大农机补助力度、加快新型农机的研究等，不断提升我国农业机械化和自动化水平，这对于我国农业经济的发展和农业作业模式的创新具有巨大的推动作用。

农机工程即为现阶段各类机械化农业生产活动的统称，包括农业机械的设计、投产、推广、应用和售后维护，并将机械化设备运用于农业作业的种植、保植、收割等关键环节。农机工程的不断发展和落地应用，减少农业生产活动不仅对于自然环境的影响方面起着积极作用，同时能通过机械化作业方式，降低农户的劳动强度，使得农户拥有更多的精力和时间去管理更大面积的作物，对于我国农业模式从小型农业向大规模种植管理方向转变也具有推动作用。

二、节能型农业生产的意义

受国际形势影响，我国农业经历了以经济收入为主要目标的发展阶段，大量的化肥、农药、高耗能机械被投入农业生产中去，以至于我国农业可用耕种面积逐步减少，且土地的化学性质和物理属性发生了不可逆的变化，如土壤板结、微量元素失衡、植物抗药性、地下水资源污染等。可以从机械能源消耗和化石资源消耗两方面探讨，农机工程加持下的节能型农业生产方式对于环境保护和提升农业生产效率的影响。

(一) 降低农业机械在使用过程中不增值资源消耗

近年来，越来越多的农业机械被运用到农业生产过程中，但受限于农业机械的设计和农户的知识水平，农业的机械能力在真正作业过程中存在极大的浪费和不必要的损失，因此降低农业机械在使用过程中的不增值资源消耗，保证农业机械在设计能力内的最大功能实现是新型农业模式必须面对和解决的问题。例如，利用四轮拖拉机在进行播种种植、农田浇灌和农业作物收割时，必须根据载重量和田地内道路情况适时调整给油量。由于农机操作者的技能问题，为减少农机熄火，给出了超过农机需求的油量，造成了大量的未充分燃烧的油雾流失，过程中的超过能耗需求和过大的动力均为农业机械使用过程中的不增值资源消耗。另外，由于传统农户并没有机械定期报废的意识，通常而言，都是在设备无法修复时才会考虑将设备报废，而遇到常规的油管破裂、油封损耗等小问题时，选择忽略，导致设备在使用过程中，投入了大量的能耗资源，但未能按设计达到标准的动作，这也是农业机械在使用过程中不增值资源消耗的重要原因之一。

农机工程的不断丰富和发展也在逐步改善和解决上述问题，根据当地的农业模式，设置合适数量的农资站，建立农机的健康档案，定期定时对农户进行知识宣传和再教育，教授农户常规的农机故障诊断技巧和维护方法，通过改善农户的农机操作水平，不断延长农机的使用寿命，提升农机的使用效率，降低农机在使用过程中的不增值资源消耗。

(二) 降低农业生产过程中化石燃料对环境的污染和危害

农机工程对于降低农业生产过程中化石燃料对环境的污染和危害，可以从减少化石燃料的使用量、排放量两个方面来进行阐述。

1. 使用量

众所周知，化石燃料是极为宝贵的资源，一旦消耗过量，在短期内，自然系统无法快速补充，且大量化石燃料的使用对于气候、水文、土地、植被等资源均会产生不可挽回的干扰和伤害，因此加强农机使用过程中化石燃料的使用效率，对减少不必要的损耗具有重要意义。对于减少化石燃料的使用量必须从农机设计出发，在设计时，工程师要充分考量农机在化石燃料使用的因素，将化石燃料使用放在设计思路选择的末端，先充分考虑以光照、电力、混合动力等作为农机的动力源，对于无法避免或者没有替代能源的农机设备应选用化石燃料等。同时在化石燃料选择时，也要对各类化石燃料的燃烧、动力转换效率、耗损量和排放量进行排序。此外，工程师在设计时也应将动力转换率作为方案评估的重要因素，在选择合适动力源的基础上，提升动力的转换能力，减少过程中的动力损失，进而降低农业机械使用过程中对化石燃料的需求量。

2.排放量

碳排放量是近年来学术研究的重点，农业生产作为各行业发展的基石，研究农机使用过程中的碳排放也是现阶段生态恢复和建设过程中必不可少的环节。综合现有研究，在农机使用过程中，对于碳排放量有直接影响的因素有载重量和机器健康状况等方面。农业机械有别于其他机械产品，其工作环境和工作强度是相对集中、相对恶劣的。因此，减少农业机械使用过程中的碳排放量要从提升农机环境适应性和提高农机工作强度耐受性两个方面进行改善。受我国地理条件影响，南北方、东西方在农业生产过程中对于农机的作业能力也有不同的需求。在平原等适合大规模种植的区域应重点研发和推广能力较大、适合长时间均衡劳动的农业机械设备；而对于山地、丘陵等地区，大多为小农业经济，无法开展大规模农业生产活动，则应重点研发和推广劳动强度耐受性高、短期爆发力强的农业机械设备。

三、农业生产中对农机能源损耗的影响

在当今农业生产中，现代农业机械发挥着不可替代的重要作用。正是由于现代化农业机械的广泛应用，从而在一定程度上保证了农作物的高产丰收，同时大大降低了其生产成本。但不可否认的是，由于我国广大农村地区整体经济发展并不均衡，以致在农业机械应用方面存在较大差异，其中也包括地形地貌和耕地大小的差异。而后者在农机使用上，必然会存在农业机械化利用率低以及能源损耗量大的问题。其主要表现形式是：机械选种、整理土地、精确播种、施肥与灌溉、生产与加工、收割与秸秆处理等等。在以上各生产环节方面，如果不科学合理地应用，就会造成不同程度的机械资源的浪费和能源的损耗。例如，为保证和满足生活环境及绿色生态农业生产的需要，就要对农作物秸秆实施还田再利用。而在具体的粉碎过程中，因其作物的不同，不利地形的限制，使得在农机操作过程中，因多种原因造成燃油和水电的过多损耗。另外，至今仍有不少地区还在借助农用小四轮拖拉机与播种机联合作业，因而也就无法避免能源的过度消耗，而以上这些又都是短期不能解决的问题。

四、农机工程在农业节能与生产中的应用现状

在上述内容中已经阐述过农机工程的基本概念和涵盖范围，指出了农机工程的发展对于我国农业发展的影响，现对我国农机工程在生态农业建设和农业生产效率中的应用现状进行总结和分享，可从农机的类型、我国地域差异导致的农机工程发

展情况和农机的使用模式三个方面进行分析。

(一) 重效率轻环保

重效率而轻环保是我国农机类型的重要特点，这是由于农业生产过分追求经济收入所导致的。现阶段，各类行业均快速发展，物价也越来越高，农业生产活动所需要的各类资源如种子、肥料等价格也越来越高，农户必须抓生产效率，提升单位面积内的产出值，来应对快速飞升的市场物价。因此，农户在选择农机设备机型时应重点考虑的是农机的工作效率，以减少农户在农业生产过程中的时间投入，从而拥有更多的时间和精力去从事其他能提升个人收入的活动，同时受限于农户的环保意识和知识水平，认为个人行为很难影响到整个大的自然生态环境，最终选择了效率高、能耗高的农业机械设备。

(二) 地域差异大，南北发展不均衡

地域地形条件差异大是影响我国农机工程发展呈现南北差异的主要因素。现阶段，我国北方大多地区种植玉米、小麦、大豆等作物，且土地平整，适合于大规模种植、收割等活动，因此北方大多地区选择体积、能力较大的农机设备。而南方，尤其是西南地区，大多为丘陵、山脉等地形，多种植水稻等作物，且适合耕种的面积较小，因此大多选择小型农业机械。地形因素导致了南北方农业水平的不同发展，从而也导致了我国农机工程建设呈现出地域差异大、南北方发展不均衡的特点。

(三) 功能单一，家家必备

农机设备功能单一，农户想要实现某些作业功能，则必须购置相应的农机设备是现阶段我国农机发展的另一特点。我国农机自主研发较晚，且大多是在国外先进机型的基础上进行改造升级得到的，工程师在设计时并未充分考虑我国农业经济发展受地形影响的特点。相对于美国、加拿大、澳大利亚等农牧业发达国家而言，我国地形环境复杂，无法实现大规模种植，因此，在农机功能设计时也需将相近或递进功能的农业生产环节进行协同，减少农户在各类功能农机上的购置成本，从而提高单个农机的使用效率。

五、农机工程在农业节能与生产中的作用分析

(一) 推动农业现代化生产及发展

现代化是现今农业主要的发展方向，实现农业现代化还需要有现代科学提供支

持，利用科学技术及机械设备来完善农业生产体系，而农机工程在农业生产及发展中的应用则可以实现这一要求。利用农机工程可以对农业生产结构进行调整，更为科学合理地对农业生产中的资源进行分配及利用，使农业现代化生产体系体现出高产、优质、低耗的特征，满足农业节能的要求。并且利用农机工程能够对现代化农业体系进行综合性的技术改造，从而达到对传统农业生产方式进行转变的目的，通过农机工程所具备的作用来实现农业生产的节能化发展，降低在农业生产中资源的消耗量，进而推动现代化农业节能与生产的可持续发展。

(二) 推动农业产业结构的改革

在现今农业产业发展的过程中其逐渐建立起集约化、一体化的产业结构，这样能够对农业生产中的各类资源更为科学地进行利用，同时通过对农业产业结构的改革与创新可以有效地带动地区经济的发展，使农业产业的经济效益得到提高，而这些要求的实现需要有农机工程作为支持。例如，在农业产业中对于农作物与农副产品生产、加工、贮藏、运输、销售的一体化经营过程中，其多数环节都需要有农业机械设备提供支持，从而使生产经营活动可以得到顺利实行。并且农业产业结构的改革可以有效地避免资源浪费情况，在农业生产中合理地利用农机工程来对农业资源进行节约，在推动农业产业结构改革的同时实现农业生产的节能建设，进而充分地发挥出农机工程在农业生产中所具备的节能作用。

(三) 对农业生产模式进行革新

在农业生产中利用农机工程能够有效地对农业资源进行综合利用，并通过对农业结构进行调整的方式来达到增加农产品附加值的目标，在农业机械的应用及支持下使农业生产得到有效的改善，在提高农业生产的质量及效率的同时实现农业节能的要求。例如，利用农机工程所提供的大型农业机械设备来对农用土地进行改良，通过机械化作业的方式有效地提高作业效率，从而在农业生产中改善农作物种植条件，减少农业资源消耗，把各类农业技术及时转化为现实生产力和经济效益。

六、基于农机工程的高效节能型农业建设的路径

农机工程的建设和完善不是一蹴而就的，必须通过长期不断地更新迭代和丰富我国农业机械管理模式来进行完善和补充。从加强农机研发及推广、完善农机维护保养机制和创新农机使用及管理模式三个方面促进农机工程建设，推动我国农机朝高效节能方向发展。

（一）基于事实，加强学术与应用的深入融合

基于事实，加强学术与应用的深入融合是我国农机化发展过程的地基，适合我国本土农业发展的农业机械设备才是好设备。由于我国地形复杂，必须对通用型设备进行不断改造升级才能满足农业生产的需求。现阶段，我国的农机只让设备厂商进行设计，受限于工程师的专业限制，设备的功能必然偏向于某一方面，因此要加强学术界与应用界的联系和交流，将相关领域内的知识进行融合，在提升设备性能的同时，更好地满足市场需求。此外，加强农业机械设计过程中学术与应用的融合也能提高农业专业学生的基本素养，为我国农业发展提供充足的后备力量，从而保证农业经济稳定发展。

（二）从点到面，建设全面的农机推广与保养机制

限制农机工程发展的另一个因素即为农机的推广和维护保养，随着计算机、电子控制等技术的不断成熟和应用，我国农业机械的集成化、智能化水平也越来越高，但先进农机使用范围却不广泛，其中最重要的原因就是缺少高效的推广和健全的售后维护机制。因而，首先要建设高素质的农机推广队伍，通过建设示范性农业基地，直观地向用户展示新型农机带来的高效益收入。其次要健全我国农业机械的维护保养机制，改变传统的纸质版、口头化等教授方式，通过多媒体、数字化教学等先进技术更加直观明了地向用户展示设备的工作原理、日常维护方式。最后借助现有的农资站资源，建设农机设备的健康档案，选择农闲时节集中对设备进行关键部件保养工作，降低农机在使用过程中故障发生的概率，赢得农户的信任感，从而由点到面，实现从推广、销售、应用和售后维护全周期内的农机设备管理。

（三）分享共赢，搭建农户互助与共享平台

分享共赢，搭建农户互助与共享平台是解决当前设备功能单一的有效途径，类似于共享单车、共享汽车、共享充电宝等，根据我国现阶段人口和农业分布情况，可以以乡镇为单位，建设农机的共享站，用以对设备集中管理，通过批量作业的方式，减少农业在购置、使用和维护保养过程中的人力、财力、物料等资源的消耗，建设合作共享机制，将设备的利用率提升至最大。将设备进行共享，直接减少农户在购置新机方面的资金投入，间接提升农户的经济收入。同时，通过建设农机共享机制，也方便对设备进行集中管理，在设备使用寿命达到时，能精准定位，快速报废，进而减少报废农机继续使用对农业生态环境建设带来的污染和伤害。

综上所述，农机工程对于我国生态农业建设，提升农业生产效率，降低农业生

产对自然生态系统的影响具有重要意义。本文首先阐述了农机工程的基本概念和范围，其次分析了不断提升农机化水平给我国农业发展带来的影响，再次总结了现阶段我国农机工程的发展现状，最后探讨了基于农机工程建设高效节能型农业的基本实现途径，希望能为农业相关从业者提供参考和思路，共同为我国农业发展助力。

第二节 农机工程发展在农业生产现代化中的新形势

近年来，我国高度关注农业生产现代化问题，立足国内外形势先后颁发了"三农"政策、乡村振兴政策等利好政策，推动了区域农业跨越式发展，各种功能齐备、性能优良的农业机械进入农业生产之中，为农业的优化发展注入了活力。既有形势下农机工程发展面临的挑战，危机也是不容小觑的，必须进行深入探究。

一、农机工程发展在农业生产现代化中的价值意义

农业生产现代化是科技持续发展、工业装备持续更新的产物，能够为农业生产效率的提升、成本的下降提供支撑，在农业生产现代化进程中推广应用农机工程技术意义重大，主要体现在如下几个方面：一是有助于土地经营规模化发展，农业机械中配备了高灵敏度传感器、自动化控制系统等，可以在较短时间内完成大田的耕作、播种、植保工作，进而为土地经营管理规模化发展提供支撑，保障农业产业向现代化迈进。二是有助于达成增产增收总目标，现代农机工程采用集约化设计方式，将翻耕、播种等功能集成到大型机械上，可以有效提高农业生产效率，改变传统生产模式下作业缓慢、负担过重的困境，有助于达成增产增收的目标，践行科技惠民、振兴乡村总战略。三是有助于降低劳动强度与负担，农业产业作为传统的第一产业，向来以劳动密集著称，而农机工程的引入和发展则有助于降低农业产业对人力劳动的依赖性，智能化技术融合应用之后，人力需求还会进一步降低75%～90%，有助于降低劳动强度，解放农村生产力。

二、农机工程发展在农业生产现代化中的新形势

(一) 发展优势

近年来我国农业生产现代化建设步伐加快，农机工程也迎来了高速发展新形势，其中潜在的机遇、优势十分多样，大致可以分为如下两个方面：

(1) 政策支持，我国为促进农机工程普及推广，颁发和实施了一系列利好性政

策,比如《中华人民共和国农业机械促进法(2018年修正)》《农业机械试验鉴定办法》《农业机械安全监督管理条例》等①,从农机购置补贴、农机研发生产、农机鉴定检验等方面进行了全方位的部署管控,着力推进协调惠农、绿色兴农,为农机工程的发展优化提供了制度保障。

(2)技术革新,现阶段我国产业格局升级迭代趋势明朗,农业现代化领域的各类技术工艺层出不穷,物联网、卫星定位等技术融合得更加深入,为农机工程注入了新动力,使农业机械信息化、智能化特征更加明显,有助于提升翻耕、播种、植保等环节精细化程度,减少人力工作强度和负担。

(二)发展劣势

虽然农机农业生产现代化形势下农机工程发展动力更加强劲,但潜在的短板问题也不在少数,大致可以归结为以下几点。

(1)农机服务体系不健全,很多地区的农机服务机构经营规模较小,提供的服务内容较为单一,未能从售后咨询、使用指导等方面提供全方位保障,农户在农机使用过程中遇到困惑、阻碍时无法及时得到解决,从而损伤了农户购入和应用农机的积极性。

(2)监管保障不完善,现阶段我国大部分地区对农机销售、使用环节的监管力度还有所不足,违规驾驶、违规售卖等行为时有发生,给农机安全使用带来了威胁,春耕旺季拖拉机伤人、播种机伤人等事件屡禁不止,影响了农机工程建设发展成效。

(3)人员素养有待提升,农机工程发展环节需要基层工作人员的支持与推动,无论是售后服务、操作指导,还是农机推广宣传,均离不开基层人员的努力,但现有农机推广服务团队的专业素养显然不足,有必要对其进行提升和优化。

三、农机工程发展在农业生产现代化中的创新方法

(一)持续加大农机工程投入力度

农机工程发展和农业生产现代化是一项长期性任务,需要资金、人员等方面持续性的支撑和保障,因此实践过程中要积极加大农机工程投入力度,从购置环节、使用环节入手进行扶持和引导,推动农业生产现代化进程。要结合当地农机推广应用现状确定推广应用方向,发挥国家财政优势完善村落、乡镇基础设施,建设农用机械专用存储库房,方便雨雪天气存储农机,以减少农机进水、锈蚀带来的质量问

---

① 王博文. 现代农业产业化背景下农机工程发展途径初探[J]. 南方农机,2022,53(13):175-177.

题，建设农机乡村示范站点，引进国内外先进农业机械产品，让农户切实感受到农机在增收增产、降低成本等方面的作用价值。同时划拨农机专用研发款项，与当地农业院校、科研院所等建立合作，研发适用于当地地形、作物种类的农业机械，提升农业机械智能化水平，降低机械故障停机率，加深农民群众对农业机械的接受认知程度，从而保障农机工程的顺利发展。此外还应当设置农机工程宣传基金、管理基金等，以资金支持驱动农机下乡宣传、入户宣传，使农机工程真正惠及农户，为农业生产现代化注入活力。必要时还可以探索试行农机预防性维修、巡检服务项目，提高对故障问题的响应识别能力，减少农机故障带来的困扰。针对现阶段存在的资金缺口过大、财政压力过重问题，各基层部门要积极创新思路，通过农机服务组织社会化、农机推广组织市场化等方式吸引资金汇入，发挥市场机制、供需机制作用[1]，为民间资本的流入打通渠道，通过发放债券等方式增强筹融资能力，保障农机工程和农业生产现代化高速、平稳发展。

（二）完善农机工程服务项目体系

农机服务现代化是新形势下农机工程建设、发展的必经之路，通过完善、优质的农机服务可以充分调动农户采购、应用农机的积极性，为农业现代化发展、土地集约经营利用提供支持。针对现阶段存在的服务机构不健全、服务领域狭窄问题，实践中务必要给予充分重视，从多角度入手改进和优化服务项目。

相关部门首先要积极作为，提升对农机工程的关注程度，调动当地农机合作社等主体热情，搭建起集农机售后、维修、燃料供应为一体的链条化服务模式，在县、乡各个区域点位设置服务点，方便农户就近维修和咨询农机相关问题。在农机服务体系初步建成的基础上，逐步推进农机服务组织社会化发展，注意把握和坚持以下三个要点。

一是多元合作，要秉持"民办公助"的基本原则，多方吸纳农机作业公司、农机专业服务队等民营主体参与，让市场经济规律发挥作用，调动各主体积极性，保障农机工程服务体系的健全。

二是因地制宜，要结合当地农业发展现状、农民群众接受程度等对应完善农机工程服务项目，既要涉及机具介绍、推广演示，也要包含售后维修、咨询服务，切实解决产前、产中、产后遇到的各种疑难问题，以消除农机工程推广普及的后顾之忧。

三是规范建设，要以行业标准、既有政策为依托不断细化制度标准，从服务机

---

[1] 谭娜，刘冉. 农机工程在农业节能与生产中的作用研究 [J]. 农业开发与装备，2020(08)：20+22.

构、组织的发展需求入手,给予筹融资支持,搭建信用评级体系,为服务内容的充实、服务行为的规范,指明方向、奠定基础。

(三)提高农机管理团队综合素养

农机工程推广建设环节涉及的技术领域较广,既包含机械设计、土地保护类知识,也涵盖了通信设计、智能技术等知识内容,研发、宣传、服务环节对团队素养能力提出了较高要求,但现有团队人才结构单一,人员专业素养有限,很难为农机工程的建设和农业生产现代化的发展提供保障。基于此,实践中还应当积极开展农机工程管理团队建设工作。首先要明确农机研发、宣传、服务团队人才准入标准,综合利用社招、校招渠道选拔有农学、机械学专业背景的人才进入团队,优先招聘有基层服务经验、基层工作经验的人才,以此优化队伍结构、提升团队素养,为农机检验、咨询指导、服务维修[①]等工作提供支持。其次要强化对人才队伍的培训培养力度,从服务意识、专业技能两个维度入手充实培训体系和内容,创新培训方法和手段,综合利用图示法、演练法,让工作人员明确经典农业机械的内部构造、操作要点等。要坚持"引进来""走出去"相结合的农机培训模式,邀请农机科研院校教授、农机销售企业人才等到场为工作人员讲解农机知识,普及农机使用、维护要点。定期派遣内部人员到企业、农机合作社等单位中学习和交流经验,跟踪了解农机工程行业动态,做好革新优化。最后还应当完善农机管理团队考核评价机制,将农机宣传、服务工作量化成考核质量,定期评估人员工作质量,促进农机工程的健康发展。

(四)引进环保节能新型农业机械

当前我国科技产业飞速发展,新兴农机设计技术、生产技术越发多样,给农机工程的建设完善提供了支持保障,未来还需要进一步加大研发投入力度,探索和开发农机市场潜力,为农业现代化提供助力。环保节能型农机的引入和应用就是未来发展的方向之一,可以较好地解决农业机械能源消耗过大、废气污染物排放过多的问题,促进农业产业绿色发展,彰显其农业现代化特征。可以引进农作物秸秆覆盖机械化技术,使用农机大规模覆盖秸秆,形成农田保护层,在减轻阳光照射强度、减少地表水分蒸发的同时,还可以增加土壤有机质含量,专用农机的引入还能进一步解决传统覆盖方式带来的耗工耗资、耽误农时问题,提高耕种效率,减少秸秆燃烧带来的环境污染问题,可谓一举多得。还可以引入免耕播种机械化技术,一次性

---

① 徐福年.探究农机化科技创新与农业现代化[J].农机使用与维修,2020(03):116.

解决开沟、施肥、覆土等工作，避免农业机械多次操作带来的烦琐、耗能弊端，减少油量损耗，在保护环境的同时降低农业生产成本。此外还有机械深松技术，农户可以借助农业机械进行深耕整地，提升田间土壤疏松程度、优化土壤蓄水能力，为经济作物、粮食作物的生长营造良好环境，减少后期养护负担，为高效绿色、生态环保农业产业的发展提供助力。未来农业工程技术进一步发展革新，以清洁能源驱动、以智能技术控制的新型农业机械也将进入市场，因此要积极加强研发和推广，为现代化农业格局的建成提供助力。

(五) 优化农机工程监管保障机制

安全生产是农机工程发展建设过程中必须关注的焦点问题，只有确保安全性与稳定性，才能推动农机大规模普及，才能为其融合应用提供助力，基于此，实践中还应当强化对农机工程的监管保障力度。要搭建起系统的农机设备安全检查机制，调动公安、市场监督管理局等部门力量形成监督执法合力，定期对乡镇、县市农机市场进行调查走访，查处农机"三无产品"，利用信息平台强化对农机销售商、分销商的管理，搭建信用评级机制，对于屡次整改不当、整改态度消极的农机销售商家予以吊销执照等处罚，同时以岗位分工为依托签订农机安全生产责任承诺书，筑牢各监管部门责任意识，明确划分不同岗位的权责归属。还要从技术角度优化抽检技术方式，分片设置检验点，最大限度防止质量残缺商品流入农户之中，从根源上减少农机伤人事故发生概率，降低农机故障频发风险，为农机工程的发展奠定基础。同时着力推进农机安全生产教育宣传工作，通过散发传单、电视宣传等方式普及安全知识、渗透安全意识，借助入户教学等方面传授安全操作技巧，与交管部门联手开展农机驾驶监管活动，处理无证驾驶、醉驾，以及伪造号牌等违规行为，消除农机操作环节存在的侥幸心理，降低重特大农机安全事故发生风险[①]。此外还可以发挥农户自身的监督管理作用，开通监督电话，设置举报信箱等，欢迎人民群众积极检举无证经营行为、违规驾驶行为等，建成集互相监督、联合监督为一体的安全管理架构，保障农业机械使用的安全性和高效性。

综上所述，农机工程对农业现代化发展有积极的推动、促进作用，能够为区域农业增产增收提供支撑。实践中，务必要正视其工程价值，持续加大农机工程投入力度，明确农机发展长远规划与财政投入规划，完善农机工程服务指导项目，形成集销售、维修、燃料供应为一体的链条化服务模式，同时引进新兴智能环保技术，革新农机监管保障机制，为农机工程的优化发展奠定了坚实基础。

---

① 姜雪峰，于春竹. 探讨农机工程在农业节能与生产中的作用[J]. 农机使用与维修，2020 (01): 103.

第三节　农机工程科技产业化建设

农机工程是实现农机科技产业所必须的因素，建设农机科技产业对实现农业现代化有着重要的作用。科技产业化建设是实现科技振兴及学科发展的重要条件。农机工程科技的发展与农村发展之间的联系非常紧密，既可以改善区域间的产业环境，又能创建科学合理的评价体系，不断拓展工业化的底蕴，创造出对农村发展及乡村振兴有利的条件，促进科技成果与农业各领域相融合。根据我国第一次提出发展农机化的"标语"，在现存的科技成果影响下，我国农机现代化成长仍处于探索过程，农机工程水平也有待提高。随着新技术的发展和农业现代化水平的提高，正在向农业现代化不断迈进，农机工程科技产业化与农业现代化的发展相互影响且相互融合，对于实现现代化农业的进程起着不可或缺的作用。

一、农机工程科技产业化的意义、重要性与必要性

（一）农机工程科技产业化的意义

农机工程科技产业化是将科技转化为农业生产力的重要途径，对于形成新型农业技术、加速农机科技技术的推广应用及促进农机工程科技成果转化为经济效益具有重要意义。

（二）农机工程科技产业化建设的重要性

全面分析区域农机工程科技环境，拟定全面、具体的评判体系，有助于最大化地控制农机工程科技的发展。不同地区农机工程科技的现实程度存在鲜明差别，应强化各地区部分之间的了解，形成互相学习、互相帮助的方式，在创造高质量发展的同时，把现有的研究成果应用到实践中，从而形成一个长期高技术质量水平的发展趋势。

（三）农机科技产业化的必要性

我国农机科研力量主要集中在独立的科研院所和高等院校，由于历史原因和受我国经济发展条件的局限，出现过科研成果转化难、产业化更难的局面。经过40多年的改革，农机科研院所在由计划经济向市场经济过渡的过程中，逐步探索科技与经济有效结合的新机制，促进了科技成果转化，解决了以经济效益为中心，在激烈的市场竞争中站稳脚、求生存的问题。不少科研机构在面向市场、促进科技与经济

结合、加快科技成果产业化等方面取得了一定成绩，拥有了自己的经济实体，有了较稳定的经济来源。科研机构在以多种形式切入经济的实践中，进一步认识到科技成果的商品化、产业化是科研事业发展的必由之路。

在科技成果转化和产业化过程中，农机科研院所已探索出不同的转化方式，例如，所厂联合、成果转让利润分成、进入企业、自身产业化等。在当前农机生产企业普遍不景气的情况下，以进入企业和成果转让等方式操作起来难度很大，亦很难做到双方满意。因此，依靠自身潜力发展农机科技产业，按企业经营机制运作，目前尚属比较现实的选择。

二、农机科技产业化的本质与特点

(一) 农机科技产业化的本质

农机工程科技是国家创新机制中的重要组成因素。对我国各省市农业的农机工程科技水平进行评估，既能丰富农机工程科技理论知识，又为各省市实现农机工程科技提供支撑，进而促进了各地区农机工程科技的进度，在革新和前进的脚步上有重大的推动意义。

(二) 农机科技产业化的特点

在发展产业化方面，农机科研院所与生产企业存在着各自的优势，也有较大的差别：生产企业一般具有配套的生产加工设施和完善的市场营销手段，但缺少自己的、成熟的、高科技含量的产品及科研人才；农机科研院所除少数院所外，一般不具备或不完全具备大批量产业化生产的设施和条件，以营销为中心的市场体系没有形成，但在科技成果和科技人才方面占有较明显的优势。发展产业化，农机企业和科研院所都缺乏资金，但科研院所一般没有负债或略有盈余，而企业的生产资金靠贷款，发展靠自我积累。这些优势和差别决定了农机科研院所发展产业化必须以市场为导向，依据自身的优势和特点，走科工(农)贸一体化经营的道路，办成不同于一般企业的科技型企业，即主要抓新产品的研究开发，抓产品的组装调试和销售，加工过程则尽量委托现有加工企业完成。因此，农机科研院所产业化不能盲目地与企业争市场，而要开发那些既为生产急需又具有科技含量、难度较大、批量适中、能超前引导市场的新产品，即不是一般生产企业已形成批量并覆盖市场的产品。

三、工程中心建设对农机科技产业化进程的促进

按照工程中心组建要求，农机工程中心的首要任务是输出农机工程化技术，实

现农机科技产业化。从事农机科研工作的同志普遍感受到，农机科技工程化是我国农机科技工程中的薄弱环节，而它恰恰是农机科技产业化、农机产品走向市场的关键环节。因此，农机工程中心的建设显得尤为重要。农机工程中心在建设和运行中，应以市场为导向，与实际生产紧密结合，在某一技术领域或某项关键技术上持续、系统地进行工程化研究开发，把有重大应用价值和急需的科技成果转化为适合规模生产的实用工程技术，加速科技成果产业化，产生经济效益和社会效益，逐步形成自我发展的研究开发体系。这个体系的建立，将有助于工程中心的资金、技术、人才三个方面的良性循环。

国家农业机械工程技术研究中心和国家农业机械工程技术研究中心南方分中心于1999年初经国家科技部正式批准组建，依托单位分别是中国农机院和广东省农机研究所。根据工程中心组建要求，结合南方分中心建设的实践，农机工程中心在建设和运行过程中，应注意处理好以下几个方面的关系。

（一）正确处理与依托单位的关系，实现工作重心的转移

工程中心在建设初期就应把工作重心转移到工程化和科技产业化上来，从根本上解决研究开发与工程化、产业化脱节的问题。此外，为了减少固定投资，依托单位在组建和运行过程中，应充分利用科研院所已有人、财、物资源来发展工程化和产业化工作，这样既可解决科研院所科研与产业化脱节问题，增强依托单位综合实力，又可节省投资，缩短工程中心组建周期。

（二）正确处理与企业的协作关系，积极推进产业化进程

一是抓住关键技术和设备的研究开发、设计、组装和销售两大环节，正确选择协作企业；二是总结科研院所在与其他企业联合开发、成果产业化运作中的经验和教训，进一步完善与企业联合组成成果产业化的产前、产中、产后科研生产联合体。具体如下：将多年来开发成熟的、科技含量较高、市场前景好的产品放在工程中心产业基地进行生产；按照企业化要求重新配置科技资源，实行规模生产、规模经营；明确利益主体，制定具体的、切实可行的利益分配制度，合理兼顾工程中心、产业部门和个人三者的利益。

（三）正确处理长远利益与眼前利益的关系，实现产品结构升级换代

为了增强科研后劲，工程中心每年都应从总收入中拿出3%~5%的资金设立科研开发基金，支持各产业部门用于产品的研究开发和技术创新，重点支持带有方向性、超前性的技术，热点、难点课题以及市场需要的产业化项目。为了加快产业化

速度，工程中心对需转化的科技成果应加以选择：对主导产品要重点扶持，同时考虑其他产品的覆盖领域；对有较大市场前景的新产品，实行补贴资助；对田间作业机械产品要注意其季节性和时效性，防止积压等。

(四)正确处理科技型企业与事业单位的关系，实现用人与分配制度的市场化

在用人制度上，全面实行全员劳动合同制和岗位职务聘任制。各部门有自主组织生产经营、设置内部机构、聘用工作人员、决定工资分配等权利。对岗位职务实行考核聘任和竞争上岗，根据工作需要可以高职低聘或低职高聘。

在分配制度上，突破等级工资制，建立以岗位工资和效益工资为主体的内部工资体系，较大幅度提高科研、管理、技术骨干的收入。

四、农机工程科技的应用发展现状

随着农业的不断发展，科技产业化的理念逐渐渗透到农业领域，农机工程科技产业化建设，就是借助科技创新成果与农业各领域相融合，提高农业生产效率。与以往农机工程科技的发展相比较，现在的农机工程科技可以将生产的技术化、规模化有机地结合起来，落实了为农业现代化提供理论支撑。一方面，增加了农业综合能力，另一方面，也为实现农业现代化指明新的方向，从而提高了粮食综合生产能力。

目前，虽然我国工程机械企业整体销量不乐观，但是农机市场前景广阔。工程机械与农业机械就存在着某些相似性，钢架构、臂架传动及通用技术都十分相似。工程机械与农业机械存在着互相渗透的现象，而且越来越多、越来越广。因此，近年来，工程机械企业纷纷跨界进入农机工程的产业领域（见表12-1）。

表12-1　中国主要工程机械公司进入农机工程领域概况

工程机械公司	进入农机工程领域时间	主要农机工程业务
潍柴集团	2020年	轮式谷物收获机、玉米收获机、履带式谷物收获机、拖拉机
中联重科	2014年	拖拉机、甘蔗机械、收割机、烘干机、水稻收获机
徐工集团	2020年	拖拉机、高端农机
柳工集团	2016年	甘蔗种植机、施肥机、甘蔗收获机、甘蔗中耕机
三一重工	2021年	挖掘机

近年来，随着农机工程技术的不断发展，新型农机工程装备也得到了创新与提升，一方面随着国家及相关部门各项新政支持，以及农机工程技术更新换代的需求，另一方面随着各个部门管理层与农机企业等加大改善农机工程相关产品中存在的竞

争力不足、中低端产品格局混乱、行业整体实力弱等问题，从而促进了农机工程技术的不断创新与稳步提升。

农机装备是农机工程技术发展的体现，是农机工程技术不断创新及改革的重点目标。2016年以后，我国农机市场经历了数年低谷发展，直到2019年才开始逐步回暖，据统计，我国2021年行业主营收入达到2535.4亿元，同比增长7.8%，累计实现利润124.5亿元，同比大幅度增长24%。根据农机工程部门的预测，我国2022年行业营收将达到2647.6亿元。随着农机工程技术的不断发展，农机工程装备保有量也在不断增长，2021年我国农机工程装备总动力达11.25亿千瓦，2022年农机工程装备总动力达11.04亿千瓦。2021年全国农机工程装备发展统计公报数据显示，目前，我国主要粮食作物中水稻、小麦、玉米机械化率分别达到97%、84%及89%，我国三大主粮生产已经基本实现了农机自动化发展（见表12-2）。

表12-2 我国主要粮食作物农机装备水平发展

作物	2021年农机装备水平 /%	较2020年提高 /%
小麦	97.2	0.82
水稻	84.4	0.63
玉米	89.8	0.84
大豆	86.7	0.81
油菜	59.9	3.01
马铃薯	48.7	1.63
花生	64.5	3.32
棉花	84.1	2.80

五、我国农机工程科技产业化建设优化的建议

（一）加强科研投入，营造良好的学术氛围

农业部门作为建设及创新的引领者和决策者，应加大对农机工程科技结构产业化调整的扶持力度，拟定农业机械科技水平进步方案，激励和扶持农机工程科技的发展，明确农机工程科技的发展倾向及发展使命。根据各农村地区的农业实际概况，确定农业机械的实验地点和使用时间，制定科学的发展规划，尽量适应不能自我控制的自然因素，最大化地缩小风险对农机工程科技产业化发展带来的影响。降低农业机械行业的税收，增加对行业的资本投资，支持农业机械的研究和技术开发。

从全面经济发展角度看，针对当前农户种植面积小，分散经营的现状，相关主

管部门应及时调整农业专业工程产业结构，扩大技术开发和农业机械生产领域，加快农机财富链形成，减轻农业税金压力，集中资产进行农业机械研发。除此之外，有关部门还需要加大农机工程技术的宣传力度和促进力度，在得到社会资本的同时，协助农机工程科技产业化的发展，开放应用渠道和销售途径，开拓市场领域，扩大范围。因此，部门要为农机工程技术发展营造精彩的外部氛围，给予足够的经济支持和科技支持，在农业机械领域采用区域实验方案，推进农机工程科技，使农机现代化的发展呈系统式和链条式。

(二) 加强农机工程技术的推广及应用

农机工程技术水平发展程度有限，很大一部分原因是推行的规模不够，除了相关产物的广告传播不当外，复杂的技术操作和技术盲点也是重要影响因素。因此，在农机工程科技产业化推广过程中，要关注技术指导，详细讲解农业机械使用方法和操作原理，组织专业技术人员讲解，指导有需要的农民和村民。为了增强农民对农业机械的使用观念，确保在农业各领域的农业机械得以应用，使农户可以深刻体会到融合科学技术的农业机械所带来的便捷程度，当价格适宜的情况下对农业机械的供应需求也在增长。因此，只有把农业机械的技术推广和应用落实到千家万户，才能增加农业机械产品的广告宣传量，拓展农机产品市场，把农机工程科技引进农村，提高农户对农业机械的依赖性，增强农业机械的名誉和农民对农机工程科技产业化的信心，从需求的角度上讲，加快农机工程科技产业化的进程，以提高农机产品经济效益。

(三) 扩大农机队伍，制定考核制度

除了必要的市场引导和足够资金投入外，农机工程科技的建设还需要更多专业型技术人才。因此，在对农业机械推广和对农户进行技术指导时，应同时对专业性人才进行统一培训，组建一支专业性强、素质高的人才队伍。在下乡宣传之前，必须通过集体培训，对需要明确注意的问题进行讲解，技术人员在讲解过程中使用通俗易懂的语言，让农户认识农机科学技术的优势，并在演示现场展示新的农业机械，保证推行农业机械科技产品的直觉有用性。加强技术指导人员的团队化建设，为了农机产业化的目标努力奋斗，展开定期的教育培训，提高技术人员的专业化水平[①]。

---

① 周学云. 试论农机工程对农业节能节水的作用 [J]. 河北农机，2021(3)：44—45.

(四) 营造良好的政策环境

若想农机工程科技产业化更好地发展，国家必须给予一定的政策支持，保障其发展利益。首先，国家应减轻税收的压力。由于农机工程科技产业化的发展会面临许多不可预期的风险，这就在无形中增加了农机科技产业化龙头企业的压力，因此，政府可以根据企业的具体情况，在一定程度上给予这些企业一些优惠政策，以保障它们的利益。其次，国家应予以一定的财政支持。由于资金的制约，我国大多数农机工程科技企业的规模并不大，也无法深入开展农机工程科技产业的研究，因此，政府应该予以一定的财政支持，扶持这些企业的发展。

(五) 加强入户指导

1. 指导农户掌握新技术

农机工程当中需要使用机械，而机械的操作则需要相应的技术手段，因而在入户指导当中，最重要的工作就是对机械设备操作技术的指导。在进行技术指导时，应当指派专业人员，到农户家中进行走访或在村中进行集中教学，采用生活化语言及教育手段，让知识水平有限的农民熟悉并掌握农机设备的基础操作方法，了解新型设备及其技术特点，了解农机设备常见的故障及设备的基础检修方法，提升农机应用的有效性和推广效果。

2. 提升指导人员的素养

农机技术指导人员是农机工程科技产业化建设当中的基层实践者，应当加大对相关工作人员的筛选及培训力度，提升指导人员的专业素养及个人修养。应结合技术及设备的更新，及时对指导人员进行教育，采用多元化的培训手段，使其不仅能够在理论层面具有专业性，而且在实践领域具备相关经验。因对农民进行指导具有一定的难度，且入村、入户的指导形式其实践任务较重，故应培养指导人员的耐性及工作责任感，加强对指导人员的业务技术培训，不断提升指导人员的综合素养。

3. 落实督办与考核制度

应建立健全农机工程科技产业化建设领域的制度要求，明确建设的内容并将其细化到工作实践任务当中，明确组织部门及人员的权责划分，实施工作责任制，制定详细的量化入户指标，对各部门负责人的工作效果进行考核，并通过考核结果进行相应的奖惩，使农机工程科技产业化建设得到有效的贯彻落实。

(六) 加强技术创新

技术领域的创新是研发新型农机设备的关键所在，应加大对专业领域具有创新创造能力人才的引进力度,加强对农机设备研发方面的经费投入,助力农机工程科技产业化的技术创新。而高校方面也应对农机领域的教育形式及方法进行改革,结合不同区域的农业产业特色,以及农业生产当中的具体要求,联合农机企业的力量,培养创新型人才,为农业工程科技产业化提供坚实的力量。

(七) 不断推进产业化进程

为了确保农机产业化进程的有效推进,应做好各部门的组织协调工作,对研发、设计、组织以及销售的各个环节进行有效设计,提前做好各项准备工作。要理性分析产业化运作当中存在的各类问题,针对当前存在的问题,给出具有实效性的处理解决方案。从服务对象的需求出发,通过田间调查等方式,联合信息技术手段或学界的力量,明确当前农机工程科技产业化建设的方向及方法,提升用于技术及人才等基础领域的经济及资源投入,权衡协调各部分之间的利益关系,制定出合理的、明确的利益分配制度,促进工程中心、产业部门及农业生产者之间的利益平衡。

(八) 加强农机工程科技产业化建设宣传力度

在农机工程科技产业化建设过程中,如果宣传的力度比较小,则难以提升农机工程科技产业化建设的知名度,因此为了有效地开展产业化建设工作,需要加大宣传的力度。

农机工程科技产业化建设作为重要的内容,应通过大范围的宣传使人们了解其作用,结合新媒体等形式进行宣传,可以达到更好的效果。例如,建立关于农机工程科技产业化建设的公众号,使人们在公众号中了解相应的农机工程科技产业信息,这样既可以加强宣传的效果,也能够引起人们的兴趣,提升农机工程科技产业化建设的认知度。定期在公众号中更新丰富的文章,可以有效地推广这方面的内容,使人们更好地了解农机工程科技产业化建设的重要性及相关信息。

综上所述,在现有农业的基础上实现农机工程科技产业化的建设与发展,必须建设农机工程科技的核心框架,将科技成果与农业机械相融合的新型农机具的推广作为开拓手段,合理化分配资源,创新农机工程科技产业化机制,积极扩展农业机械新科技技术学习与网络推行,加强科技成果与农业各领域相融合的过程,加快农机工程科技的建设,提高农业生产综合能力。

第十二章　农机工程发展探索

第四节　现代农业产业化技术下农机工程发展途径

研究发现,将农机设备用于农业生产,一方面能够解放大量劳动力,另一方面可使农业产量、生产效率得到不同程度的提升,由此可见,大力发展农机不仅能够加快农业改革速度,还可以为农业健康、稳定地发展奠定基础。本文便选择从农业产业化的层面出发,围绕农机工程所面临的发展困境、解决策略展开了讨论,希望能够为农业发展提供支持。

一、现代农业产业化对农机工程的意义

新形势下,各行各业纷纷朝着产业化发展、科技化发展的方向前进,其中自然包括农业。对农机工程而言,农业产业化所带来的积极影响主要体现在以下方面:首先,有效解决了农业发展所面临的问题,并充分调动了农民积极性,推动农业朝着现代化方向快速前进;其次,可以使科技产业所涉及理论与内容变得更加丰富;再次,加快了先进种植技术、优质品种的推广速度,为科技成果转化成生产力提供了强有力的支持;最后,能够增加产品产量及农民收入。

二、农机工程发展的策略

(一)落实人才培养工作

目前,从农机工程需要应用的技术来看,相关技术涵盖的内容相对较多,需要农业领域的专家通过不断的商讨和尝试才能得出,并且为研发最新的技术,不仅需要投入相对较多的成本,还需要大量的人才储备。为实现农机项目所需技术的更新,有关部门需要提升对农机项目的重视程度,重点研究当地农机项目开展的实际情况,为其设立专项资金,提供大量的专业型技术人才。比如,在我国的专业院校中,设立相关专业的学科和课程,在为学生开展农机知识的教学时,了解到了其对农机工程技术等内容的独特见解。此外,我国的高校还可以定期为在校学生开展专业性的社会实践活动,帮助其在实践中捕捉农机工程发展所需的重点部分。只有完成上述操作,才能为农机工程的发展培养出大批量专业型的技术人才。

与此同时,我国要大力开展农机人才的培养工作。相关单位可以定期组织企业内部的员工参与关于农机生产知识的专题讲座和培训活动,企业内部管理层的人员还必须充分认识专业的技术人才对农机工程发展的重要性,聘用农机专业的专家学者现身说法。还可以制定相应的评级考核,提升员工对知识的学习兴趣,帮助其学

习最先进的生产方法，改善管理工作中存在的弊端。另外，相关企业还可以积极与高校开展战略合作，大批量聘请掌握先进的理论和方法的学生，积极落实农机专业的人才培养工作。

(二) 加大扶持力度

加大政策扶持力度在农机工程的发展过程中十分重要。有关部门可以出台相应的扶持措施，确保在农业生产的过程中为农民普及农机工程知识，真正意义上帮助农民实现增产增收，具体可以从以下几方面着手：第一，出台相应的利国利民政策，利用减税降费的方法提升相关企业对农机生产和技术更新的积极性，根据我国的基本国情和国家需求为相关企业指引方向，更新相应的农机产品生产技术。第二，针对信誉度高的农机企业，督促和协助其申请融资，提升企业体量。在银行的抵押贷款、土地审批、贷款利率等方面，为其出台相应的优惠政策，确保农机企业可以获得国家出台的政策扶持和资金方面的援助，帮助企业稳定发展。第三，相关部门需要增强对相关企业资金方面的帮扶力度，为其提供更加专业的帮助。针对小微企业，可以为其提供资金方面的担保，派遣专业的技术人员前往相关企业开展技术指导工作，帮助其攻坚克难，提升企业内部人员的业务能力和综合素质。

积极落实相应的补贴政策，需要优化资金的补贴办法和相应的监督方式，保证专款专用，加大对政府补贴资金的管理力度。此外，为实现农机工程的增产，不断加强国家财政、农民自身、金融机构、社会层面的资金投入，为其提供相应的保护措施，进一步加大农机政策的扶持力度。

(三) 建立健全农业体制

在我国，以家庭经营为主的模式为农业生产的根源。相关企业在进行农机建设的过程中，需要根据政府推出的关于农业市场化的服务体系开展相应工作。

部分自身条件较为优越的地区，可以建设成专门的农业地籍企业，为农业工作中的土地流转工作提供支持，进而开展农业土地规范化的工作模式，完成农机项目的建设，并为其提供助力。近年来，由于我国社会主义现代化建设和农业改造力度的不断提升，我国广大农民逐渐成为农业生产所需机械设备的最大购买力量。另外，值得注意的是，截至目前我国的农民阶层人均年收入相对微薄，大多数农民无法为实现作物的收割，采购体量较大的农业机械设备。面对高额的费用，常常感到力不从心。针对这种情况，地方部门和相关机构应出台相应的帮扶措施，并颁布关于农业机械购买的补助策略和专项贷款的审批流程。与此同时，工作人员还必须重点探讨和考量是否可以吸取国外先进的经验，应用分期付款的方式，为农民在农业机械的采购和租借等环节制定相应的措施，以帮助我国广大农民选购到最佳的农业机械设备，并为其普及相关设备的使用方法。在作物的生产过程中，将全新的机械设备的作用发挥至最大。在帮助农民实现增产增收的同时，从根本上提高机械的使用效率，为加快我国农业经济建设做出不懈努力，完成相应农业体制的建设。

（四）重视农机创新

当今时代，农机工程向着现代化的方向发展，实现全面创新是其今后发展的主要方向。在此过程中，促进农机工程标准化建设，增强其经济效益，是实现创新的有效途径，可以从以下两个方面开展。

第一，农机工程设备创新，农机设备是现代化农机生产的主要工具，需要对其进行定期维护和检查，一旦出现问题及时维修，避免农机设备在异常状态下开展作业。同时，积极引用先进的农机设备，提高农机生产效率，通过这种方式实现设备创新。针对质量没有达到标准的产品，要给予相应的处罚，使其认识到农机产品质量控制的重要性。在推广运用新型农机技术的过程中，可以通过建立示范小组的方式进行。示范小组积极运用先进的农机设备，开展规模化和标准化种植，将新型农业生产设备运用到其中。

第二，农机工程技术创新，当前农产品的更新速度不断加快，这就需要进一步加强对农机技术的创新，在提高农产品生产效率和质量的同时，降低生产成本和能耗量，保障种植人员的切身利益，提高农民收入水平。农机工程技术的创新，是当今时代生产变革的需求，充分运用先进的农机技术，能够促进农业向着更加规范标准的方向发展，落实乡村振兴，无论对于社会发展还是农业发展来说，都具有非常重要的作用。由此可见，提高对农机创新的重视程度，是当今时代促进农机工程建设发展的关键点。

（五）其他策略

1. 调整服务体系

研究发现，国内农机业务覆盖范围仍与发达国家存在较大差异，换言之，要想使农机工程得到快速发展，应当做到立足实际，对其发展方向、业务领域加以调整，确保农机工程对工业发展所具有的推动作用可以得到充分发挥。此外，各地区还应当对农副产品的加工引起重视，通过增加项目种类的方式，在扩大农机运用范围的同时，使农机应用效益得到明显提高。对管理者和领导而言，当前的首要职责是明确自身职能，促使各组织形成合力，主动分享自身所掌握信息，由此为打造更加科学且高效的服务体系贡献力量。

2. 打造知名品牌

现阶段，国内农机企业仍以小微型企业为主，缺少具有强大号召力、影响力的品牌，导致农机市场难以快速扩张，而打造知名品牌可有效解决该问题，使农机工程拥有符合预期的发展环境。在打造知名品牌方面，实证有效的做法如下：其一，有关部门应酌情引进与当地情况相符的农机企业，通过组建产业集团的方式，增加企业知名度；其二，为当地农机企业提供补助，加大本地产品占比；其三，辅助企业对品牌战略计划进行制订，鼓励企业自主研发或升级农机产品，由此达到增强企业竞争力的目的[①]。

近几年，国内农机设备推广范围不断扩大，随着机械化程度的提高，农业规模、生产水平均与以往不同。考虑到农机工程发展情况与农业产业化程度密切相关，新时期，有关人员应对农机工程引起重视，针对限制其发展的问题制订相应解决方案，通过提升农机工程发展速度的方式，使现代农业所具有的产业化水平最大限度地接近预期。

第五节　现代农业产业化视野下农机工程发展的策略

现代农业与传统农业相比优势较为明显，现代农业可以充分应用农机工程，在农机工程的推动下，可以促使我国农业朝着现代化和产业化方向发展。但是据调查我国农机工程建设中依然存在不少的问题，如果这些问题得不到有效解决，则会阻碍我国现代农业的产业化发展。对此就需要积极探索现代农业产业化视野下农机工程发展策略，以此加快我国农业发展的脚步。

一、农机工程在现代农业产业化发展中存在的问题

（一）缺少对农机工程的关注度

农机工程明显提高了农业生产效率，解放了大量的劳动力，加快了我国现代化农业发展的脚步。即便如此，在一些经济发展较为落后的地区，受各方面因素的限制依然忽视了农机工程，从思想上缺少了对农机工程的重视，导致农机工程在农业生产中没有被广泛应用。尤其是一些经济发展较为落后的地区，没有及时引入现代化的农机设备，凸显不出农机设备的积极作用，也导致人们越来越忽视农机工程，

---

① 付雅晶. 农机工程在农业节能、节水中起到的关键性作用 [J]. 现代农业研究, 2020, 26 (07): 112–113.

进而阻碍农业生产领域的有序发展[1]。

(二) 农机工程研发力度不足

农机工程研发力度不足也是现阶段现代农业产业化视野下农机工程应用过程中存在的问题之一。农机工程实现了我国农业的规模化生产，提高了农业生产效率，带给农民更多的经济收益。如今越来越多的地区农业生产中对农机工程有了更高的要求，但是现有的农业机械设备依然难以满足农业生产的实际需求，受农业机械设备功能的限制，进一步制约了我国农业的规模化生产。一些规模较小的农机工程研发企业，由于投入技术研发方面的资金不足，制约了农机工程的有序发展，导致农机工程难以满足农业生产的需求。再者，一些企业创新意识和创新能力不足也严重阻碍了农机工程的发展[2]。

二、农机工程在现代农业产业化发展的对策分析

(一) 加大对农业科技企业扶持力度

农机工程在现代农业产业化发展中的运用需要加大对农业科技企业的扶持力度。一是加大对特色化农业科技企业的扶持力度，鼓励农业科技企业进一步发展，扩大该类产业的发展规模。鼓励农业科技企业与互联网企业结合在一起，借助现代化网络技术不断扩大农业服务平台，使得农业服务平台更加完善。农业科技企业与互联网企业结合在一起可以搭建起智慧农业工程和现代化农业生产体系，充分发挥遥感技术和物联网技术的优势，提高农业生产精准化水平，为现代农业产业化发展提供坚实的保障；二是全力解决小微农机企业技术研发资金不足的问题。相关部门可以借助招商引资的方式吸引外部资金，为农机技术的研发提供充足的资金支持，此外，金融方面也可以加大对农机企业的资金支持力度，给满足贷款资质的农机企业提供资金方面的支持，简化贷款流程，加大对农机企业的扶持力度，不断扩大农机企业规模，使得农机企业占据更加广阔的市场[3]。

(二) 制订入户规划方案

农机工程在现代农业产业化发展过程中要制订入户规划方案，该方案的制订可

---

[1] 王博文. 现代农业产业化背景下农机工程发展途径初探 [J]. 南方农机, 2022, 53(13)：175–177.
[2] 刘丽丽. 现代农业产业化基础下我国农机工程发展对策 [J]. 农业工程与装备, 2022, 49(02)：40–42.
[3] 卞佳. 在现代农业产业化背景下农机工程发展的对策研究 [J]. 农业工程与装备, 2021, 48(04)：4–6.

以显著改善农民饮食结构，提高农民生活水平，以此实现农业可持续发展的目标。因此我国现代农业在产业化发展的进程中要制订科学合理的入户计划，促使农机工程在现代农业产业化发展中广泛应用起来，提高地方部门对农机工程的重视程度。当地部门要与农机合作社和当地知名企业等联合在一起，实地了解我国农业机械应用情况，构建起一条龙的服务模式，使得机械销售、机械维修以及燃料供应等结合在一起，满足农民对农业工程的高要求。再者还需要制定一系列的惠民政策，为购买农业机械的农民提供相应的优惠政策，提高广大农民参与现代化农业机械购买的积极性。加大对农业机械市场的严格监管，避免农民购买到不能满足质量要求的农业机械设备，阻碍农业产业化发展[1]。

(三) 加大对农机工程资金投入力度

全面落实农业机械化建设可以进一步提高我国农业生产机械化水平，可见农业机械化生产水平与农业机械化建设密切相关。近年来我国在农机工程建设领域取得了不错的成绩，大型农业机械设备显著推动了我国农业现代化和产业化发展的脚步，进一步提高了我国农业产业的经济效益。在我国农业经济发展速度显著加快的背景下，投入农机工程建设方面的资金也要进一步增加，充足的资金可以为我国农机工程建设提供有利的条件。因此要加大在农机工程方面的财政支出，设置专项资金确保农机工程建设项目能够顺利落实。据调查我国多数地区的农民文化水平较低，对农业机械设备缺少正确的认识，很多农民没有意识到农业机械设备在农业生产中的重要性，在错误理念的影响下，导致很多现代化的农业机械设备难以应用到农业生产中，发挥不出新技术和新机械的优势，进而抑制了我国农业生产的速度。针对此类问题相关部门要鼓励专业化农业技术人才参与到农机工程技术的研发中，为该领域的研发提供智力方面的支持，并组织专业人员落实对广大农民的宣教工作，增加农民对农机工程的了解，意识到现代化农业机械设备的重要性，使得农业机械设备在农业生产领域中的应用获得坚实的群众基础。比如，要加大对特殊地区农机工程建设的支持力度，结合当地农民对新技术和新科技的了解程度制定针对性的扶持策略。

(四) 构建完善的农机工程服务体系

完善的农机工程服务体系可以推动我国农业领域的发展。因此我国农业发展部门要构建完善的农机工程服务体系，该服务体系要满足我国现阶段农机工程发展特

---

[1] 戚元海，闫可丰，韦宁. 农机工程在现代农业产业化发展策略分析[J]. 农家致富顾问，2021(06)：136

点，立足实际发展情况，合理化调整农机工程业务区域和发展方向，使得我国农机工程业务与现代化和产业化农业发展结合在一起。此外，我国相关部门还需要加大对农副产品特色化加工项目的支持力度，进一步扩大农业机械的应用范围，凸显出农业机械应用价值。参与农机工程建设的管理机构和领导人员要清楚地认识自身职责，确保农机工程各个方面的信息可以有效活动，在全面实现信息共享的前提下构建更为完善的农机工程服务体系[①]。

(五) 构建满足农机工程发展的新农业机制

构建满足农机工程发展的新农业机制可以推动我国现代农业产业化的高速发展。我国在全面落实农机建设的过程中要借助农业市场化服务机制，在该机制的支持下全面落实农机工程建设。对于一些满足条件的地区可以发展农业地籍公司，加快农业土地的流转速度，为农业土地适度规模化运作创造有利的条件，以此加快农业工程的发展脚步。在我国市场经济高速发展的背景下，农机工程的市场主体也逐渐扩大开来，广大农民成为农机工程的市场主体。但是在农民收入水平相对较低的情况下，不具备购买大型农业机械设备的能力。针对此类问题就需要加大农民购置大型农业机械设备方面的支持力度，制定农机购置补贴政策和贷款政策，鼓励农民通过分期贷款的方式购置大型农机设备，在农业生产中充分发挥大型农机设备的作用，为农民带来更多的经济效益，从而加快农村地区经济发展的速度[②]。

(六) 壮大农机工程建设人才队伍

高素质的农机工程建设人才可以加快我国现代农业产业化发展的脚步。因此新形势下我国要进一步壮大农机工程建设人才队伍，展开对该方面的研究，为农机工程的发展提供足够的人才支持和研发资金。当地部门要意识到农机工程技术革新的重要性，立足可持续发展的角度结合现阶段农机工程实际发展情况，落实对农机项目的技术研发工作。比如当地可以借助减免税收或者参股的方式吸引知名企业参与农机工程的技术研发中。各大高校可以根据农机工程技术领域对人才的需求特点设置专业课程，确保该领域人才培养的高效性，提高农机工程发展水平。此外，高校还需要为农机工程专业的学生提供更多外出实践的机会，学生在参与实践的过程中可以找到农机工程的创新点，为农业领域培育出更多高素质的人才。

---

① 韩长生. 探析农机工程在现代农业产业化发展对策 [J]. 农业开发与装备，2020(07)：8-9.
② 范春武. 农机工程在现代农业产业化发展对策的思考 [J]. 农机使用与维修，2020(02)：121.

(七)构建农业产业综合性服务联合体

构建农业产业综合性服务联合体是促使农机工程在现代化农业产业化发展中有效应用的措施之一。现代农业产业化发展过程中要构建一体化的农业生产模式,将制造基地、种植基地、示范基地和综合服务平台汇集在一起,构建全新的农业经营方式,确保企业、农户与专业合作社联合,在融合发展的基础上构建更加完善的价值链,推动农业产业的可持续发展。此外,我国政府部门还需要成立农业产业融合发展的科技示范基地,充分发挥示范基地的作用,促使农机工程技术在现代农业产业化生产中广泛应用开来[1]。

综上所述,近年来我国农业设备机械化发展水平越来越高,为我国农业现代化和产业化发展创造了非常有利的条件。以上就是本文对现代农业产业化视野下农机工程发展策略的分析,希望可以充分发挥农机工程的优势,加快我国农业现代化和产业化发展的脚步,推动我国农业的可持续发展。

---

[1] 姜雪峰,周俭.现代农业产业化基础下我国农机工程发展对策[J].农机使用与维修,2020(2):34.

结束语

农业现代化建设已经在我国得到推广。农业现代化建设的基本实施思路在于将机械化手段融入农业生产,依靠智能化与机械化的农业生产模式来提高农业生产效率。在此过程中,农业管理部门应当深刻理解农业现代化建设中的经济管理要点,结合农业现代化建设的发展需求探索经济管理思路。农业经济与农业机械管理的策略如下。

一、健全农业现代化生产管理机制

农业现代化建设与生产实施过程应当依靠现代化设施体系提供支撑和保障,农业生产管理不能缺少合理的农业经济管理机制。农业经济管理部门在调整与控制农业生产运行过程的实践中,管理人员应当深刻认识农业现代化管理机制的价值与作用,有效确保农业生产的开展实施过程有完善的监管机制作保障。

目前,农业经济管理部门应完善农业机械化管理、农业生产成本管理、生态环境管理及农业生产者的人才培训管理等机制,创新实施农业生产经济管理保障机制。农业生产管理部门应当培训农业机械化、智能化人才,为当地的农业生产开展过程提供丰富与充足的机械化设备。

现代农业生产过程不能缺少农业机械化与智能化的技术手段保障。农业技术人员应当将现代机械设备融入农业生产过程,并且保证农业现代机械设施的性能安全与稳定。农业机械设备的外壳以及其他结构部位都要定期清洁、清理,同时农业生产技术人员也要保证全面推进与落实农业机械设备的安全养护工作。农业技术人员应当对各种类型的农业机械设备展开日常检测与保养,确保农业机械设备的系统内部结构得到定期保养,避免设备过度磨损与消耗等不良现象发生。目前,农业经济管理部门实施与开展的农业机械设备日常润滑保养工作仍然比较薄弱,因此农业经济管理部门必须加大农业机械系统润滑与维护工作的推行力度。农业机械化设备本身包含较为复杂的组成结构,因此设备养护与维修人员应当运用智能化手段来详细查找与检测农业机械设备性能的不足,给出完善与科学的机械设施故障维修处理实施方案,从而有力推进农业现代化生产进程。

二、培养农业经济管理技术人才

农业经济管理的顺利开展需要依靠管理人才,然而现阶段的农业经济管理新型技术人才严重不足。各地农业部门应全面培养农业经济管理人才及农业生产技术人才,为农业生产提供人才支持。农业经济管理人才应当积极学习经济学原理,运用经济学的思路与方法来完善农业生产决策,合理调整农业生产运行方式。农业管理部门应当运用示范基地等措施方法来吸引农业技术人才,确保农业生产者能够认可智能化的农业技术手段。

三、提高农业机械操作的规范性

在对农业机械进行推广和应用过程中,一定要重视对农业机械操作人员的安全和技术教育,能对人员讲述机械设备的操作流程以及使用技能等,促使操作人员实践操作能力的提升,能够有效处理和解决农业机械设备在使用过程中出现的问题,提高农作物的生产质量和效率。在具体的操作知识以及技能培训期间,也要对农艺相关知识加以培训,促使操作人员农业技术以及工艺水平的提升,促使我国农业发展朝着长远的方向迈进,进一步增强人员的机械设备使用能力。另外,在对生产环节加以控制过程中,要保证机械设备操作的标准化和规范化,提高农业机械生产的安全性和可靠性。针对不同型号和规格的农业机械,可以展开系统性分析和总结,提高农业机械使用过程的合理性以及科学性。与此同时,也要严格按照机械设备的操作说明进行,要求操作人员严格按照相关作业规范和流程展开操作,并且保证操作人员自身的健康,减少农业机械设备实践操作过程中出现失误的情况,进而对农业生产产生一些负面的影响,不利于农业机械的推广和使用。

经济管理手段客观上具有降低农业生产资源成本、优化农业生产效益以及合理利用农业生产实践资源的意义。近年来,农业现代化建设进程由于受到机械化与信息化的影响,呈现了全新的农业建设与管理思路。为了促进与推动农业现代化目标实现,相关部门必须深刻认识到农业经济管理的内涵与特征,以健全农业建设的经济管理保障机制。

参考文献

[1] 徐洋, 张亚超, 李素敏. 基于大数据的农业机械作业自动化测量仪优化应用 [J]. 南方农机, 2023, 54(21)：81-83.

[2] 孙云霞. 新农村建设背景下乡镇农业经济管理优化对策 [J]. 中国集体经济, 2023(29)：34-37.

[3] 都在玉. 自动控制技术对农业机械的促进作用 [J]. 农机使用与维修, 2023(10)：76-78.

[4] 陶继哲. 农业机械中的"3A"集成控制模式与优势特征 [J]. 农机使用与维修, 2023(10)：70-72.

[5] 范颖, 李晓宇. 浅析我国智能化农业机械优点及发展路径 [J]. 南方农机, 2023, 54(20)：193-195.

[6] 马世军, 李美娟. 乡村振兴背景下农业经济信息化管理问题及对策研究 [J]. 现代化农业, 2023(9)：81-83.

[7] 张海丽. 农业经济管理信息化发展的影响因素分析 [J]. 河南农业, 2023(26)：4-6.

[8] 王浩磊. 提升农业经济管理信息化水平的对策探讨 [J]. 上海商业, 2023(9)：164-166.

[9] 邓昌. 乡村振兴战略视角下农业经济管理措施优化研究 [J]. 现代农机, 2023(5)：59-61.

[10] 任建华, 张希升, 王丰阳, 等. 自动化技术在农业机械设计制造中的实践探讨 [J]. 模具制造, 2023, 23(9)：184-186.

[11] 付洪立. 农业机械技术推广存在的问题及对策研究 [J]. 农业开发与装备, 2023(8)：36-38.

[12] 夏学丽. 人工智能技术在现代农业机械中的实施探讨 [J]. 农业开发与装备, 2023(8)：27-29.

[13] 杨蒙. 试析农业经济管理对农村经济发展的促进作用 [J]. 农业开发与装备, 2023(8)：214-216.

[14] 穆德水. 新农村建设中农业经济管理问题与优化的路径 [J]. 农业开发与装备, 2023(8)：217-219.

[15] 何琼, 李其晓. 我国农业机械可靠性演化分析[J]. 中国农机化学报, 2023, 44(8): 47-55.

[16] 杨素华. 浅析农业经济管理对农村经济发展的促进作用[J]. 农村实用技术, 2023(8): 1-2.

[17] 杨祖骁. 农业机械节能降耗的途径及其方法探析[J]. 农村实用技术, 2023(5): 100-101.

[18] 袁辉. 农业机械在农作物种植中的作用[J]. 河北农机, 2023(12): 28-30.

[19] 李昊轩. 浅谈农业机械智能化应用发展现状与展望[J]. 农业技术与装备, 2023(7): 131-133.

[20] 潘复存. 农业经济管理信息化水平提升路径研究[J]. 山西农经, 2023(13): 152-154.

[21] 柳扬风. 浅谈新农村建设环境下的农业经济管理优化措施[J]. 山西农经, 2023(13): 158-160.

[22] 房立翠. 农业经济管理对现代农村经济发展的推动作用研究[J]. 营销界, 2023(8): 62-64.

[23] 张庆俊. 农业经济管理对农村经济发展的促进作用探析[J]. 营销界, 2023(8): 86-88.

[24] 王冬梅. 安全管理模式在农业机械管理中的运用[J]. 南方农机, 2023, 54(16): 195-198.

[25] 武伟. 农业机械管理与新技术推广应用[J]. 河北农机, 2023(10): 48-50.

[26] 刘钰萱. 市场经济体制下的农业经济管理体制改革分析[J]. 投资与合作, 2023(7): 74-76.

[27] 曲维华. 关于提升农业经济管理信息化水平的研究[J]. 山西农经, 2023(12): 154-156.

[28] 徐文. 农业大数据在农业经济管理中的应用[J]. 南方农机, 2023, 54(14): 176-178.

[29] 薛鹏伟. 传感技术在农业机械中的应用[J]. 河北农机, 2023(12): 4-6.

[30] 付雪. 优化农业经济管理助推乡村振兴[J]. 农村经济与科技, 2023, 34(11): 156-159.

[31] 彭玥, 李思远. 农业机械管理研究现状与发展趋势[J]. 拖拉机与农用运输车, 2023, 50(4): 11-14.

[32] 刘备. 大数据在中国农业经济管理方面的价值以及实践[J]. 河北农机, 2023(4): 79-81.

[33] 杨聪豪.现代农业机械管理与农业机械新技术应用[J].河北农机,2023(10):18-20.

[34] 于地.简析农业机械的使用与维护保养技术[J].南方农机,2023,54(14):95-97.

[35] 祖士涛.农业机械管理创新措施探讨[J].河北农机,2023(9):19-21.

[36] 杨立富.农业机械设备的智能化技术发展现状与方向[J].农业工程技术,2023,43(17):60-61.

[37] 陶付胜.信息化在农业经济管理中的应用[J].河北农机,2023(6):142-144.

[38] 赵灵芝.农业经济管理信息化水平提升策略分析[J].河北农机,2023(6):148-150.

[39] 高康.农业大数据在农业经济管理中的应用分析[J].河北农机,2023(8):114-116.

[40] 陈素平.信息管理技术在农业机械管理中的运用探究[J].河北农机,2023(6):30-32.

[41] 郑晓东.农业机械管理在现代农业发展中存在的问题及建议[J].河北农机,2023(7):20-22.

[42] 冯根宇.农业机械技术推广问题分析[J].河北农机,2023(08):42-44.

[43] 俞金山.新形势下农业机械新技术推广应用探讨[J].河北农机,2023(6):61-63.

[44] 郭新艳.农业经济管理对农村经济发展的促进作用分析[J].农村经济与科技,2023,34(10):68-71.

[45] 魏素清.试论农业经济管理的现状与发展趋势[J].山西农经,2023(12):151-153.

[46] 黄天芸.新时期农业经济管理信息化水平的提升路径探索[J].河北农机,2023(12):133-135.

[47] 宿培萌,马明.新农村建设背景下农业经济管理的优化路径探索[J].河南农业,2023(20):13-15.

[48] 赵传超.农业经济管理对农村经济发展的影响[J].河北农机,2023(1):127-129.

[49] 徐建东.农业机械自动化应用与维修技术探讨[J].当代农机,2023(5):34+36.

[50] 梁海滨.农业机械设备的安全使用和维修保养[J].当代农机,2023(5):

[51] 方超. 农业机械化安全生产在农业机械管理中的运用研究[J]. 河北农机, 2023(6): 21-23.

[52] 马晓霞. 农业机械管理与新技术推广应用探究[J]. 黑龙江粮食, 2023(4): 86-88.

[53] 丛玉刚. 安全管理模式在农业机械管理中的应用研究[J]. 当代农机, 2023(6): 40+42.

[54] 赵红梅. 浅议信息管理技术在农业机械管理中的应用[J]. 农业开发与装备, 2023(3): 233-234.

[55] 丁宝鑫, 李宇飞. 农业机械管理的升级与优化[J]. 农机使用与维修, 2022(10): 85-87.

[56] 徐玮珉. 计算机技术在农业机械管理中应用的探讨[J]. 当代农机, 2022(9): 48-49.

[57] 李鹏. 农业机械管理与新技术推广应用探究[J]. 当代农机, 2022(3): 36-37.

[58] 赵乾. 农业机械管理质量提升探究[J]. 农业科技与装备, 2022(2): 55-56.

[59] 裴洪轩. 浅谈现代农业机械管理与农业机械新技术应用[J]. 南方农机, 2021, 52(19): 68-70+74.